인생에서 가장 아름답고 찬란한 기적의 순간을 만들어줄
내 남자, 내 여자를 알아보는 연애운 컨설팅

인생에서 가장 아름답고 찬란한 기적의 순간을 만들어줄

연애
운
도사

박성준 지음

내 남자, 내 여자를 알아보는 연애운 컨설팅

소미미디어
Somy Media

사랑은 항상 왜 이리 쉽지 않은 걸까

'마음이 두근두근, 이 설렘은 뭐지.'

'자꾸 마음이 간다.'

'나는 지금 사랑을 하고 있는 중인가.'

'이 정도 관계면 그 사람을 만나고 있긴 한 건가.'

'날 어떻게 생각하고 있는 거지.'

'보고 싶다. 그 사람도 날 생각하고 있을까.'

'지금쯤 연락을 한번 해볼까.'

'그때 그 말은 어떤 의미였을까.'

'이쯤 되면 연애의 시작이라 말할 수 있는 걸까.'

'그때를 생각하면 너무 설레는데, 이제부터는 어떻게 해야 하지.'

'혼자 또 헛물켜고 있는 것은 아닌가.'

'이 정도면 마음을 전해도 될까.'

'그러다가 어색해지면 어쩌지.'

'이젠 정말 우린 끝난 걸까.'

'이렇게 허무하게 끝날 수도 있는 걸까.'

'다시 만날 수는 없을까.'

우리는 늘 사랑과 연애에 대해 끊임없이 자기 자신과 대화를 나눈다. 하지만 대화를 나누는 나라는 사람은 이제껏 해왔던 방식 그대로 느끼고 생각한다. 그러는 중에 실수도 하고 배우기도 했지만, 여전히 근본이 바뀌지 않았다. 늘 비슷한 선택을 해왔던 '같은 나'와 줄곧 이야기해 봐야 결국 그 연애패턴과 결과는 항상 비슷하다.

어제와는 다른 방식으로 생각하고 말하고 행동해야 다른 결과의 사랑을 맞이할 수 있고 그 사랑을 매듭지을 수 있다. 물론 자신의 성향 그대로 편안한 상대를 나의 짝으로 맞아들이는 것은 중요하다. 하지만 그렇다고 해도 나 자신을 아프고 초라한 상황으로 몰고 가지 않기 위해서는 조금 다른 방식이 필요하다.

운명적인 사랑을 우리는 항상 꿈꾸지만 늘 그렇듯 사랑은 쉽게 시작되지도 또 쉽게 맺어지지도 않는다. 나 좋다는 사람은 싫고 내가 좋은 사람과는 잘되지 않는다. 이렇게 어렵기만 한 사랑의 시작과 연애의 결실을 맺기 위해서 어떤 점에 대해 고민해 봐야 하는지 그간 상담해 왔던 다양한 사례와 함께 명리학적인 관점에서 이야기를 나눠보려고 한다.

어떤 나이대의 사랑도 쉽지가 않고 이별은 늘 고통스럽고 아프다. 사랑의 시작에는 끊임없이 의구심이 든다. 연애의 끝자락에는 괴롭고 보고 싶어 밤잠을 설치기도 하고 지나간 과거의 잔상이 머릿속에 머물며 그때 했던 말과 행동, 또는 하지 않았던 자신을 책망하기도 한다. 하지만 늘 그렇듯 지난 일은 지난 일로 묻어두고 앞으로의 만남과 인연에 마음을 온전하게 쏟을 수 있도록 이 책이 도움이 되기를 바란다.

박성준

어제와는 다른 내가 행복한 사랑을 한다

평소 바라던 마음에 드는 상대와 연애도 하고 싶고 미래를 함께 할 수 있는 사람과 결혼도 원하지만, 영 인연이 나타나지 않아 답답하다. 또 연인이 있어 매일 연락하고 기념일도 챙기며 연애의 정석 코스를 밟아가고 있지만, 상대의 진심을 알 수 없어 마음이 늘 불안하다. 또는 긴 연애 기간을 무색하게 할 만큼 갑작스럽게 통보받은 이별에 정신을 못 차리기도 한다.

이렇게 사랑은 아무리 기다려도 내게만 오지 않는 것 같고, 그 사람이 손에 잡힐 듯하면서 잡히지 않고, 왠지 이별의 원인이 내게 있는 것만 같은, 외롭고 고통스러운 나날이 훨씬 더 긴 것 같다. 그런데, 그 시간을 그저 앉아서 사랑 타령만 하듯 그냥 흘려보내는 경우가 더 많은 것 같아 안타깝다. 물론 나름대로 자기만족과 자기계발을 하며 보낸다고는 하지만, 사랑은 갈구하면서 내가 어떤 사람을 원하는지는 외면하고, 사랑은 두 사람이 하는 것인데 오직 상대방의 행동만 바라보며, 막연하게 기다리고 연애라는 행위만을 반복하고 있는지도 모를 일이다.

그러니 이제는 사랑에 대해 진심 어린 마음으로 마주해야 한다. 사랑의 아픔으로 보내는 시간에 과연 나는 어떤 사람인지, 사랑에 대해 어떤 시선으로 바라보고 있는지 고민해 봐야 한다. 그리고 난 후에 상대의 겉모습이 아닌 속모습을 찬찬히 들여다볼 줄 알아야 한다. 그러면, 그제야 나의 진정한 인연을 알아볼 수 있고 행복을 주는 사랑에 조금씩 다가서게 된다.

　사람에 대해 알 수 있는 학문으로 명리학만 한 것도 없는 것 같다. 명리학은 태어난 생년월일시로 그 사람의 성향과 인생을 알아보는 것을 근간으로 하기 때문이다. 물론, 한 사람의 삶 전반에 대해 논하는 것은 전문가의 영역이지만, 개인의 성격과 사랑에 관한 태도를 알아보는 것은 일반 사람들도 어느 정도 접근이 가능하다.

　여기서는 명리학에 근거해 그동안 상담해온 수많은 사랑 문제에 대한 해답이라기보다는, 경험치와 안목을 올리는 데 도움을 주고자 정리해봤다. 또 음양오행 이론을 활용해 사람의 타고난 성향을 파악하는 방법을 만들어 알기 쉽게 설명도 했다. 더 나아가 연인은 물론이고 가족, 부부, 친구, 직장 동료 등 다양한 인간관계 속에서도 이를 활용해 본다면 우리의 삶은 더욱 윤택해질 수 있다.

　더는 사랑에 아파하기만 하는 내가 되어서는 안 된다. 나를 올바로 알고 상대를 이해하려는, 어제와는 다른 내가 되어야 한다.

나의 연애패턴을 인지하고 바꾸어야 한다. 그래야 그 고통에 매몰되어 나의 소중한 시간과 진정한 짝을 놓치는 우를 범하지 않게 된다. 이제는 이별이라는 끝맺음이 기다리고 있을지라도 한 사람을 사랑하고 싶고, 사랑해야 하는 때가 되었다.

사랑, 인연, 행복을 명리학에 묻는다

비단, 연인과의 사랑만이 우리 삶을 풍요롭게 하는 것은 아니다. 부부, 가족, 친구, 직장 동료 등 수많은 사람과의 인연은 때로는 행복으로 때로는 상처로 다가온다. 그리고 어쩌면 이런 타인과의 관계 자체가 편안해질 때, 나의 사랑에도 안정감이 찾아드는 것일지도 모른다. 그러니 우리 삶을 지탱해주는 하나의 기둥으로서 명리학을 좀 더 가까이 두길 바란다.

　본격적으로 이야기하기 전에, 이 책을 보다 더 잘 활용할 수 있는 방법을 정리해 보았다. 일단, 명리학에 대한 어렵고 복잡하다는 부담은 내려놓고 편안한 마음으로 한번 따라 해보자.

1. 사주 관련 앱, 온라인사이트에 생일을 입력한다.

내용을 읽다 보면 편재, 정재 등 전문 용어가 나온다. 그러면 사주 관련 앱이나 온라인사이트(사주풀이도우미, 도사폰 등)에 자신의 생년월일시를 입력해본다. 다음과 같은 사주팔자 원국이라는 표가 나오고, 그 속에 편재, 정재 등 그 전문 용어가 보인다. 자신의 사주팔자 원국과 글 내용을 함께 보면 이해도 빠르고 공감도 배가 된다.

예시 : 사주팔자 원국 – 1990년 5월 7일 오후 9시 50분 생 남자(양력)

생시	생일	생월	생년
오후 9시 50분	7일	5월	1990년
辛 인수	壬 元	辛 인수	庚 편인
亥 비견	甲 편인	己 편재	午 정재

2. 생년월일시로 사람의 성격을 알 수 있다.

사주팔자(四柱八字)란 자신이 태어난 생년, 생월, 생일, 생시라는 4가지 기둥, 사주(四柱)와 각 기둥에 2개 글자씩 붙어서 전체 글자의 합이 8개가 되는 팔자(八字)를 뜻한다.

또 명리학에서는 사람이 가지는 성향을 10가지로 분류하며, 사주팔자 원국의 총 8개의 칸에 이 글자들을 담게 된다. 그러니 8개의 칸에 10가지의 글자를 다 담을 수는 없으며, 사람에 따라 같은 글자가 여러 개일 수도 있고 아예 없는 글자도 있게 된다. 만약 한 가지 글자가 여러 개이면 그 성향이 강한 것이고, 아예 글자가 없다면 그 성향은 가지고 태어나지 않은 것으로 보아도 된다.

명리학에서 말하는 사람이 가지고 태어나는 성향 10가지와 그 해석을 간략하게 정리해 보았다. 물론 사주팔자의 글자 관계 등 전문적인 요소가 더 필요하겠지만, 이를 통해 큰 틀에서 한 사람의 성격을 대략적으로 유추해 볼 수 있다.

성향	해석	성향	해석
비견	자존심	겁재	경쟁과 승부욕
식신	연구와 분석	상관	사교성과 표현력
편재	관리와 통제능력	정재	꼼꼼함
편관	희생과 참을성	정관	합리성과 명예욕
편인	의심	정인(인수)	직관력과 정

3. 생일운만세력으로 타고난 기운을 알아본다.

음양오행 이론에 근거하면 사람은 음과 양, 그리고 목화토금수에 의해 생기는 10가지 기운 중 하나를 가지고 태어난다. 그 기운은 한 사람의 근간을 이루며, 삶의 가치관이나 애정관, 금전관, 나아가 적성에 맞는 직업군에까지 두루 영향을 미친다.

타고난 기운도 사주팔자 원국을 통해 알 수 있지만, 이 책에 있는 '생일운만세력'으로 보다 더 간편하게 알아볼 수 있다. 이 10가지 기운을 이해하기 쉽게 큰나무, 작은나무, 큰불, 작은불, 넓은땅, 촉촉한땅, 단단한바위, 날카로운금속, 큰물, 옹달샘으로 나누어 설명했다.

이 책 말미에 있는 생일운만세력 표를 보자. 예를 들어 생일이 양력으로 1990년 5월 7일 경우, 먼저 1990년대생 생일운 찾기 페이지를 본다. 그리고 표 맨 왼쪽의 연도에서 태어난 해 1990년을 찾는다. 그 1990년이 있는 가로 라인 세 번째에 5월이 있으므로 그 칸이 기준이 된다. 그 칸에서 아래로 내려 7일이 있는 칸으로 가보면 '큰물'이라고 표시되어 있다. 그러니 양력으로 1990년 5월 7일이 생일인 사람은 '큰물'이라는 기운을 갖고 태어난 것이 된다.

4. 타고난 기운의 성향과 특징을 나에게 적용한다.

타고난 기운이 '큰물'이라는 것을 알았다면, 제5장에 있는 '큰물로 태어난 사람'에서 해당 내용을 찾아서 읽어본다. 큰물로 태어난 사람의 성향, 사랑, 재물, 직업의 특징을 정리해놓았으니, 자신의 기본적인 성격, 이성을 바라보는 시선, 돈에 대한 개념, 적성에 맞는 직장을 확인해 보며 실제 생활에 활용해 볼 수도 있을 것이다.

5. 각 기운의 단점 보완하는 조언을 유심히 읽어본다.

물론, 성향과 타고난 기운만으로 한 사람을 완벽하게 파악할 수는 없다. 다만, 명리학적 관점에서 내가 어떤 여자인지, 남자인지 고민해 보고 나의 연애패턴을 인지해 본다면 다른 생각과 행동으로 사랑과 마주할 수 있다. 더불어 제5장에는 그동안 수많은 사주풀이와 상담을 통해 얻은, 각 기운의 단점을 보완할 수 있는 원포인트 조언을 담아보았다. 사람의 타고난 천성을 바꿀 수는 없으나, 나의 부족한 점을 인지함으로써 각종 문제에 유연하게 대처하여 실수와 후회를 줄여볼 수 있을 것이다.

6. 주변 사람의 성향을 알아보는 데 활용한다.

가족, 부부, 연인, 친구 등 가까운 사람들의 생년월일을 통해 타고난 기운과 성향을 파악해 본다. 이를 통해 미리 그 사람과의 관계에서 조심해야 할 것을 인지하고, 혹여 다툼이나 갈등이 생겼을 때는 이해하는 자세를 가져본다. 그러다 보면 원만한 대인관계를 만드는 데에 도움을 얻을 수 있고 타인에게 상처받는 일도 적어질 것이다.

사랑, 인연, 행복을 명리학에 묻는다

Contents

제1장

사랑, 한 사람에게 몰입하고
책임지는 생방송

제2장

바람, 어찌 막을 수 있을까!
그저 미련 없이 피할 뿐이다!

사랑,

한 사람에게 몰입하고
책임지는 생방송

사랑이라 이름 붙인 것은
영원히 사라지지 않는다

누군가와 헤어진다는 경험은 아프고, 버려졌다는 기분마저 느끼게 되었다면 비참하기까지 하다. 어떤 이별도 과거의 이별 경험으로 익숙해질 수 없다. 도리어 더 아리다. 견딘 듯싶다가도 울컥 쏟아지는 감정과 문득문득 마주 대하게 되고 한참을 베어진 상처를 돌봐야 하는 시간도 필요하다.

하지만 눈에 보이고 내가 만지고 이야기를 나눌 수 있게 지금 옆에 있어야만 사랑은 아니다. 소유와 내 곁에 두는 사랑만이 사랑이 아닌 것이다. 같이 걸을 수 있는 산책길이 있고 마주 볼 수 있는 눈빛이 있고 잡은 손을 놓지 않았던 기억은 가슴에 사무치지만, 그래도 그것만이 사랑은 아니다. 나눴던 이야기들, 그 모습을 바라봤던 따뜻한 시선과 기억들만이 사랑은 아니고, 애처롭던 일상에 힘이 되어주지 못했던 자책과 뒤늦게 깨달은 외롭게 했던 시간에 대한 미안함을 끊임없이 되새기는 것도 사랑이다. 사랑의 실체는 내 옆에 내 사람으로 남아있는 것과는 다른 이야기가 될 수도 있다.

수많은 사람을 만나 미워하기도 하고 질투하며, 사랑하기도 하는 인생 속에서 쌓여가는 감정들은 내 인생에 차곡차곡 남게 된다. 비록 어느 순간 그 사랑을 잃어버리고, 지워내야 하는 상황에 맞닥뜨려진다고 하더라도 그 사랑은 없어진 것이 아니다. 오히려 잃어버린 상황과 사람이 나간 자리에서야 비로소 그 사랑에 대한 가치에 대해 고민하고 사랑을 되씹어볼 수 있다. 그리고 그 사랑의 가치는 여전히 강한 기억으로 당신의 마음속에 새겨져 살아가는 동안 기억 속에 남겨지게 된다. 때로는 한 사람의 인생을 가차 없이 뒤흔들어 거친 세상살이로 몰아넣을 수도 있다. 이것이 숱하기도 한, 천한 사랑에 마음을 주거나 빠지지 않아야 하는 이유가 된다. 이제는 사랑하기에 앞서 한 번쯤 되짚어야 한다. 사랑이라 이름 붙인 이 감정은, 앞으로 살아갈 나에게 비상약이 될 수도, 고질병이 될 수도 있다는 것을 말이다.

당신이 빠졌던 사랑과 만들었던 사랑은 때로는 강렬하게, 때로는 미미하지만 길게 당신의 인생에 관여하고, 수많은 선택을 해야 하는 당신의 머리와 감성을 사로잡는다. 나는 내가 사랑하는 그 사람을 바라본다. 하지만 본다는 것은 그냥 단순하게 시야에 들어오는 상대방의 얼굴과 눈빛을 받아들이는 일만을 의미하는

한 사람에게 몰입하고 책임지는 생방송

것이 아니다. 그 사람 이면의 기쁨과 노여움, 슬픔과 즐거움, 고단함과 외로움을 느끼고 받아들이고 자신에게 내면화하게 되어 서로 간에 영향을 미치는 것, 즉 기(氣)를 주고받는 것을 의미한다. 그렇기 때문에 그 사람과 함께 했던 경험과 그 사람의 가치와 인생관은 자신에게 지속적으로 영향을 미치게 되는 것이다.

　이별할 때도 그 이별의 진짜 이유인 진실에 집착할 필요가 없다고 말하는 것은, 어차피 진실은 완벽하게 볼 수 없기 때문이다. 이별을 말했던 자만이 확실히 알 뿐이다. 그저 ✂ 왜곡과 비틀림만이 판치면서 그것이 진실인 양 보여지는 세상 속의 사랑이기에 때로는 진실을 바라보려는 노력은 필요하겠지만, 진실을 보는 일은 쉽지 않다. 이미 일어나서 존재하는 것, 즉 이별의 사실을 받아들이면서 잊어가면 그뿐이다. 그리고 그 사람을 지우는 일련의 과정은 나에게 깊고도 강렬한 인상과 기억을 남기게 되고, 그것은 자신의 머리와 가슴에 남게 된다. 영원히 사라지지 않는 것이다.

기본 룰, 속도 조절이
이별을 멀리 보낸다

그렇다. 좋아하는 데는 이렇다 할만한 이유가 없다. 그 사람이 나를 편안하게 해주건, 재미있는 사람이건, 예쁘거나 멋지건 이렇게 좋아하는 데 이유가 있다고 말하기도 하고 그냥 좋은 것도 좋아하는 이유라고 말하는 사람도 있긴 하지만, 좋아하는 데는 딱히 이렇다 할만한 이유가 없다. ✂ 단지 몇 가지가 좋아서 다른 것들도 같이 마구 좋아지는 상태가 된다. 매력적으로 느껴지면 그게 더 커지기만 하면서 마냥 좋은 상태가 된다. 많은 걸 주고 싶고, 주고 또 줘도 모자람이 느껴질 만큼 계속 퍼주게 된다.

그렇기 때문에 남녀 간의 연애에 있어서 처음에는 줄다리기의 호각을 불기 전처럼 팽팽한 긴장감마저 느껴질 정도로 시작하지만, 어느 한쪽에서 마음이 더 가고 그게 표현이 되기 시작하면 마

한 사람에게 몰입하고 책임지는 생방송

치 관성의 법칙처럼 표현하고 주는 쪽에서 계속 주는 모양이 되고, 그럴수록 주는 쪽에서 상대에 대한 마음이 더 커진다. 좋아서 주게 되고, 주면 줄수록 내가 그만큼 주었던 상대에 대한 마음도 커지면서 사랑도 커간다. 하지만 보통 이럴 때 상대는 그것을 당연하게 받아들이면서 연애에서도 갑을관계 비슷하게 진행이 되기도 한다.

좋아하는 마음이 적은 쪽이 항상 갑이 되는 경우가 많은 것은, 상대에 대한 생각이 적다 보니 행동이나 말도 무심해진다. 반면에 상대는 헷갈리면서 이런저런 고민과 생각에 빠지게 되니 당연히 집착이 생기고, 이런 고민과 집착을 사랑의 일부로 생각하게 된다.

스포츠를 할 때도 기본적인 룰은 알고 따라야 한다. 이것저것 재지 않고 마음이 가는 대로 하는 것이 사랑이겠지만, 그래도 적어도 기본 룰은 알고 지키면서 해야 원하는 연애를 성공적으로 할 수 있다. 따라서, 특히 ✂ 여성인 경우는 기본적으로 호감이나 좋아하는 감정이 있다는 신호는 지속적으로 주되, 상대에게 먼저 표현하면서 패를 다 보여줘서는 안 된다. 남자는 자신이 표현해서 얻은 사랑이 더 가치 있다고 믿는 단순한 동물이기 때문이다. 그렇다고 신호를 주는 것을 게을리해서도 안 된다. 요즘 남자들은 여자들의 신호가 없으면 움직이지 않는다. 엔간히 확신을 가져야 움직이고, 다음 단계로 달려갈 수 있는 저돌적인 면도 보여준다.

사주에서 일이나 사랑을 할 때의 속도는 '식신(食神)'과 '상관(傷官)'이라고 하는 '과정의 의미'와 '편재(偏財)', '정재(正財)'라고 하는 '결과의 의미'로 설명해 볼 수 있다.

사주에 식신이 있거나 발달한 사람은 연애를 꾸준히 연구하고 분석하려고 파고들 테니, 시간이 조금 더 걸릴 것이다. 이 사람은 말투나 행동, 전화를 걸어오는 시간대와 빈도, 좋아하는 음식과 못 먹는 음식, 술자리에 가는 횟수와 만나는 사람들, 집에 들어가는 시간 등을 분석해 봤을 때 이런 부류이므로 나와는 이런 면에서는 맞지만, 이런 쪽에서는 잘 맞지 않는다고 판단한다면, 이것은 식신의 성향을 지닌 것이다. 뭔가 하나에 빠지면 집중하고 몰두해서 분석적으로 결론에 다다르는 성향인 것이다.

또 사주에 상관이 있는 사람은 자신을 표현하고 수완 좋게 사랑을 이끄는 힘이 있을 테니, 굳이 속도를 내지 않아도 연애의 그 순간순간을 기쁘게 즐기느라 그 속도가 빠르지 않을 것이다. 만나면 좋고, 이야기도 즐겁고, 굳이 어딘가를 가서 색다른 경험을 공유하지 않는다고 하더라도 그저 집 주변에서 커피를 마시며 대화하는 것도 재밌게 할 수 있다. 둘이 뭔가를 같이 하고 있지 않고 가만히 바라만 보고 있어도 어색하지 않은 사랑의 잔기술이 있는 타입이다.

물론 상관이 발달하여 즉흥적이고 충동적인 사랑에 빠지는 경우도 있기는 하고, 사주라는 것이 단편적으로 말할 수는 없지만,

한 사람에게 몰입하고 책임지는 생방송

어쨌든 식신과 상관이 있는 사람은 그 속도를 조절하는 데에 주도적이 된다거나 연애를 즐길 수 있다는 면에서 연애에 유리한 것은 맞는다고 할 수 있다.

이렇게 상관이 있는 여자는 보통 연애 자체가 즐겁기도 하고, 누구의 소개나 맞선이 아니더라도 사람들과 자연스럽게 어울리고, 남자를 스스로 잘 만나기 때문에 연애결혼을 하는 경우가 많다. 또, 앞서 말한 식신이 있으면 상대를 파악하는 데는 도가 텄지만, 다소 까탈스러운 자기 기준이나 이상형이 분명한 경우도 많아 만나더라도 상대의 단점이 보이거나, 실망하여 짧게 만나거나 쉽게 남자를 사귀지 못할 확률도 높다.

이런 식신과 상관이 없이 정재나 편재, 즉 '재(財)'만 있다면 목표를 위해 돈키호테처럼 달려가는 성과 지향적이기 때문에 아무래도 연애의 잔재미도 없기 쉽고, 서로 천천히 알아가고 마음을 여는 단계를 재빨리 넘어서서 바로 연인관계를 원하게 된다.

과정 없이 결과를 지향하는 사람의 경우는 마음에 들지 않는 이성을 단칼로 끊어내는 것은 능해 그 끊음이 분명하지만, 좋아하는 이성을 만나게 되면 마음속의 관계는 이미 연인이다. 빨리 이런저런 중간과정 없이 연인들이 흔히들 하는, 누가 봐도 확고한 연인관계의 말과 행동과 데이트를 하고 싶게 된다. 그러니 여자의 경우, 더 표현하게 되고 그 속도가 빨라져 상대 남자가 적극적으로 표현하고 노력해서 얻은 사랑이라는 경험을 줄 수 없게 되고, 남자는 이 여자의 소중한 가치에 대해 고민할 틈도 없게 되어 결국 그 남자와 오랫동안 연인으로 만나기도 쉽지 않고, 설령 잘되어 연인관계가 된다고 해도 연애 초기의 애틋한 감정과 잔재미도 놓치는 경우가 많다.

이런 타입의 여성은 상대가 마음에 든다고 하더라도 조급해하지 말고, 네가 내 연인이 되었으면 좋겠지만, 안 되어도 인연이 아니라고 생각할 수 있는 당당함과 기다림이 필요하다. 또, 연애의 잔기술이 부족한 타입이라 사람들과 친해지면서 자연스럽게 이성을 사귀기보다는 누구의 소개로 만나는 경우가 많고, 실제로 중간에 이어주는 누군가가 있을 때 그 관계가 빨리 진전된다. 물론 이때 중간에 이어주는 누군가는 양쪽 모두를 오래 잘 알고 있으면 좋다.

자신이 원하는 사랑을 얻기 위해서 신경 써야 할 일이 보통 많은 것이 아니다. 사랑을 만들려면 상대를 지속적으로 보살피려는 관심과 애정 이외에도 그 기본 룰을 지켜가면서 완전히 단단한 연인관계가 되기 전까지 방심해서는 안 된다. 일순간 방심과 감정의 치우침이 두 사람의 관계를 영영 시작도 못 한 관계로 만들기 쉽고, 그 시작도 하지 못한 연애관계에 대한 아쉬움으로 인한 고통은 이별의 아픔과 함께 헤어짐의 상처를 너끈히 두, 세배는 강하게 만들어 피 말리며 자신을 황폐하게 만들 것이다. 사랑

한 사람에게 몰입하고 책임지는 생방송

의 시작은 방심하지 말고, 정성스럽게 키워야 시작도 못 한 사랑에 대한 아쉬움으로 인해, 이별의 고통이 배가되는 아픔은 없을 것이다.

또, 기본적인 사랑의 룰을 제외하고는 자신의 태생적인 성향을 따라가는 것이 후회가 없다. 이 사랑이 성공할지 이별로 끝이 날지, 모르는 상황이기 때문에 더더욱 내 방식대로 충분히 사랑해야 한다. 이를테면 자신이 이성을 바라보는 성향이 있을 수 있다. 무조건적으로 희생하고 맞춰주는 스타일일 수도 있고, 이성에게 절대적인 사랑을 바라는 타입일 수도 있고, 상대와 만나거나 결혼생활을 할 때 주도권을 쥐고 살기를 원할 수도 있다. 아니면 절대 권위를 가진 상대가 들어온다고 해도 잘 맞춰주면서 그 권위를 살려주는 타입일 수도 있고, 이도 저도 아니라면 편한 친구나 오누이처럼 같은 길을 손잡고 걸어가는 동반자 개념인 이성을 원할 수도 있다. 나는 어떤 타입이고, 그러니 어떤 상대를 만나야 행복할 수 있는지를 평소 고민해야 하고, 자신이 이성을 바라보는 성향에 맞추어 사랑하면 된다. 다만, 그 상대가 적어도 사랑을 꿈꾸는 자이어야 하고, 가치관이 공유될 수 있다는 것이 전제가 되어야 그 결말이 어찌 되건 불행하지 않다.

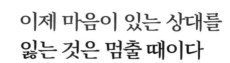

이제 마음이 있는 상대를
잃는 것은 멈출 때이다

우리는 그동안 너무도 많은 것을 잃어가면서 살았다. 사랑하는 이에게 영문도 모른 채 이별이라는 말조차 듣지 못하고 연락이 끊겨도 봤다. 다시 잡으려고 조바심을 내며 매달리다 평생 한 번은 볼 수 있을 기회마저 없애며 상대를 영영 떠나보내야 했다. 혹은 이런 아픈 나에게 관심 가져주고, 이런 나를 잡아달라는 신호를 잘못 보내 순순히 물러나 떠나보내며 가슴 아픈 시간을 견디기도 했다.

영화《노트북 The Notebook》을 보면 여주인공 앨리를 보자마자 첫눈에 빠져 버린 남주인공 노아는 자신의 사랑을 적극적으로 표현하며 결국 사랑하는 사이로 발전한다. 하지만, 앨리 부모님의 반대로 이별 아닌 이별을 하게 되어 멀리 떨어지게 된다. 이후 하루에 한 통씩 1년간 365통의 편지를 보내며 자신의 마음을

한 사람에게 몰입하고 책임지는 생방송

전하려고 하지만, 앨리의 어머니가 모두 숨겨 편지가 오기를 기다리던 앨리는 읽지 못하게 된다. 그리고 한참이 흘러 앨리와 데이트 시절 잠시 보냈던 집을 약속대로 멋지게 수리한 모습과 함께 노아의 사진이 신문에 실린 것을 우연히 본 앨리는 옛사랑인 노아를 만나기 위해 그 집을 찾아간다.

서로 마음은 충분히 있었지만, 편지가 전해지지 못해서 이별하게 되고 각자의 길을 살아간다는 것은 두 사람 모두 사랑하는 마음이 있기에 서글픈 일이다. 자신이 사랑하는 사람을 만나는 것은 쉬운 일이 아니다. 그리고 그러한 둘이 만나 서로 사랑하는 것은 기적과도 같은 일이다. 그 기적이 이렇게 유야무야 사라지는 인연으로 된다는 것은 슬픈 일이다.

서로의 마음에 대한 확신이 있었다면, 조금만 상대의 마음을 제대로 읽어낼 수 있었다면 단지 편지에만 의존하지 않고 찾아갔을 수도 있었을 것이다. 말하진 못했지만 뭔가 불안한 마음도 같이 있었기 때문에 편지만으로 마음을 전하려 했는지도 모른다. 물론 이 영화는 해피엔딩으로 끝났으니 그 과정이야 크게 상관할 바가 없지만, 보통의 인생에서 누군가를 사랑하는 경험을 하고 그 사랑을 놓치지 않기 위해 노력하는 것은 어른이 된 이상 한쪽의 마음만으로 유지되어 갈 수는 없다. 상대가 멈추려고 하면 그쯤에서 멈춰주는 것이 어른이 된 사랑이다. 🗡 반대로 얘기하면 상대의 마음을 읽어내지 못하면, 그 사랑의 끝은 안타깝게도 두 사람이 뜻하지 않은 전혀 엉뚱한 방향으로 갈 수도 있다는 것이다. 그러니 먼저, 상대를 향한 나의 본심부터 들여다볼 줄 알아야 한다. 또 상대가 내게 보내는 마음도 읽어내고, 그리고 인정해 줘야 한다.

이제 됐다. 그만큼 했으면 됐다. 서글픈 사랑은 충분히 경험했으니 이제는 안 겪고 적어도 덜 겪는다면, 그걸로 지나간 시간은 의미가 있다.

한 사람에게 몰입하고 책임지는 생방송

짧게 짧게 연애하는 이유, 욕구불만 사주

　　　　　사람도 동물인지라 욕구에서 벗어날 수가 없다. 본능적인 욕구도 그렇고, 사회적인 욕구도 그렇다. 그래도 사회적인 동물이기에, 태생적으로 사주가 재물에 쏠려 있느냐, 제대로 된 관운이 있느냐에 따라 돈이나 명예에 대한 욕구와 그 쪽으로 사회적 성공을 하려는 의지가 생기게 된다.

　　보통 사람들이 하게 되는 '돈이냐 명예냐'에 대한 고민은 태어난 생년월일시에 따라서 어느 한쪽으로 더 관심이 가게 되고, 둘 중 한 방면으로 재능이 있고 없고도 생기게 되는 것이다. 사주에는 '목화토금수(木火土金水)'라는 것이 있다. 얼핏 보기에는 월화수목금의 요일을 뒤죽박죽 섞어 놓은 것처럼 보이겠지만, 목화토금수는 사주에서 오행(五行)이라고 해서 목은 나무, 화는 불, 토는 흙, 금은 바위, 수는 물이라고 알기 쉽게 표현할 수 있겠다.

이러한 5개의 오행과 음양(陰陽 간단하게 플러스, 마이너스 기운)의 기운으로 양의 목, 음의 목, 양의 화, 음의 화, 양의 흙, 음의 흙, 양의 금, 음의 금, 양의 수, 음의 수. 이렇게 10개가 만들어진다. 이것을 음양오행이라고 한다. 이것이 기본이 되어서 음양오행의 서로 생하고 극하고 제압하거나 합하여 변화하는 것의 생극제화(生克制化)를 잘 살펴보는 것이 명리학의 기본이다.

그래서 사주를 보면 자기 자신이 목화토금수의 기운 중에서 무엇인지를 알게 된다. 예를 들어 목의 나무(木)로 태어났다고 치면, 나무에게 필요한 것은 자신의 뿌리를 적절하게 내려줄 땅(土)이고 물 먹고 자라야 하니 물(水)도 필요하고 광합성도 해야 하니 태양(火)도 필요한 것이다. 나무로 태어났는데 땅, 물, 태양의 3개 중 어느 하나만 빠져도 이 나무는 제대로 자라나기 어렵다.

사주적으로 욕구불만은 이렇게 생긴다. 나무로 태어났는데 뿌리 내릴 땅이 없고, 바로 밑에 커다란 바위(金)만 덩그러니 있는 경우, 혹시 그 주변에 작은 바위(金)라도 많은 경우는 십중팔구 거의 앉은 자리가 항상 편치 못하고 욕구불만이 생기게 된다. 어디를 가도 마음이 불편하다.

만일 여자의 남편자리가 이와 같은 경우라면 어떤 남자가 와도 만족을 모른다. 무엇인가 채워지지 않는 사랑에 대한 갈증이 더 큰 갈구의 형태로 나타나게 되고, 이 남자가 나랑 잘 안 맞아서인가 싶어서 또 다른 남자를 찾는다고 해도 해답이 되지를 못한다. 그러다 보니 본질적으로 바람기가 없다고 해도 이런 원인으로 인해서 이 남자 저 남자를 짧게 짧게 만나는 연애패턴이 되게 된다. 어떻게 보면 본인은 그때그때 모두 진심 어린 사랑이었지만 남들이 보기엔 충분히 바람으로 볼 수 있는 여지가 있다.

하지만 정작 본인도 나는 왜 사람을 오래 만나지 못하는 걸까 하고 의문을 갖게 된다. 본질적으로 해결되지 않은 욕구불만과 어디에 있어도 마음이 안정되지 않은 불안감은 이렇게 상상해 보면 쉽게 이해할 수 있다. 바닷가의 돌산에 나무가 있는데 잘 내려지지도 않는 돌에 뿌리를 내리려고 안간힘을 쓰고 있는 안쓰러운 이 나무는 목이 말라도 빨아들일 수 있는 것은 짜디짠 바닷물이리라. 이 어찌 안정되고 편안하겠는가.

실제로 이런 사주의 여성을 가까이서 지켜본 결과, 이분의 연애도 30살이 될 때까지 3개월을 넘겨 사귀어 본 적이 없을 정도였고, 지금은 외국인과 연애를 한 지 5개월 정도 되었으나 언제 또 앉은 자리가 편치 않은 불안감에 자리를 뜰지 모르는 상황이었다.

이 여성의 외국인 남자친구에게 '여자친구는 한 남자에게 오래 머물지 못하는 스타일'이라고 말해줬지만, 그냥 웃으면서 흘려들었다. 그리고 얼마 지나지 않아 헤어졌다는 이야기를 들었지만, 앉은 자리가 항상 불편하고 안정이 되지 않아 이리저리 옮겨 다녀야만 하는 이 여성과 같은 ✕ '욕구불만 사주'는 일단 혼자 있는 것이 좋다. 그 태생적인 불안이 누군가와 함께한다고 해결이 되지도 않을 뿐만 아니라 그렇게 쉽게 만나고 헤어지는 가운데 마음만 더 황폐해지기 쉽기 때문이다. 일단, 진정이 필요하다.

파도가 계속 출렁이는 바다에 급한 마음이라고 해서 배를 띄워봐야 출렁이기만 할 뿐 별다른 답이 없지 않은가. 일단은 파도가 잔잔해질 때까지 기다려야 하고, 잔잔해진 후 배를 띄우면 된다. 출렁이는 마음의 불안함은 누군가와 함께한다고 해서 사라지는 것이 아니다.

한 사람에게 몰입하고 책임지는 생방송

처음으로 사랑의 힘을
경험하는, 첫사랑

누구나 첫사랑은 있다. 처음 하는 것들이 늘 그렇듯 익숙하지 않아서 어설프고 그렇다 보니 헤어지면 더 아프다. 이 첫사랑이란 것이 더 아팠기 때문에 유독 기억에 오래 남는 것인지, 아니면 지나간 사랑 중에서 가장 많이 사랑했던 기억이라서 더 가슴에 남아있는 건지는 모르겠지만, 첫사랑이라는 것은 그것이 설사 짝사랑이라고 할지라도 가슴속에 오랫동안 남아있으면서 살아가는 동안 젊은 날의 좋은 추억으로 때로는 위로받는 힘을 주기도 하는 원천이 되기도 한다.

사랑이 그런 경우가 많지만, 첫사랑에서는 유독 첫눈에 반하는 경우가 많다. 나는 첫눈에 빠지는 사랑을 믿는다. 사랑은 마치 소름과 같이 돋아나는 것이라고 생각할 만큼 유별나게 믿는다. 개인적으로 그것이 물건이건 사람이건 간에 처음에 사랑하지 않은 것을 사랑해 본 적이 없다. 처음에 별생각이 없던 물건이나 사람이 어떤 일을 계기로 갑자기 좋아지거나 한 적이 별로 없다. 적어도 호감은 있어야 하는 것이다.

역술가라는 일이 명리학이라는 학문과 통계적인 부분도 있기는 하지만, 이 일을 하게 된 것도 어찌 보면 영감과 직감이 발달한 덕에 가능했던 일이라 그런지 첫눈에 판단하는 일이 많다. 물론 이러다 보니 큰 실수를 한 적도 있기는 하지만, 그래도 아직은 첫 감각을 믿는 편이다.

어찌 됐건 영화《건축학개론》에서도 강의실에 지각하며 뒷문으로 들어오는 수지를 처음 본 순간 한눈에 반하게 되는 이제훈처럼 이미 늪처럼 빠져 헤어나지 못하는 지경에 이른다. 그때부터 그 사람만 생각하고, 가능하면 그 사람 이야기만을 하면서 시간을 보내고 싶다. 같이 있지는 못하지만, 그 사람 이야기를 할 때만큼은 마치 같이 시간을 보내는 듯한 착각 속에 기쁘고 행복해진다.

음기와 양기라는 것이 있는데, 이렇게 급작스럽게 빠지는 경우는 양기의 남자가 극한 음기의 여자에 대해 갖게 되는 본능적인 끌림이라고도 할 수 있다. 특히 어릴 때는 긴 머리의 청순가련한 스타일을 이상형으로 꼽는 경우가 많은데, 이는 긴 머리와 차분함이라는 음기에 첫눈에 매력을 느낀 양기 남자의 본능이라고도 할 수 있겠다. 물론 반대의 경우도 있다. 양기가 강한 여장부 스타일의 여

한 사람에게 몰입하고 책임지는 생방송

자가 차분하게 순리대로 살아가는 음기 가득한 남자를 보고 안정감을 느끼거나 모성애를 느껴 빠지게 되기도 한다. 짧고 단단하고 굵은 것은 양이고, 길고 부드럽고 가는 것은 음인 것이다. 그러니 극한 음과 극한 양은 통하는 것처럼 양은 음을 한눈에 알아본다.

어쨌든 사랑의 힘은 참 강하다. 나를 살게 해주고 이끌어 주고 자극을 주고 멋져지고 싶어지게 만든다. 영화《이보다 더 좋을 순 없다 As Good As It Gets》를 보면 "You make me want to be a better man"이라는 명대사가 나온다. "당신은 나를 좀 더 나은 사람이 되고 싶게 만들어요", 이 말처럼 사랑의 힘이 어떤 것인지를 한 문장에 담은 것은 없다는 생각이 든다. 더 나은 남자가 되어서 그녀 옆에 있는 것만으로도 그녀가 자부심을 가질 수 있을 만한 남자가 되고 싶다는 생각은 남자라면 현실 속에서 미천하게 느껴지는 자신을 발견할 때면 더욱더 이런 마음과 욕구가 커지는 것은 한 번쯤 경험했을 것이다.

누군가를 옆에 두고 자신이 인정받는 듯한 명예욕과 비슷한 감정을 느끼는 것은 정관(正官)이라고 할 수 있다. 물론, 사람에 따라서 그 명예욕을 충족시키는 것이 다르다. 여자의 경우, 남편이나 자식의 성공으로 명예욕을 채울 수 없는 사람도 있다. 이럴 때는 스스로 일이나 공부를 통한 성취로 그것을 채워야 하니 물리적인 시간이 필요하고 아무래도 집 안에 있는 시간보다는 밖에서 활동하는 시간이 많을 수밖에 없다. 그리고 결혼 전이라면 이 욕구를 채우기 위해 부단히 노력하는 시간이 들어갈 수밖에 없으므로 결혼도 다소 늦을 가능성이 높다.

이 여자만큼은 지켜주고 싶다. 이 여자만큼은 이 험난한 세상 속에서 어떤 나쁜 경험도 하지 않도록 제대로 지켜주고 보호해 주고 싶다. 외롭지 않게 더 이상 슬프지 않게 내가 그녀라는 화초의 비닐하우스가 되고 싶다. 이것이 사랑의 힘이다.

인생을 살면서 남녀의 사랑으로 숱하게까지는 아니더라도 겪게 되는 몇 번의 기억에 남을 사랑도 그럴진대, 강렬한 기억으로 남아있는 첫사랑은 사랑을 하고 있는 그 기간뿐만이 아니라, 여러 사랑을 거치고 난 후에도 인생의 중년, 말년으로 향해 가는 인생에 그 힘을 유감없이 발휘한다. 언제나 나를 지켜주고, 지칠 때 토닥토닥 위로해 줄 수 있고, 말없이 내 고민을 들어주고 받아주는 친구처럼, 때로는 수호신처럼 그 역할을 톡톡히 한다.

🥢 그렇기 때문에 첫사랑은 품질이 우수해야 한다. 자칫 천인(賤人)을 만나 잘못된 사랑에 빠지면 감정이 너덜너덜해지기 쉽다. 그 너덜너덜해진 기억은 내 인생을 돌봐주지 못한다. 오히려 독이 된다. 그러고 보면 어쩌면 첫사랑은 짝사랑으로 남는 것이 안전한지도 모른다. 혼자 하는 사랑은 안타깝지만, 그 이루어지지 않은 사랑에 대한 고민과 아픔으로 깊은 자기 성찰이 있을 수 있고, 적어도 천인을 만나 가슴이 너덜너덜해지는 것으로부터는 보호받을 수 있으니까 말이다.

한 사람에게 몰입하고 책임지는 생방송

언제든지 2에서 0이
될 수 있는 연애의 시작

사랑의 초기 단계에서 상대를 제대로 읽는 능력은 절실하게 필요하다. 조금만 뭔가 맞지 않는다면 언제든 이내 곧 방향을 틀거나 멈추기가 쉬운 것이 처음 시작하는 순간이기 때문이다. 그래서 '처음'과 '시작'은 항상 더 위험성을 가지고 있다.

'시작이 반이다'라는 말은 단지 일단 무엇인가를 하게 되는 시작만을 의미하는 것이 아니라 올바르게 잘 된 시작을 의미하는 것이다. 제대로 시작이 된 이상은 그 관성에 의해 결과가 나올 때까지 어느 정도는 잘 진행될 가능성이 높다는 말이기도 하다.

모든 일에는 관성이 있다. 멈춰있던 물체는 계속 멈춰있으려고 하고 한번 탄력을 받아 움직인 물체는 이제 쉽게 멈추기 어렵다. 계속 자기가 가던 방향과 속도로 움직이려고 한다. 사람의 마음이나 사람 간의 관계도 비슷하다. 열리지 않은 마음이라도 어떤 계기로 한번 열리면 다툼과 실망과 어려움이 있어도 잘 닫히기 어렵다. 사람을 만나는 것도 어떤 관계까지 가면 서로 더 많이 의지하고 시간을 같이 보내며 그 관계의 질은 높아만 가기 쉽다.

회사에 입사해서 처음 한두 달은 이 직장이 내 직장일까 하는 의구심도 들고 고민이 되지만 그 시작의 시기를 잘 넘기면 어느덧 내 직장이 여기라고 느껴질 때가 있다. 그러면서 6개월이나 1년 정도는 취업이 어려운 현실에서 직장을 얻게 되었다는 즐거움과 새로운 일을 배우느라 정신이 없어 금세 시간이 지나간다. 하지만 1년, 3년, 5년, 10년 정도의 시간 단위로 직장생활에 위기가 오게 된다. 자신이 진정 원하는 일인가 고민하면서 회의감이 들기도 하고, 좌절감과 심지어 불행하다고 느끼기도 하면서 그토록 원하던 직장은 스트레스만을 줄 뿐이다. 하지만 그 시기를 잘 넘기면 또 몇 년은 지나갈 수 있는 관성이 생기게 된다.

사랑을 얻는 과정도 비슷하다. 그런데 이 상황에서 주의할 것이 있다. 지금 아무리 둘 사이의 신호가 좋은 관계로의 발전 가능성이 높다고 확신이 든다고 하더라도 이것만은 기억해야 한다. ✂ 지금이 처음이니만큼 분명하고 확실한 것은, '너와 내'가 같은 시간과 같은 공간에 있다는 것일 뿐 잠시라도 한쪽의 마음이 뒤틀리면 이 관계는 이내 곧 '제로(0)'인 아무 관계도 아닌 사이로

한 사람에게 몰입하고 책임지는 생방송

될 수 있을 만큼 위험이 있다는 것이다. 이 생각을 항상 마음속에 담아두어야 한다.

사랑은 두 사람의 동의하에 시작되지만, 이별은 한쪽의 의사만으로 결정되기 때문이다. 그리고 시작단계에서는 상대에게 별다른 말도 없이 그저 연락을 안 하는 것만으로 만나고 싶지 않다는 의사를 전하는 메시지일 가능성이 높기도 하다. 따라서 특히 처음에는 둘이 같이 있는 시간과 공간에서 더욱 최선을 다하는 것이 좋다.

눈에 보이지 않더라도
기본은 지켜준다

　　눈에 보이는 것만 보이는 것이 아니다. 눈에 보이지 않는 이면에도 우리가 읽을 수 없었거나 알아채지 못했던 여러 가지 신호가 있다. 그리고 그 신호는 나에게 많은 영향을 끼치고 나의 말과 행동에 영향을 미치면서 자신의 인생에 관여한다.

　　관상을 말할 때 보이지 않는 곳에서 남의 욕을 밥 먹듯이 하고, 자기의 자랑은 늘 달고 다니며, 사실을 왜곡하거나 부풀려서 악의를 가지고 사람들 사이에 이간질하면서 그 속에서 잇속을 차리려는 사람을 빈천한 상이라고 말한다. 자신의 이익은 자신의 능력과 노력으로 하는 것이지 남을 희생시켜가면서 하는 것이 아니다. 능력이 없으면 자기 능력껏 만족하면서 소신껏 살면 될 뿐이다. 다른 사람들은 다 자신만의 그릇대로 살아가니 어찌 보면 부

　　　　　한 사람에게 몰입하고 책임지는 생방송

러워하거나 시기할 이유도 없다. 그렇게 하면서 사는 건 시간 낭비일 뿐이다.

이렇게 사람과의 관계에서는 기본적인 도리를 지켜줘야 한다. 누구나 인간이기 때문에 욕심이 있고, 자신의 이익이 걸려있을 때 남의 처지나 시선은 고려하지 않게 될 수도 있다. 하지만 설령 그렇다고 하더라도 어느 정도의 선은 지켜야 한다.

사랑하는 사람을 만날 때 그 사람에 대해서 최선을 다하는 것만으로 제대로 그를 사랑하고 있다고 말할 수 있을까. 그것만으로는 부족하다. 누군가를 아끼고 위해주고 사랑한다는 것은 단지 둘이 만났을 때 둘 사이의 관계만으로 말할 수 없다. 내가 그를 만나지 않을 때 내가 다른 사람과의 관계에서 어떤 거리감을 두고 어떤 관계로 지내는지도 그 사람에 대한 사랑과 존중을 표현하는 방법이다.

사람과의 만남과 인연은 보이지 않는 곳까지 그 세심한 배려가 미칠 때 더 아름다워질 수 있다. 설령 상대가 그것을 알아채지 못한다고 하더라도, 언제가 되어도 알 수 없다고 하더라도 그 진정 어린 마음은 전달될 것이다. 물론 진정성이라는 것이 모든 관계를 좋게 만들 수는 없지만, 보이지 않는 곳까지 상대를 배려하는 마음이 충분히 미칠 수 있을 정도는 되어야 하는 것이 사랑이다.

비단 남녀나 사랑하는 사이뿐만이 아니라 보통의 인간관계에서도 그 사귐의 깊고 얕음에 따라서 조금 달라질 수는 있겠지만, ✂ '지킬 수 있는 선', '지켜야 하는 최끝단의 선'은 가져야 한다. 그리고 그에게 진정으로 대하는 것은 결국 자신의 인생에 대하여 진심을 다하는 것과 같다. 그 진정 어린 마음이 통하지 않아도 누구를 탓할 일도 아니다. 결국 아름다운 마음이라는 것은 자신을 가장 빛나게 할 수 있다. 몸과 마음이 예쁘다는 것을 넘어서는 '아름다움'을 가지고 인생을 사는 것만큼 격이 있고, 살아가는 맛이 있는 삶은 없다. 그 아름다움의 기준은 다를 수 있지만, 적어도 그렇게 살려는 마음을 가지고 살아야 한다. 기본적인 도리를 지켜주는 삶의 근원은 마음에서 나온 것이니 그 아름다운 심상은 자신의 인생을 더욱 빛나고 찬란하게 만들어줄 것이다.

한 사람에게 몰입하고 책임지는 생방송

도화살, 알고 있으면
치명타는 면한다

　　명리학적 관점에서 사랑이라고 하면 또 빼놓을 수 없는 것이 도화살(桃花煞)이다. 이 도화라는 것은 복숭아꽃으로 남녀관계를 복숭아에 비유해서 도화살이라고 한다. 봄에 만발하는 복숭아꽃, 즉 복사꽃은 흔히 연애의 색조를 핑크 빛깔로 말하듯이 분홍의 자태와 교태를 뿜낸다. 하지만, 그것도 부질없는지라 그 아름다움과 자태가 채 열흘을 가지 못한다. 또 복숭아 표면의 까끌까끌한 털은 피부에 알레르기 반응도 일으키기 쉽다.

　보통 정상적이지 않은 남녀관계나, 또는 일시적 바람처럼 왔다가 허무하게 사라지는 사랑에 대해서 도화살을 말하는 것은 이렇게 핑크빛으로 아름답지만, 그 자태가 오래가지 못하고, 또 사랑이라는 것이 기쁨도 주지만, 반대로 피부 알레르기처럼 마음에 상처를 주기 쉽기 때문인 것 같다.

도화의 기운이 강한 사람과 잠깐이라도 연을 맺게 되었다가 잘 되지 않고 헤어지거나 그런 인연과 사귀다가 이별을 하게 되면 보통의 다른 헤어짐보다 그 마음의 고통이 이만저만 괴로운 지경이 되는 게 아니다. 만났을 때의 그 매력이 마력과도 같이 커 큰 행복감과 기쁨을 주었던 것보다 더 강도 높은 괴로움과 미련이 생기게 된다.

잠깐 보는 얼굴의 미소나 표정에서도 매혹적인 끌림과 빨려 들어가는 듯한 매력을 발산하는 도화는 너무나 고혹적이라 일순간 사람의 마음을 홀리고 훔쳐 정신을 못 차릴 정도로 혼미하게 만든다. 또 헤어지고 난 후, 그 잔상과 미련이 두고두고 남아 오랜 시간을 만났었던 날들에 대한 후회와 반성, 그리고 자책으로 자신을 괴롭히게 된다. 그만큼 도화라는 매력은 치명적이다. 그러니 너무나 아름답고 매력적이라 보통의 강도를 넘어서는 큰 행복감을 주는 누군가를 만났다면 그 감정과 상황에 충실은 해야겠지만, 늪처럼 빠져나오지 못해 견뎌야 하는 힘든 나날이 있을 수도 있다는 것은 분명히 알고 있어야 한다.

도화살은 봄바람이 불면 춘심이 동해서 밖으로 자꾸 나가고 싶고 새로운 이끌림에 빠지고 싶은 마음이 라고도 할 수 있다. 그래서 도화가 강하면 한 남성이나 여성에게 만족하지 못하고 정착하

한 사람에게 몰입하고 책임지는 생방송

기 어려워서 결혼하기 전에 몇 번의 이별이라는 액땜도 필요하다고 말하여, 과거에는 '역마살'처럼 좋지 않게 봤던 것이 사실이다. 하지만 이 도화살이라는 것도 잘만 풀면 좋은 것이 될 수 있다. 흔히 연예인들 같은 경우 이 도화살이 없는 이가 거의 없으며, 이러한 끼와 기운은 대중의 인기를 먹고 사는 연예인에게는 굉장히 유용하다고까지 말할 수 있다.

어떤 기질과 성향을 가졌건 그것을 어떤 분야에서 풀기 나름인 것이다. 다른 예로 관상학적으로 눈을 물고기로 비유하여 눈가의 부위를 '어미(魚尾 물고기의 꼬리)'라고 하고, 그다음 부위를 '간문(奸門)'이라고 하는데, 이 부위인 눈가의 주름은 남녀 공히 바람기가 있다거나 찰색(얼굴빛)과 같이 봐서 이혼수가 있다고 말하기도 하지만, 이는 얼굴상의 전체적인 균형과 조화에 따라 다르기도 하거니와, 연예인의 경우 직업적으로 풀면서 살 수 있어서 긍정적으로 작용하기도 한다.

방송인, 연예인, 예술인 중에 도화살이 꽉 찬 사람들이 유독 많은 것도 어찌 보면 이런 끼와 기질을 가진 것이 사람들을 많이 만나 사랑을 받고 살아야 하는 사람들에게는 없어서는 안 될 요소라는 생각도 든다. ✂ 사람이나 물건을 해치는 독한 기운, 듣기만 해도 무섭게 느껴지는 이 '살', 하지만 더 이상 도화살이나 역마살이라는 말 하나만으로 두려워할 것도 없다. 내 인생의 방향성을 잡고 일과 사랑을 해나가는 데에 잘 녹여서 풀어가면 그뿐이다.

사랑은 역마살을 타고
외국인을 만난다

　　실로 세계는 넓고 할 일은 많은 세상이 되었다. 온라인을 통한 것은 말할 것도 없거니와 실제로 전 세계를 넘나들면서 통 크게 일할 수 있는 환경이 되었다고 말할 수 있을 정도로 세상은 이미 하나로 돌아가고 있는 듯하다.

　　명리학에는 '역마살(驛馬煞)'이라는 것이 있다. 옛날에는 지금처럼 통신기술이나 교통시설이 발달하지 않았기 때문에 일정한 거리마다 역참(驛站)이라는 곳을 두고 그곳에서 말을 갈아타며 급한 볼일을 보러 다니곤 했다. 이때 역참에 갖추어 둔 말을 '역마(驛馬)'라고 하는데, 이 역마는 당연히 많은 곳을 다니게 마련이다. 이 역참에서 저 역참으로, 그리고 또 다른 곳으로 쉴 곳이 계속 바뀐다.

　　그리고 '살(煞)'은 사람이나 물건 등을 해치는 나쁘고 독한 기운을 일컫는 말이다. 따라서 역마살은 천성적으로 역마처럼 이리저리 떠돌아다닐 팔자라는 뜻을 갖게 되었으며 예전에는 한곳에 정착하지 못하고 이리저리 떠돌아다니면서 방랑하는 액운으로 봤다.

하지만 시대가 변했다. 어느 특정한 곳에 머물며 지독하게 연구하고 몰두해야 하는 성격의 일들도 있지만, 세상의 변화에 발 빠르게 대응하면서 그때그때 생기는 일들에 대하여 유동적이고 능동적으로 대처하면서 처리해야 하는 시대가 된 것이다. 직업적으로도 그렇다. 한 직업만을 갖고 한 회사에서 퇴직할 때까지 오랜 기간 근무하는 고용형태가 아닌 다양한 직업을 동시다발적으로 가지면서 멀티플레이로 일을 처리하고 다양한 분야에서 동시에 성과를 이루어내는 인물들이 나타나게 된 것은 어찌 보면 현대사회가 그러한 인물상에 대한 요구가 있었다고도 볼 수 있다. 이제 한 직장이나 한 전문분야에서의 전문가가 되는 것만이 그 사람의 정체성이 아닌, 여러 직업과 전문성을 갖는 모호한 정체성도 새로운 정체성이라고 할 수 있다. 이제 역마살이 시대를 제대로 만날 수 있게 된 것이다.

역마살이 있는 경우, 한곳에 머물지 못한다. 집에 있으면 병난다는 말은 명리학적으로 여러 형태가 있을 수 있지만, 역마살도 한몫한다. 지금은 물론 해외여행이다 뭐다 해서 여행도 많아지고 일도 국제적으로 협력하는 경우가 많아지긴 했지만, 역마살이 사주에 있는 경우 일적인 면에서 해외운으로 나타나는 경우가 많다. 일의 성격이 해외출장이 많다거나 해외지사로 나간다거나 아예 외국계 회사거나 하는 식으로 나타나기 쉽다. 아니면 예로 스타일리스트처럼 한곳에 머물러서 일하는 것이 아니라 다양한 장소에서, 각양각색의 사람들을 만나면서 하게 되는 일의 성격으로 드러나기도 한다. 또, 유학생이나 수출입업무를 하는 사람들도 보통은 역마살이 강하다.

그러면 이런 역마살이 '연애와 만나게 되면 어떻게 될까', '국제 연애를 하게 되는 사람들은 어떤 사람일까' 하는 궁금증도 생기게 될 것이다. 이런 국제연애를 하는 사람들을 가만히 살펴보면 크게 세 부류로 나눌 수 있다.

🕊 그 첫 번째는 사주 상의 남편자리 또는 처자리에 역마살이 들어와 있는 경우이다. 이런 경우 실제로 연애 상대 또는 배우자가 해외와 관련된 일을 하는 경우가 많다. 이를테면 어떤 남자의 처자리에 역마가 있으면 십중팔구 그 여자친구 또는 배우자는 승무원, 항공업종, 여행사, 관광업계, 또는 유통업 등 그쪽 일을 하고 있는 경우가 많고, 그 여자 본인의 사주에 따라 명예를 지향하며 성공하는 타입인 경우는 외교부 등 정부 기관이나 정부 투자 기관 등에 있는 경우도 있고, 자기 표현력이나 끼가 많은 경우는 패션업계인 경우도 있게 된다.

한 사람에게 몰입하고 책임지는 생방송

✴ 그리고 두 번째는 자기 사주 자체가 역마살과 함께 역마의 기운이 강한 경우이다. 5대양 6대주라고도 하듯 이는 큰물과 넓은 땅이고 전 세계이다. 이런 큰물은 흘러가야만 한다. 물이라는 것은 속성 자체가 위에서 아래로 흐르고 또 흘러 어디론가 계속 이동하면서 움직여야만 하는 숙명을 가지고 태어났다. 물이 고여 있고 움직이지 않으면 썩고 냄새마저 나기 마련이다. 그리고 물은 변해야 한다. 물은 담긴 병의 모양대로 그 형태가 변하는 유동적이고 유연한 물질이다. 이렇게 큰물은 곧 온 세상이고 세계이다. 또 넓은 땅이라는 것도 곧 온 세상이다. 모든 나무는 땅에 뿌리를 내리고 불이 타서 흙이 되고 물을 머금고 있는 것도 곧 땅이다. 이렇게 세계는 넓고 할 일은 많다고 할 수 있는 타고난 큰물과 넓은 땅인 경우는 아무래도 환경적으로 외국인을 만날 수 있는 확률이 높고 그러다 보면 자연스레 연애도 시작하고 결혼도 할 확률도 높아지게 된다.

✴ 마지막으로 세 번째는 여자 사주에 남자가 숨어있거나 잘 안 보이는 경우와 남자 사주에 여자가 없는 경우를 들 수 있겠다. 이런 경우는 아무래도 한국에서 자기 짝을 찾기가 어려웠을 테고 어떻게든 해서 연애까지는 했다손 치더라도 그 사랑을 유지하고 지켜나가는 힘이 부족하다고도 할 수 있다. 그렇다 보니 제아무리 결혼이 늦어지고 있는 추세라고 할지라도 결혼을 하기에는 너무 나이도 들어버리고 그렇게 외국인을 자기 짝으로 삼는 경우가 생긴다.

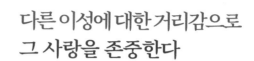

다른 이성에 대한 거리감으로
그 사랑을 존중한다

사랑은 아프다. 얼핏 보면 아름다워만 보이는 드라마에서의 사랑도 아프긴 마찬가지다. 그 시작이 덜 아프건, 마지막이 더 아프건, 그 과정에서 아픔을 느꼈건 결과적으로 사랑은 아픈 것이다. 그러니까 사랑을 하려면 어느 정도 아플 각오는 하고 덤벼들어야 할 일이다.

작정하고 소개받은 만남 또는 우연한 만남으로 누군가와 알게 되고, 어느 한쪽에서건 시작된 연락과 만남으로 그 인연은 시작된다. 호기심과 설렘으로 시작된 만남은 마냥 좋기만 하다. 모르는 상대방을 알아가는 것, 어떤 사람인지 모르는 상대를 조금씩 이해하고, 나를 보여주면서 아직 관계가 단단하지는 않지만, 서로가 서로를 좋게 봐줬다는 전제에서 시작되는 만남은 그저 아름답기만 하다. 보통은 서로 호감이 있으니 만났다는 것은 분명하니 그 호감을 가져줬다는 것만으로도 이미 충분히 행복감을 느낄 수 있다. 큰 기대가 없었기에 행복하고, 또 난 아직 누군가에게 호감을 줄 만한 사람이라는 자존감도 생기고, 새로 시작되는 관계에 대한 기대와 설렘으로 마음이 따뜻해진다.

사랑은 서로 조금씩 알아가는 것이라는 걸 알면서도 이미 한 사람은 말로 하거나 손을 잡거나 하는 등으로 자신의 감정을 본격적으로 표현한다. 그전까지의 애틋했던 마음을 모두 다 털끝까지 쏟아내고 싶은 마음이 든다고 느낄 만큼 만날수록 애정표현에 적극적이다. 마음이 가니 선물도 주고, 선물을 줄수록 마음도 더 커진다. 또, 만날수록 욕심이 깊어지고 상대방 마음을 다 갖고 싶어서 자꾸 어른처럼 행동하지 못하게 된다. 좋은 것만 보여주고 싶고, 맛있는 것만 먹이고 싶고, 웃는 상대의 얼굴이 예쁘게만 느껴지니 항상 더 웃을 수 있는 행복을 주고 싶다. 이미 상대는 나에게 그냥 있는 것만으로도 충분히 항상 감동이고, 나를 가슴 뛰고 벅차게 만드는 사람이라 더 설레게 된다.

보통 이런 감정은 목적 지향적이고, 성과를 내면서 스스로 만족하고 주어진 문제해결을 통해 우월감을 느끼는 남자 쪽에서 갖게 되는 경우가 많다. 또, 적극적으로 감정을 표현하면서 한편으로는 자신이 상대에게 느끼는 애정과 배려만큼은 아니더라도 상대방도 나에 대한 사랑을 표현해 주길 바란다. 그리고 상대방 마음을 갖고 싶어서 욕심이 자꾸 깊어만 진다. 마음이 바빠지고, 빨리 여느 연인관계처럼 서로의 일상을 묻고 전화로 목소리를 듣고, 자기 전에 통화하고 얘기하는 관계를 원한다. 마음은 보이지 않으니 알 수도 없고, 그렇다고 딱 느껴지지도 않는 이도 저도 아니라면 스킨십을 통해, 그것에 응해주는 상대를 통해서 그 사랑을 확인하고 관계에서 안도감을 얻으려고 한다.

이런 마음을 상대가 받아주기만 한다면 그것만큼 아름다운 관계는 없다. 하지만, 사랑이 그리 쉽게 전개될 리가 없다. 쉽게 전개되지 못하는 건 거의 딱 두 가지 이유에서이다.

첫 번째 이유는 사랑의 불균형 문제인데, 이런 문제는 일단 해결된다. 시간이 좀 지나고 감정적으로 마음이 열리면 말이다. ✻ 남녀의 개인성향을 떠나서 보통 남자는 급하다. 빨리 연인관계가 되고 싶어 한다. 그리고 그 사랑을 확인하고 싶다. 남자도 사람이다 보니 자신이 보여준 열정과 사랑만큼은 아니어도 '땔감' 정도의 에너지는 여자 쪽에서 줘야 훨훨 타는 것을 유지할 수가 있다. 기가 안 꺾이고 풀이 죽지 않은 상태에서 연애 초기의 한동안이라도 지속적이고 적극적으로 질주할 수 있는 것이다. 여자는 아무래도 이런 남자에 비해서 마음이 늦게 열리고 이 사람을 사랑이라고 확신을 갖는 데 시간이 걸린다. 그러니 지금껏 하고 있는 상태로 조금만 지구력을 가져본다면 해결이 된다. 남녀가 반대가 되는 상황이라도 마찬가지다. 결국은 풀리는 숙제인 셈

한 사람에게 몰입하고 책임지는 생방송

이다.

하지만 두 번째 이유라면 좀 복잡해진다. 다른 이성이 있는 경우다. 남자라면 자신이 돌보고 아껴줘야 하는 '재성(財星 재물을 얻는 운)'인 다른 여자가 있는 것이고, 여자라면 자신이 소속되어 기댈 수 있는 '관성(官星 명예를 얻는 운)'인 다른 남자가 있는 것이다. 그래서 왠지 '간을 보는' 관계일 경우는 잘 전개가 된다고 해도 분명히 상처가 남게 된다.

우리나라에는 사귀는 관계에서 챙겨야 할 날들이 참 많다. 여자가 남자에게 고백하는 2월의 밸런타인데이, 그 화답의 느낌 정도 되는 3월의 화이트데이, 각자의 생일, 크리스마스이브에 심지어 빼빼로데이까지 참 많기도 많다. 이런 기념일은 자신만이 상대의 시간을 온전히 다 가지면서 내가 확고히 너의 남자친구이고 여자친구임을 확인할 수 있는 날인 것이다.

그렇기 때문에 양다리 또는 간을 보는 다른 이성이 있는 당사자는 이런 기념일들이 노심초사이다. 어찌할 바를 모른다. 일주일 전쯤에 바쁠 수 있다는 밑밥을 깔아두기도 하고, 한 커플과는 과감히 싸우거나 연락을 끊는 상황을 연출하기도 하며, 저녁 시간을 마치 뷔페의 1부와 2부로 나누어 만나는 대담함을 보이기도 한다. "나 다음 주에 일이 있어서 바쁠 것 같다."라는 밑밥, 하지만 약속을 정하고 레스토랑 예약까지 하는 치밀함. 그리고 두 사람 사이에서의 망설임, 아니라면 한 사람에게 마음을 주면서 표현해도 되는지에 대한 불확신도 있을 것이다.

✖ 다른 이성과 요소들은 진정한 둘 사이의 관계를 훼손할 수 없다. 그것이 친구가 많건 술을 많이 마셔서 술자리에 많이 가건 그건 중요하지 않다. 하지만 이성으로서 좋아하는 상대는 나 하나뿐이어야 한다는 사실은 전제가 되어야 하고, 그리고 그것이 서로 신뢰와 믿음으로 확인되어야 한다. 기념일은 이성친구를 타인으로부터 배타적으로 독점할 수 있는 날이 되어야 한다. 응당 그렇게 할 권리를 서로 인정할 때 인연이고, 연인이라고 할 수 있는 게 아닐까. 어른의 사랑을 한다면, 세상을 놀이로 배우는 아이처럼 여러 사람을 두고 간을 보는 감정놀이는 그만 졸업해야 한다.

사랑은 혼자 하는 것이 아니다. 그리고 둘이 하는 사랑이라도 그 사랑이 자신을 더 외롭게 한다면 그것도 사랑이 아니다. 사랑은 아픈 것이지만, 그 아픔이라는 것은 적어도 그 누구도 그 사이에 남녀로 끼어들지 않는 것이 전제가 되는, 순도 100%로 서로의 마음과 감정에서 느끼는 서운함이나 아픔이어야 한다. 그리고 그 아픔이 다른 곳에서 온다면 아프지만, 과감히 잊고 떠나는 것이 명확한 정답이다. 구질구질하게 옆에서 아는 동생이니 오빠니 뭐니 하는 것으로 지나간 사랑에 지분거리는 것도 못 할 짓이다.

나와 그 사람이 얼마나 서로 아끼고 위해 주느냐도 사랑이지

한 사람에게 몰입하고 책임지는 생방송

만, 상대가 나 아닌 다른 사람과 어떤 거리감을 가지고 인간관계를 맺고 있느냐도 그 사람에 대한 사랑의 표현이고 존중이다. 만약 단단한 연인관계가 아닌 상태로 누군가를 만나고 있다면, 그동안 그 또는 그녀와 나눴던 문자나 카톡을 다시 보라. 그 안에 답이 있다. 그리고 답을 알았다면 긍정적인 방향이건 그 반대건 움직여야 할 때다. 그래야만 나도 살고, 나의 마음도 너덜너덜해지지 않는다. 보고 싶은 마음은 그 마음대로 묻어두고 아파하더라도 떠날 자는 떠나야 한다.

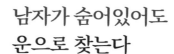

남자가 숨어있어도
운으로 찾는다

사주를 가만히 보고 있으면 도통 남자가 보이지 않는 여자의 팔자가 있다. 아예 보이지 않는 경우도 있고, 작정하고 뒤지고 찾아야 겨우 보일 정도로 남자가 숨어있는 경우도 있다. 그래도 숨어나 있으면 다행인 것이다.

이런 여성들은 남자가 숨어있다고 말을 꺼내면 즉각적으로 반응하며 바로 공감을 한다. 자기는 이제껏 살면서 제대로 된 연애를 해본 적도 없고, 만난다고 하더라도 3개월을 넘긴 적이 없으며, 그것도 손에 꼽을 정도인 데다가, 주변엔 어찌 그리 연애를 지속적이고 끊이지 않게 하는 사람들은 많은지, 이제는 자꾸 이렇게 시간만 지나다 보니 자기 자신에게 무슨 문제가 있는 것은 아닌가 하는 생각마저 든다고 한다.

기본적으로 남자가 없거나 숨어있는 척박한 땅에서 태어났으

한 사람에게 몰입하고 책임지는 생방송

니 그 환경이 좋지 않고, 가끔씩 '남자 단비'가 내려 땅을 촉촉하게 해주려고 해도 이미 쩍쩍 갈라진 척박한 땅을 채우기에는 역부족으로 목만 겨우 축여 목마름만 부추긴다. 애피타이저로 식욕만 돋우고 메인요리를 먹지 못한 것 같아 더 허기진다. 척박한 땅에 짧은 단비는 땅을 되레 더 메마르게 하고, 단비가 살짝 훑고 간 자리의 건조함을 알기에 이제 더 이상 단비도 기다려지지 않는다. 그냥 그렇게 척박하게 살겠다는 체념과 언젠가 소나기, 장대비가 주룩주룩 내려주기를 갈망하지만, 인생이란 것이 절실하게 원하면 또 드라마틱하게 들어주지 않는다.

얼굴에서도 마찬가지이다. 한눈에 봐도, 아무리 뜯어보아도 얼굴에 남자가 안 보인다. 더군다나 딱 봐도 전형적인 과부상의 얼굴 요소를 여러 가지로 모두 가지고 있는 경우 어찌해야 할 바를 모르겠다. 이런 경우 참 난감하다. 연애운은 어떤지, 또 언제쯤 좋은 남자를 만나서 결혼을 할 수 있을지 궁금해서 온 사람에게 보이는 대로 말하기도 어려운 상황이다.

그렇다고 말도 안 되는 소리를 하며 기분을 맞춰주기도 마음이 움직이지 않고, 그렇게 말해서 잠시 기분을 띄워준다고 한들 앞으로 살아갈 날들을 하루하루 경험하다 보면 본인의 연애운과 결혼운을 하나하나 겪으면서 느끼고 알게 될 터이니 썩 좋은 방법도 되지 못한다.

✂ 그저 남자운이 조금 약한 편이니 운이 좋은 시기에 사람을 만나라, 연애운이 들었을 때 품질이 우수한 남자가 올 확률이 높으니 그때 남자를 만나고, 꼭 궁합을 봐서 자신의 의지로 바꿀 수 있는 궁합이라는 부분을, 자신의 성향적으로 음양오행적으로 참고하라고 말해준다.

남자가 숨어있다고 하더라도 10년마다 바뀌는 대운과 그 대운을 위아래로 끊어서 5년씩 바뀌는 운, 1년마다 운인 세운에 따라서 운에서 남자가 들어오기도 한다. 이때는 연애하거나 결혼할만한 좋은 인연을 만날 가능성이 높으니 남자가 숨어있는 여자라고 해서 아예 답이 없는 건 아니다. 또, 이런 운에서 운이 좋은 시기가 겹치게 되면 아무래도 좀 쓸만한, 괜찮은 남자가 들어올 확률이 높으니 이럴 때 만나는 남자와의 궁합을 꼭 보고 내 운을 살려주고, 기를 살려주어 살맛 나게 해주는 인연을 찾는 것이 중요하다.

한 사람에게 몰입하고 책임지는 생방송

남자의 자격지심엔
좌절이라는 예방접종을

지금 만나고 있는 여자친구가 한없이 예쁘고, 사랑스러워 보이고, 귀여워 죽을 것 같아 어쩔 줄 모르겠다. 남자의 입장에서 이런 마음을 갖게 해주는 여자라면 더할 나위가 있을까. 하지만 지금 만나고 있는 여자친구 때문에 좌절감이 들고, 자신의 처지가 초라해 보이고, 이보다 더해 항상 미흡한 것만 같은 자신을 미워하는 마음이 조금이라도 든다면 이건 심각하다.

명리학적으로 이런 상황은 처자리에 자식 같은 아내가 들어와 있어서 아내가 뭘 해도 귀엽고 사랑스러운 애처가이면서, 잘 참고 희생하고 봉사하는 거라면 누구보다 잘할 수 있는 편관(偏官)이라는 것이 딱 자리 잡고 있을 때 가능하다.

편관의 성향은 잘 참고 인내하고 버티는 데는 누구보다 뛰어난데, 게다가 처자리에 자식이 있는 애처가라면 여자를 바라보는 입장이 사랑하고 아껴주는 마음이 크다 보니 권위적으로 군림할 수도 없고, 그렇다고 무정하게 관계를 유지할 수 있는 스타일도 아니게 된다.

이 두 요소가 만나다 보니 귀한 집에서 잘 자란 딸인 여자친구가 괜히 나 같은 남자를 만나 고생을 하는 건 아닌가 하는 자격지심이 들기 쉽고, 자기가 어느 정도 경제적이나 사회적으로 안정이 된 후에 여자를 내 아내로 받아들여야 한다고 생각하니 세월만 흐르기 쉬워 노총각이 될 가능성도 높다고 하겠다.

여자에게 인기가 있고 없고를 떠나서 기본적으로 여자를 보는 시선이 따뜻하기 때문에 생길 수 있는 노총각 유형인 것이다. 굳이 결혼까지 가는 일을 떠나서도 이런 상황이 어떤 경우에 생길 가능성이 높은지는 간단하게 예 하나만 들어봐도 쉽게 이해할 수 있다.

취업준비를 하면서 만난 여자친구는 떡하니 대기업에 합격하고, 남자는 불합격의 고배를 마시고, 다시 취준생의 험난한 길로 들어간다. 대학 졸업 후 바로 회사에 합격한 다른 친구들에게서 느꼈던 소외감을 취업준비를 할 때 만난 여자친구와 공감도 하고 서로 위로하면서 버텨온 기간의 추억은 다시 취업준비를 하게 된 남자에게는 더 큰 괴로움만 줄 뿐이다. 여자친구는 회사생활에 적응도 하며 숱한 남자들을 만나게 될 수밖에 없는 환경에 있다. 신입직원 환영회다, 워크샵이다, 온갖 술자리는 널려있다. 새로운 동료, 선배를 만나면서 그간 억눌렸던 자유를 충분히 느끼는 생활을 하게 된다. 이런 경우 남자는 참 답답하다. 누군가가 곁에 있어서 외로움과 괴로움이 더해지는 경우이다.

그래도 긴 인생의 관점에서 보면 이별은 약이다. 지금 당장이야 함께하고 싶은 여자친구를 보내야 하는 상황이 괴롭고, 자신의 딱한 처지를 생각하면 더 슬프기까지 하겠지만, 먼 훗날, 그래봐야 3년에서 5년만 지나도 지금의 이별이 자신에게 얼마나 큰 행복이었는지 알게 될 것이다. 자신의 상황이 나아지면서 이 세상엔 무수히 많은 좋은 여자가 있다는 것도 알게 되고, 취업공부가 절박하게 필요한 시점에서 잠시 방황은 있겠지만, 오히려 공부밖에는 살길이 없다는 자각도 줄 수 있기 때문이다.

사랑이건, 돈이건, 일이건, 그 대상이 무엇이건 간에, 현재 자신이 바라고 있는 것을 얻지 못했다고 해서 슬퍼할 일도 아니고, 지금 원하는 것을 가졌다고 해서 마냥 좋아할 일도 아니다. 지금의 결과에 대한 좋고 나쁨은 한 10여 년쯤 지나서 다시 뒤돌아봤을 때야만 비로소 제대로 알 수가 있다. 그러니 작은 일들에 일희일비하지 말고 조금 마음의 여유를 가지고 주변을, 세상을 바라보자. 그럼 오히려 일도 사랑도 잘 풀린다.

✄ 간절하게 바라면 얻을 수 있다고 하지만, 사랑은 간절하게 원하면 오히려 도망간다. 급하고 안달 나서 잘 되는 일을 본 적도

없다. 그저 의지를 갖되 운의 흐름에 평안하게 몸을 맡겨야 한다. 물에 빠져 발버둥 치면 물에 더 깊숙하게 빠진다. 편안하게 바다를 믿고 물에 몸을 맡겨 놓을 때 자연스럽게 뜰 수 있다. 그리고 일단 뜨면 움직일 수 있고 원하는 방향으로 나아갈 수 있다. 일이라는 것, 한번 안 풀리면 정말 더럽게 되는 일이 없다. 재수 옴 붙은 것처럼 하는 일마다 대박으로 쪽박 난다. 하지만 또 뭔가 된다 싶으면 참 무섭게 잘 풀리게 되는 것도 인생이다. 그러니 인생에 있어 좌절은 성장이요, 더 큰 고통을 막아줄 수 있는 예방접종인 셈이다. 인생이 술술 잘만 풀리기만 한다면 그 안에 무슨 자신을 바라볼 수 있는 통찰이 생길 틈이 있겠는가. 조금만 달리 생각하면 인생, 까짓것 뭐 무서운 건 없는 것이다.

한 사람에게 몰입하고 책임지는 생방송

언제나 익숙해질 수 없는
이별, 떠나주는 것도 사랑

이별은 그 전에 어떤 징조나 전조가 있기도 하고, 그것을 상대가 제대로 읽지 못한 경우가 많기는 하지만, 이별은 늘 그렇듯 한순간에 온다. 또 남자에 비해서 여자는 이별을 말하기 전에 보통 말이나 행동에서 수많은 신호를 보내고 오래 고민한 끝에 이별을 말한다. 그만큼 여자의 침묵은 위험의 신호이다. 마음에 들지 않는 것들이 바뀌지 않아 기다리기에 지쳐 폭발 직전이거나 너무 슬퍼 속으로 울고 있거나, 상대에게 진절머리가 나 있거나, 상대방의 무관심 속에서 따뜻한 말 한마디와 포옹이 필요하거나, 이 모두를 겪고 있을 수 있기 때문이다.

설령 이런 과정을 거쳐서 이별을 말했다고 하더라도, 받아들이는 사람 입장에서는 특히 이별이라는 것은 결국 교통사고처럼 느닷없이, 예고 없이, 맥락 없이 온다. 비상식적으로 온다. 거의 확률 제로에 가까운 첫눈에 빠지는 불같은 사랑이 아니라면 사랑은 천천히 시작되고, 그 관계에 많은 시간과 공이 들어가지만, 끝나는 것은 급작스럽다. 차를 타고 천천히 주도로에 진입하고 막힌 구간을 빠져나가 달릴 대로 달리고 있는 와중에 그 어떤 표지판이나 경고도 없이 느닷없이 절벽, 벼랑 끝의 낭떠러지로 떨어진다. 그것이 곧 이별이니 이별을 당하게 되는 사람의 마음은 상처로 갈기갈기 찢어진다. 사랑은 둘이 시작하지만, 이별은 혼자 하기 때문에 이별은 더 힘들다. 상대도 비슷한 마음으로 괴로움을 견디고 아파하고 있다면 위로도 되겠지만 보통 상대는 더 이상 마음도 미련도 없으니 나 홀로 가슴이 미어진다.

하지만 그 이유가 무엇이건 지금 벌어진 '판', 즉 상황이 가장 중요하다. 어쩌면 그 이유는 알 필요도 없고 알려고 하는 것 자체가 오히려 자신을 더 상처받게 할 수 있다. 적어도 다른 이성 때문이 아니기를 바라는 마음을 가져보지만, 어쩌면 다른 이성의 문제가 가장 확률적으로 높은 이유일 수도 있으니 굳이 알아서 좋은 일도 없다. 마음만 더 아플 뿐이고 그토록 믿었던 상대에 대한 배신감만 더 커질 뿐이다. 눈에 보이는 것, 그 이면을 직접 보고 경험하는 것의 결말은 보통 견디기 어려울 정도로 아프기 때문이다.

자신의 스타일로 사랑을 시작했다면, 그 끝이 비록 이별이라고 하더라도 그걸로 족하다. 최선을 다했지만, 혹여 그 인연이 다했다면 아름답게 보내주는 것이 필요한 것이다. ✖ 또, 자신의 태생적인 천성에 잘 맞는 방식으로 사랑을 해야 마음도 편할 수 있다. 지금 이 사랑은 어찌 될지 알 수 없다. 그렇기 때문에 더욱더 자신만의 방식으로 충분히 사랑해야 후회가 없다. 그 방식이 요즘 사람을 만나고 사랑하는 방식이 아니어도 상관없다. 비록 그 사람은 나를 떠났고, 지금은 황폐해져 있지만, 내 방식으로 사랑했으면 그걸로 충분하다.

그 사람은 자신을 사랑하는 사람을 떠나보냈으니 불행하지만, 나를 사랑하지 않는 그 사람이 떠난 건 오히려 나에겐 행운일 수 있다. 그러니 불행해야 할 이유가 없다. 또, 분명한 건 아픈 자리는 그 아무리 갈가리 찢어져 속살이 다 드러나고 벌어져 있다고 해도 시간이 충분히 지나면 아문다. 치명적이고 매력적인 이성이 훑고 간 자리는 더욱더 쑥대밭이 되어있을 수 있지만, 그래도 아문다.

그러니 놓아 줘라. 더 이상 물어볼 일도, 설득해 볼 일도 필요 없다. 내가 끝까지 지켜내진 못했지만, 키워왔던 사랑이 떠날 때는 정말 쿨하게, 속은 문드러져 있을망정 적어도 겉에서는 그렇게 보일 수 있도록 보내라. 이별이 아름다울 수는 없겠지만, 아름답게 보내주는 것도 사랑이다. 그리고 충분한 시간 혼자서 아파해라. 지금 아파하고 있다고 불공평하다고 말할 것도 없다. 상대방은 이별을 말하기 전 아파했거나, 앞으로 살아갈 인생 속에서 만나지 않는 중에도 스스로에게 사랑을 가르치며 아파할 것이다.

사랑도 익숙해질 수 없고, 이별엔 더 익숙함이란 있을 수 없다. 사람이 떠난 자리는 가슴이 먹먹해지고, 아리고 미어지며, 아련한 그리움에 슬퍼진다. 수많은 이별을 하면서 살아가야 하는 삶 속에서 특히 사랑하는 사람이 떠난 자리는 항상 가슴이 저민다.

한 사람에게 몰입하고 책임지는 생방송

이별에서 자신을 지켜내는
방법을 만든다

　　한번은 동그란 눈에 대책 없이 착한 얼굴
을 하고, 한 여자분이 나를 찾아왔다. 이름이 마음에 들지 않는다
면서 바꾸고 싶다고 했지만, 이미 지금의 이름도 불리기 예쁘기
도 하거니와 성명학적으로도 바꿔야 할 만큼 그리 나쁜 이름도
아니었다.

　사람의 운명을 결정하는 요소는 복잡하다. 사주와 관상, 그리
고 만나게 되는 인연, 즉 궁합과 풍수에 이르기까지 복잡하게 얽
혀있다. 따라서 이름 하나만으로 인생이 180도 바뀐다거나 이름
때문에 이별하게 됐다는 논리는 뭔가 석연치 않다. 다만, 이름이
라는 것은 사주라는 기운 중 부족한 기운을 채우거나 과한 기운
을 눌러주거나 설기시켜 주는 쪽으로 보완하여 작명해야 하고,
태생적인 사주나 관상에 비해서 자신의 의지대로 적극적으로 바

꾸어 살 수 있다는 면에서는 분명 의미가 있다고 할 수 있다.

그녀는 금세 그 큰 눈에 눈물이 그렁그렁해지면서 이름 때문에 남자와 자꾸 헤어질 수 있냐고 물었다. 자신이 좋아하는 남자와는 만나다가 자꾸 곧 헤어지게 되는 자신의 상황에 슬픔이 가득해 보였다. 바라보고 있는 내 마음이 아파졌다. 계속되는 이별의 원인을 자신의 이름에서 찾고 있는 이 어린 여자의 깊은 상처와 사랑에 대한 간절함이 느껴졌기 때문이다. 그리고 나도 지나고 겪어온 젊은 시절 사랑의 아픔도 떠올라 친한 동생의 상처를 듣는 것처럼 더 아렸다. 오죽했으면 이름을 바꿔서라도 사랑을 잃지 않으려고 하는 것일까.

그렇게 이름만으로 이별의 원인이 될 수 없음을 설명했지만, 그래도 그녀는 절실하게 개명하기를 원하고 있었다. 이 개명을 통해서 새로운 이름을 얻고 불려, 지난 사랑의 아픔을 씻고 앞으로의 사랑은 온전히 하고 싶다는 의지가 느껴졌기에 지금보다 더 좋은 이름을 지어주는 것으로 마무리 지었다.

수없이 이별해도 익숙해지지 않는 것이 이별이다. 매번 다른 느낌으로 슬퍼지고 아프니 오히려 이별의 아픔은 겪을수록 그 강도가 제곱으로 커진다고 말하는 것이 맞을 것이다. 사랑에도 기본적인 룰이 있을 수 있지만, 만나게 되는 두 사람이라는 요소가 복잡다단하기 때문에 그 전개는 짐작할 수가 없는 것처럼 이별이

한 사람에게 몰입하고 책임지는 생방송

라는 것도 얼핏 비슷해 보여도 모두 다른 모습으로 나타나기 쉽기 때문에 익숙해질 수 없고, 나이가 들수록 예전에 묻고 덮어두었던 상처까지 같이 세트로 연이어 나오게 되어 슬픔 두 배, 아픔 세 배 같은 이별이 된다.

이별이라는 것에는 마음이 단단해져서 어떤 이별도 쉽게 견뎌내는 건 없는 것이다. 많은 사람이 사랑에 아파하고, 이별에 가슴이 먹먹해진다. 나이가 들수록 이별은 더 서글프고, 애달프기만 하다. 그동안 했던 이별통보나 헤어짐을 생각한다면 이쯤은 너끈히 이겨낼 것 같은데, 그게 말처럼 쉽지가 않다.

이별에는 자신만의 방식으로 해결하는 방법을 찾아야 한다. 사람들에게 상담하는 것일 수도 있고, 혼자서 고민하는 것도 방법은 될 수 있지만, 결국 핵심은 헤어지려는 사람과 더 붙잡고 만나고 싶은 자기 자신, 이 둘과의 관계에서 해결점을 찾는 것이다.

물론 너무 진흙탕처럼 집착해서는 안 되겠지만, 쿨하게 보내주는 것은 쉽지가 않다. 남은 사랑이 있고 더 보여주고 싶은 사랑이 있는데, 아직 사랑하고 싶은데, 이게 될 리가 없다. 쿨하게 보내줄 수 있다면 그리하면 끝이지만, 어떻게 보면 이 쿨함이라는 것은 상대에 대한 무관심이나 사랑이 없을 때 쉽게 되는 것이지 남은 사랑이 있는 사람에게는 이처럼 어려운 것도 없다.

집착의 끝을 보여주는 것이 아니라면, 적어도 자신의 솔직한 감정은 당당하게 알려주는 것이 좋다. 그래야만 자신을 위해서 미련도 남지 않고, 상대에 대해 속 시원하게 얘기한 기억으로 '할 도리 또는 할 수 있는 것은 다했다'라는 생각을 가지게 되어 조금씩 감정을 추스르고, 물론 시간은 걸리겠지만, 자신의 일상으로 돌아올 수 있다. 또는 이미 마음을 정하거나 떠난 상대에 대해서 쓸데없이 괜한 속내까지 다 드러냈다는 일종의 부끄러움에 다시는 연락을 하지 못하게 되는 상황이 오히려 조금씩 잊어가는 데 도움을 줄 수도 있다. 하지만 때로는 그저 아무것도 묻지 않고 너무 깊게 캐지 않고 묻어버리고 헤어지는 것도 답이긴 하다.

✂ 그리고 그 일상으로 돌아올 수 있는 감정이 되기 전까지는 오롯이 혼자서 그 시간을 감내하고 이겨내고 지워내야지, '이성은 이성으로 잊어라'라는 말만 믿고 섣불리 시작했다간 오히려 감정만 다치기 쉽다. 헤어지고는 오롯이 혼자 있는 물리적인 시간을 충분히 가졌을 때 상처도 아물고 새 살이 돋아난 상태에서 제대로 새로운 사랑을 받아들일 여건이 된다.

충분히 아파하고, 괴로워하고, 고민해라. 그리고 중요한 한 가지, 견뎌내라. 그 속에서 이별에 대응하는 방법을 찾아가면서 앞으로 올 이별에서도 자신을 지켜낼 수 있다. 그 가슴 미어지는, 아린 먹먹함을 지워낼 수 있다.

한 사람에게 몰입하고 책임지는 생방송

결혼은 마음의 나이를 기준으로 삼는다

      지난 통계청에서 발표한 '2020년 혼인·이혼 통계'를 보면 혼인 건수는 21만 3천 5백 건으로 전년 대비 2만 5천 7백 건, 10.7% 감소했고, 평균 초혼 연령은 남자 33.2세, 여자 30.8세로 10년 전 대비 남자 1.4세, 여자 1.9세 상승했다.

평균 초혼 및 재혼 연령, 2010-2020

(단위 : 세)

| | | 2010 | 2011 | 2012 | 2013 | 2014 | 2015 | 2016 | 2017 | 2018 | 2019 | 2020 | 증감 | |
													전년 대비	10년 전 대비
초혼 연령	남자	31.8	31.9	32.1	32.2	32.4	32.6	32.8	32.9	33.2	33.4	33.2	-0.1	1.4
	여자	28.9	29.1	29.4	29.6	29.8	30.0	30.1	30.2	30.4	30.6	30.8	0.2	1.9
	차이 (남-여)	2.9	2.8	2.7	2.6	2.6	2.6	2.7	2.7	2.8	2.8	2.5	-0.3	-0.5

재혼 연령	남자	46.1	46.3	46.6	46.8	47.1	47.6	48.2	48.7	48.9	49.6	50.0	0.4	3.9
	여자	41.6	41.9	42.3	42.5	43.0	43.5	44.0	44.4	44.6	45.2	45.7	0.6	4.1
	차이 (남- 여)	4.5	4.4	4.3	4.2	4.1	4.2	4.2	4.3	4.3	4.4	4.3	-0.1	-0.2

* 2021.03.18. 통계청 보도자료 '2020년 혼인·이혼 통계'에서 발췌

평균 초혼 연령이 남자 33.2세, 여자 30.8세라고 하지만 주변에서 여자는 30대 중반, 남자는 30대 후반이나 40대 초반에 결혼하는 것을 많이 봐와서 그런지 의외로 그리 높지 않다고 생각했다. 하지만 이것은 어디까지나 평균적인 초혼 연령이다. 사람마다 인생에서 원하는 것과 태생적인 성향이 다르고, 남편이나 아내에 대해 바라보는 관점, 인생에서의 의미가 다를 테니 딱 어떤 나이 정도에 이르러 결혼하지 못했다고 해서 주눅이 들거나 위축될 필요가 없다.

만날 때마다 자신의 사주와 운명에 대해서 한마디라도 해주기를 바라고, 또 만날 때마다 이것저것 말해주기는 했지만, 여전히 부족하다고 생각하고 뭔가를 계속 더 듣기 위해 끊임없이 질문했던, 여성 K씨의 사주는 이렇다.

자아와 주체성이 강하며, 명예 욕구가 강해 남의 눈이나 시선을 중요하게 생각하고, 욕심에 끝이 없다. 남자에 대해서는 자신이 의사결정 등 모든 주도권을 쥐고 잡고 흔들어야 만족한다. 명예욕이 강하나 운적으로 아직 때를 만나지 못해서 그것을 채울

시기가 적절하게 있지 못했으니 현실과 이상 사이에 괴리감이 커 방황이 깊다. 하지만 마지막 배수진인 공공기관의 회사는 버릴 수 없고 간신히 그 끈을 잡고 있다. 그리고 그것 하나 믿고 작정하고 방황하는 것처럼 불안해 보였다. 정이 많고 아이디어가 풍부하며 뭔가를 분석하고 파고드는 데는 뛰어나 연구원의 성향도 있어 대학원 진학을 권했으나, 아직 방황을 멈추지 않고 이런저런 사람들을 만나면서 어찌 보면 그리 의미 없는 무리와의 만남 속에서 자신의 현실을 잊고 도망가려고 발버둥을 치고 있었다. 그러니 공부는 뒷전이다. 하지만 이것도 그 근본이 해결되지 않으니 불만과 채워지지 않는 결핍은 쌓여만 간다. 그러면서 또 방황하게 되어 불만과 결핍, 방황의 악순환을 끊지 못하고 있었다.

오직 하나의 답은 사람들을 정리하고 한 사람에 정착하고 앞으로 4년간 공부에 몰두해야 한다고 말해줬으나, 자신의 상황과 잘 맞는다고 인정하면서도 쉽게 행동에 옮기지 못하고 주저하고 있어 안타까웠다.

이 여성과 같은 경우, 보통의 한국 평균 초혼 연령을 기준으로 결혼이 늦다 빠르다고 말하는 것은 아무런 의미가 없다. 여자가 결혼을 안 하거나 못하는 이유는 제대로 된 자신의 짝, 인연을 찾지 못한 것도 있지만, 이 여성의 경우는 다르다. 만일 이런 평균적인 잣대로 결혼을 한다면 반드시 집안에서 뛰쳐나와 이혼이 더 이상 큰 결함이 되지 않는 세상이 되었다지만, 인생에서 하나의 큰 상처를 남길 가능성이 높기 때문이다.

이 여성은 스스로에게 물어야 한다. 지금 자신은 일적으로 만족할만한 위치에 왔는지 자문해 봐야 한다. 돈이나 명예를 어느 정도 움켜쥔 주변의 사람들과 어울리고 함께하는 것만으로는 온전하게 채울 수 없는, 자신이 스스로 만들어낸 명예욕에 대한 해결이 없고서는 결혼으로 가면 반드시 불행해지고 힘들어진다. 일에서의 만족이 된 다음에 결혼, 즉 사랑으로 가야 일과 사랑 둘 다 뒤죽박죽 어설프게 망치는 상황을 피할 수 있는 것이다.

이와 비슷한 상황이라면 자신에게 물어라. 나는 지금 일에서 내가 원하는 만큼 성취하고 만들어 놓았는가를. 그리고 이 질문에 대한 답이 부정적이라면 그다음 스텝인 사랑과 결혼은 잠시 더 뒤로 미루고 현재의 일에 더 몰두하는 것이 현명하다.

우리는 세상이 보편적으로 바라보는 잣대의 기준이 어느 나라보다 예민하게 스트레스를 주는 대한민국에 살고 있다. 20대에는 무엇을 해야 하며, 30대에는 이 정도의 집과 차를 가져야 하고, 40대에는 자식과 함께 단란한 가정을 꾸리면서 자산은 이 정도가 되는 것이 평균적이라고 마치 기준이라도 있는 듯 정해놓고, 그 범주에 들지 않으면 사람들의 시선이 곱지 않다. 그러니 다른 어느 나라보다도 이러한 스트레스에 노출되기 쉬운 환경에 살고 있다.

하지만 이럴 때일수록 오직 자신만의 관점과 시선으로 자기를 제대로 바라보는 통찰력과 안목이 있어야 행복을 찾을 수 있다. 그리고 그 행복은 남의 시선을 통해서 오는 것이 아닌 자신의 내면에 보다 더 귀를 기울이고 마음을 제대로 바라보는 시간을 충분하게 가졌을 때 찾을 수 있는 것이다.

'나는 지금 행복한가? 내가 원하는 것은 무엇인가?'

풍수(風水)의 시작과 기본은 버리고 없애서 '더 이상 버릴 것이 없는 상태'가 되는 것이다. 그래야만 생기를 불어넣을 수 있는 공간의 여력이 생기기 때문이다. 행복도 마찬가지다. 다른 사람의 시선과 일반적인 범주에서 자유로워질 수 있을 때 남들 눈에 비친 어설프고 설익은 행복이 아닌 가슴 깊은 곳에서부터 차곡차곡 올라오는 벅찬 감동과 환희의 진정한 행복을 느낄 수 있다. 지금은 오직 물건도 버리고, 마음의 짐도 모두 날려버려서 내 몸 하나를 제외하고는 모두 버려 '더 이상 버릴 수 없는 상태'로 행복을 맞이할 준비를 할 때이다. 그러니 제발 서두르지 마라.

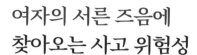

여자의 서른 즈음에
찾아오는 사고 위험성

흔히 여자는 서른 살이 되면 '예쁘고 좋은 시절은 다 갔구나'라며 보통 인생이 끝났다고 생각한다. 그러면 이럴 때 꼭 사고가 터지기 쉽다. 흔히 양아치 같은 남자를 만나 상처라는 상처는 다 받고 그 남자는 아무런 일도 없었다는 듯이 무심하게 사라진다. 여자가 자신의 인생에서 최악의 남자를 생각해보면 29살이나 30살에 만났던 남자인 경우가 많은 것도 이런 이유 때문이다. 여자의 29살이나 30살은 그 어떤 나이에 비해 무모하리만큼 과감해지고 용감해진다.

그러다 30대 중반의 현실에 부딪치게 되면 더 불안해진다. 나는 연애를 할 수 있을까의 문제라기보다는 이제 나는 과연 결혼이라는 것을 할 수 있을까 하는 의문마저 든다. 물론, 몇 년이 더 지나 30대 후반에서 40대 초반이 되면 그 불안감은 상상조차 할

한 사람에게 몰입하고 책임지는 생방송

수 없을 정도로 다급해진다. 출산에 대한 선택의 고민이 생기기 때문이다. 이젠 연애와 결혼의 문제가 아니라 내 삶에서 아이가 있는 인생이냐, 아이가 없는 인생이냐를 선택해야 하는 기로에 서면서 조급해지기 시작한다. 이때 문제가 발생하기 쉽다.

여자가 연애를, 특히 결혼을 아이의 관점과 모성애에서 보게 되면 정말 형편없는 남자를 만날 가능성만 높이게 된다. 품질이 현저히 떨어지는 남성을 만날 가능성이 높다는 이야기다. 일단, 좋은 운에서 여자의 남편자리에 합이 들면서 딱 자기 남자가 들어와야 함에도 아이에 대한 욕심이 생기고, 실제 운에서 자식운이 들어오면 그저 그런 남자를 그냥 자기 남자로 받아들이게 될 가능성이 높다.

명리학적으로도 자신이 생(生)하는 자식(食傷)은 자신을 극(極)하는 남편(官星)을 매정하게 내리치니, 일단 이런 오행의 논리로도 일리가 있고 운에서도 자식운으로 결혼할 때는 꼭 문제의 소지가 있는 남자를 만날 가능성이 높으므로 어떤 특별한 이유가 있다거나 돌싱이 아니라면 우선 30대 후반전에는 자기 남자를 만날 수 있도록 하는 게 좋다.

물론 여자에 따라서는 일에 대한 성취가 전제가 되어야만 사랑으로 넘어갈 수 있는 스타일도 있어서 이런 경우는 일의 성공이나 만족 없이 결혼하게 되면 결혼생활도 흥미를 잃고 밖에서도 만족이 안 되어 도리어 집안 살림은 제쳐두고 밖으로 돌 수도 있지만, 이런 경우가 아니라면, 또 결혼하는 인생을 택했다면 30대 후반 전에 미리 좋은 반려자를 만나려는 노력에 몰입할 필요가 있다.

그렇지 않은 상태에서 30대 후반이나 돼서야 자식이 있는 인생을 생각한다면 마음도 급해져서 올바른 배우자를 선택하기 어렵고, 자식운으로 만나는 남자는 자신의 인생을 힘들게 할 가능성마저 높이니 일단 피하고 볼 일이다.

또, 40대 초중반이 되면 타고난 기질과 성향을 떠나서도 누군가가 자신의 일상과 삶에 들어오는 것이 불편하게 느껴지기 시작한다. 자신만의 패턴과 혼자 살아가는 방식이 고착화되고 편해져서 누군가가 들어올 틈이 좁아지는 것이다. 이러다가 아이가 없는 인생을 선택하게 된 이후에는 남자를 보는 눈이 나름 더욱더 까다로워지는 반면, 남자를 만날 수 있는 기회는 급격하게 줄어들게 된다. 그리고 그 후에는 가끔 연애는 할 수 있겠지만 누군가를 만나 정착하기가 요원해진다.

✂ 자신에게 맞는 품질이 우수한 남자는 어떤 조건만을 말하는 것이 아니다. 사람마다 자신이 원하는 삶의 패턴이 있고, 그 스타일에 잘 맞는 상대를 만나야만 행복한 인생이 될 터이니 흔히들 결혼을 앞두고 여자들이 관심을 가지는 좋은 동네, 좋은 집과 좋은 차, 경제력만을 두고 판단할 일도 아니다. 돈이라는 것이야 물

한 사람에게 몰입하고 책임지는 생방송

론 있으면 편할 수 있고, 마음고생도 하지 않을 가능성을 높이긴 하지만, 수많은 상담을 해보면 그 돈이라는 것도 부부 사이를 견고하게 다져주는 역할을 못 할 때가 부지기수다.

돈이 주는 평안함과 안도감에 결핍된 허기를 느끼고, 그것을 채우려고 방황하는 수많은 남녀의 사연을 들으면서 정신이 바짝 들 정도로 깜짝 놀랄 때가 많다. ✕ 오직 사람을 봐라. 오로지 그 사람을 보고, 나라는 사람이 내 태생적인 편안함을 가지고, 상대를 평생 받아들이고 감수하면서 살 수 있는지를 배우자 선택의 기준으로 삼는 것이 가장 중요하다. 그리고 적어도 다른 사람이 끼어들어 쉽게 바람기에 동할 수 있는 사람은 피하고 보는 것이 당신의 인생에 안전하다.

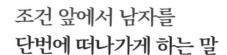

조건 앞에서 남자를
단번에 떠나가게 하는 말

만남은 보통 우연한 기회로 시작되는 경우가 많다. 선이나 소개팅 같은 주변의 소개로 누군가를 만나는 경우도 있겠지만, 우연한 만남이 인위적이지 않아 좋고 왠지 모를 기대감도 들어서 더 로맨틱하다. 특히, 선이란 것을 보면 무슨 품질 좋은 물건을 스스로 광고하면서 팔려가는 것 같이 돌아가는 모양새가 마음에 들지 않고, 대놓고 물어보는 질문들이 세속적이라 그것도 싫다. 누군지 잘 모르기도 하니 단기간에 사람을 파악하기 위해 학력이나 직업, 살고 있는 집, 돈은 얼마나 모았는지를 물으면서 한 사람을 파악하려는 마음을 이해 못 하는 것은 아니지만, 이 나이가 되어서도 아직 불편하기만 하다.

하긴 보이지 않는 마음이나 사람됨을 알기가 어렵고, 지금 당장 하루하루가 아깝기만 하고 결혼을 생각해야 하는 오죽 답답한

한 사람에게 몰입하고 책임지는 생방송

마음이면 그럴까 하고 이해도 되지만, 그래도 뭔가 꺼려진다. 하지만, 연애를 몇 년을 하고도 결혼을 할 즈음이 되면 묻고 따지고 염두에 두는 것이 그런 것들이고 보면 어쩔 수 없는 현실이기도 하다.

예쁘고 아름다운 여자에 대한 남자들의 관심은 여전하지만, 요즘 남자들도 결혼을 앞두고 같이 벌 수 있는 맞벌이를 원하거나, 여자 집안을 단지 가풍이 아닌 재산을 보는 경우도 있지만, 이런 학력, 직업, 집, 돈을 통해서 안정감을 느끼려고 하는 것은 타고난 기질에 따라 사람 나름이긴 하지만 아무래도 여자 쪽이 강한 것 같다.

아무래도 아이 아버지가 될 사람에 대한 확신이 필요할 테고, 먹고 사는 기본적인 문제에 있어서 풍요롭게 자라온 세대다 보니 현재보다 더 낫거나 비전이 있어 보이는 삶을 제시할 수 없는 남자를 만나 결혼하느니 그냥 이대로 혼자 좀 살아도 괜찮다고 생각하는 것도 있는 것 같다. 예전보다 먹고 살기 힘든 세상, 더욱더 가진 자만이 모든 것을 다 쥐고 이끌려 가는 세상 속에서 자신을 통해 얻지 못한 인생의 목표들을 남자를 디딤돌 삼아 뭔가 해보고 싶다는 생각을 하는 것도 새로운 시작점을 남들보다 낫게 하고픈 마음인 듯싶다.

한번은 결혼문제로 찾아온 한 남성과 이야기하다가 그렇게 사랑하던 여자친구를 형편상 결혼도 하지 못하고 붙잡고 있다가 헤어지게 된 결정적인 이유 한마디를 듣고 마음이 아팠다. 어떻게든 잡고 싶어서 발버둥 치다가 듣게 된 한마디 말에 모든 것을 접고 떠나기로 마음먹게 되었다고 한다. 그 한마디 말은 "오빠가 내 씀씀이 감당할 수 있어?"였단다. 결혼한다면 그 사람의 모든 것을 감당할 수 있을 때 하는 것은 맞는 말이다.

하지만 조건이라는 것은 사람을 봤을 때, 그 사람의 이미지를 처음 만드는 것에 불과한 것이다. 내가 원하는 직업과 좋은 집, 좋은 차라는 조건으로 본 그 사람은 자칫 일중독에, 일과 가정 사이에 불균형이 심한 사람일 가능성도 있다. 또, 현재 좋다는 직업이라는 것도 그 기준이 모호하다. 보다 더 중요한 것은 그 사람의 근본이 나와 맞는지와 만나면서 기쁘고 슬프고 아프고 행복한 일들을 서로 겪어가면서 정서적으로 맞는지를 확인하는 것이며, 그것이 맞는 상대를 찾아가는 과정이 결국 내 짝을 찾는 과정이다.

한 사람에게 몰입하고 책임지는 생방송

결혼이 늦어지는
눈썹, 입, 이마의 관상

남녀 공히 눈썹과 눈썹 사이인 미간이 지나치게 좁은 경우는 의사전달이 서툴러 자신의 감정을 표현하거나 사랑의 감정을 주고받는 데에 익숙해지기 힘든 면이 있다. 또 역삼각형의 얼굴은 사교가 서툴러 고독한 면이 있을 수 있다.

그리고 여자의 경우, 광대라고 하는 좌우 관골이 발달해 있으면 사회활동에 대한 욕심이 많기 때문에 일을 중요하게 생각하고 일에서 어느 정도의 성공을 거두기까지는 결혼을 뒤로 미루는 성향이 있을 수 있다. 일하고 성공하기까지는 기본적으로 물리적인 시간이 필요하다. 일에서 '이 정도 했으면 됐다'라는 자기 만족감이 있어야 그다음 단계인 결혼으로 넘어갈 수 있는 것이다.

더군다나 관골이 발달한 상태에서 입이 크다면 꿈과 야망이 크므로 단지 전업주부로 남편의 내조를 하고 아이를 키우면서 사는 인생에 대한 동경이 없고 만족도 되지 않는 상태가 된다. 입이 크다는 것은 두 눈의 눈동자에서부터 내린 두 개의 세로선을 기준으로 그 기준선을 넘어가는 입의 크기면 크고 그 기준선에 못 미치면 보통이거나 작다고 할 수 있다. 가만히 있었을 때와 웃었을 때를 같이 보는 것이 맞는다고 할 수 있다.

그러니 특히 여성이 좌우 관골이 발달했거나 입이 큰 경우는 일에서 우선 나는 만족하고 있는가라는 질문에 어느 정도라도 긍정적인 대답을 스스로 할 수 있어야 결혼을 할 때가 되었다고도 생각할 수 있겠다.

또 여자의 경우는 이마의 한가운데인 관록궁(官祿宮)을 보고 명예, 남편의 성공이나 남편복을 보게 되는데, 이 이마가 약한 경우 한 남자에게 머무는 데에 시간이 오래 걸린다고 볼 수 있다. 이마의 좌우가 틀어져 대칭이 아니거나 너무 좁거나 넓은 경우도 남편을 만나는 데 시간이 걸려 조금 느지막하게 결혼을 하는 것이 좋다. 이마에 큰 흉터나 기미가 있는 경우도 일찍 결혼하면 행복한 생활을 하기 어렵다.

이마 넓이의 좁고 넓고의 기준은 우선 얼굴을 3등분으로 나눠보면 알 수 있다. 이마 끝에서 눈썹, 눈썹에서 코끝, 코끝에서 턱 끝으로 3등분으로 나눈 후 이마 끝에서 눈썹까지의 이마 길이가 전체 얼굴 길이의 3분의 1 정도의 비율보다 좁으면 발달하지 못한 것이고 그보다 크면 넓은 것이다.

한 사람에게 몰입하고 책임지는 생방송

또 여자의 이마가 둥글면서 지나치게 넓은 경우 옛날에는 과부상이라고도 했으나 남녀가 경쟁하면서 살아가는 현대사회에서는 오히려 믿음직한 여성이라고 할 수 있다. 이런 이마의 여성은 독립적이고 자립심이 강하며 남편으로 삼을 남자를 만나는 데는 시간이 오래 걸리지만, 그 과정에서 연애 후에 헤어진 남자에 대해 크게 미련을 갖지 않는 합리적인 성격의 소유자이다.

✕ 여자가 이마가 발달하지 못했거나 지나치게 넓은 경우 결혼을 생각하는 남자를 만날 때 조금 더 충분한 연애 기간을 가지고 둘 사이의 관계에 대해서 여유를 가지고 생각해 보는 것이 좋다.

연애는 봄, 여름, 가을, 겨울의 4계절을 보내면서 계절에 따라 달라지는 상대와 나의 감정변화를 느낄 수 있는 1년 정도를 하는 것이 좋다. 결혼이 늦는 사람이라고 해서 평생을 함께할 인연에 대해 단숨에 결정하는 것은 제아무리 직감이 발달한 사람이고 사람을 볼 줄 아는 사람이라고 하더라도 위험하다. 또 1년을 만나면서 서로 성격의 끝까지 볼 수 있게 싸워도 보는 과정도 필요하고 이렇게 해야 둘 사이의 관계는 단단해질 수 있다.

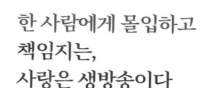

한 사람에게 몰입하고
책임지는,
사랑은 생방송이다

       상담실의 문을 열고 안쪽을 살며시 쳐다
보며 들어오는 40대 후반 정도의 여자분 얼굴을 보자마자 얼굴
에 도화가 한가득 피어올라 있음을 느꼈다. 본래부터 끼가 있어
보이는 얼굴은 아니지만, 한참 사랑에 빠져있는 여자에게서나 볼
수 있는 얼굴색을 하고 있었다. 무덤덤하게 자리에 앉아서 이름
과 자신이 태어난 생년월일, 시간을 알려주었다. 사주를 뽑아서
살펴보니 삶에 그다지 큰 문제가 보이지 않았다. 그냥 풍족하게
큰 탈도 없이 지내왔던 삶과 앞으로의 인생도 별일 없이 갈 흐름
이었으니 그다지 상담으로 해줄 말도 많지 않았다.

  다만, 올해의 운이 남편이 아닌 다른 새로운 남자가 들어오는
운인 데다가 자신의 남자가 깨지는 운이 함께하고 있어서 아주
불안한 모양새였다. 그래서 그냥 이 한마디로 시작했다. "남자가

들어와 있다"는 이 말을 듣는 순간 처음에 들어와서 당당하게 자리에 앉아있던 얼굴은 온데간데없고 일순간 불안해졌는지 입술을 파르르 떨며 어찌할 바를 모르는 것이 아닌가. 그리고는 맞는다고 말하며 고개를 끄덕였다. 그 이유로 찾아왔다고 말했다.

스포츠 댄스를 배우러 갔다가 연하의 남자를 파트너로 만나서 같이 배우게 되었고, 지금 생각해 봐도 잘 쓸 것 같지도 않은 말을 그것도 본인이 먼저 하게 되었다고 한다. "우리 연애할래?"라고. 그 이후로 지금은 연인 사이로 만나는데, 그 남자는 만날 때는 다정하게 잘 해주지만, 만나지 않을 때는 먼저 연락도 하지 말라고 하며 문자도 해서는 안 된다는 등 너무 안전하게 그의 가정을 지키려고 하는 모습이 자신을 사랑하지 않는 것 같다면서 안절부절못하고 있었다.

그렇다고 자신이 남편과 헤어지는 것을 감수하면서까지 이 남자를 만나고 싶은 것은 아니라고 했다. 그러면서도 마음은 절박했다. 못 만난 지 보름 가까이 되어 하루라도 빨리 만나고 싶은 마음뿐인데 이 남자가 언제쯤 연락을 해올지, 연락이 오기는 할지 등등 궁금한 게 한두 가지가 아니었다. 그동안 출장이 많았던 남편과 살아오면서 속궁합도 만족해 본 적 없이 20년 가까이 살아왔는데, 이 남자를 만나고 어느 정도 만족할 수 있었다고 말했다. 이제는 이 정도쯤이야 듣는 것도 이미 이력이 났긴 했지만, 이런 이야기를 이렇게까지 구체적으로 해줄 필요가 있을까 싶을 정도로 미주알고주알 말하기 시작했다.

　사랑을 어떻게 법이나 교양, 도덕의 관점에서만 말할 수 있겠는가. 외로운 사람들이 서로 어루만지면서 위로하고 사는 것이, 그 사랑에 책임은 질 수 있다는 전제하에, 이 팍팍한 세상에서 어찌 죄가 되겠냐마는 사람의 마음은 참으로 간사하다. 내 사랑은 유지하고 싶으면서, 내 사람에게는 다른 사랑을 허락할 마음은 전혀 없고 게다가 자신은 그것이 걸리지만 않는다면 '새로운 오빠'를 찾고 싶다. 인생을 사는 것 자체가 어찌 보면 공허하고 허망하다. 지금의 오빠도 오빠였고 지금도 오빠이지만, 이 공허함을 새로운 오빠를 통해서 해소하려고 한다 해도 해소될 리 만무하다.

　또, 운이 괜찮으면 별일 없이 끝날 수 있겠지만, 악운이라도 만나게 되면 '현재 자신의 오빠'도 '새로운 오빠'도 모두 잃음과 동시에 ✂ 자신이 가진 모든 것을 다 털릴 수 있는 위험도 감수해야 한다. 이런 위험까지 감수해야 하는 것이 책임이다. 그렇기 때문에 바람을 꿈꾸고 있다면 현재의 사랑에, 또 새로운 사랑에 대한 책임이 어디까지인가에 대해 고민해야 한다. 그리고 적어도 내 바람의 상대가 '귀인(貴人)'인지 '천인'인지는 제대로 파악할 수 있는 안목도 지녀야 바람도 필 수 있지 않을까. 운 좋게 귀인을 만난다면 서로 위로하면서 새로운 추억을 만들어 지친 인생에 새로운

　　　　한 사람에게 몰입하고 책임지는 생방송

힘을 줄 수도 있겠지만, 자칫 천인을 만나게 되면 온갖 협박과 수작에 놀아나면서 정신적, 육체적, 경제적으로 뭐 하나 건사하기 힘든 지경이 될 가능성이 높다. 그 지경까지 떨어지는 자신을 고스란히 다 받아줘야 하는 위험도 있는 것이다.

한번은 방송에서 이렇게 사랑을 정의한 적이 있다.

"사랑은 생방송이다. 생방송은 피디의 현란한 편집기술에 의존할 수가 없고, 동시에 여러 프로에 나갈 수도 없다. 따라서 생방송 중 했던 모든 말과 행동에 대해서 자신이 모두 책임을 져야 한다. 또, 지난 시절을 돌이켜 봤을 때 가장 행복했던 순간은 과거에 대한 후회나 미래에 대한 걱정이나 불안 없이 그때의 현재라는 시간에 가장 몰두하고 몰입할 수 있었던 순간이다. 이렇듯 사랑도 책임을 져야 하는 것이고, 현재의 사랑에 몰입할 수 있을 때만이 행복할 수 있다. 그리고 사랑은 항상 몰입하게 된다. 사랑이라는 것도 지금 현재의 사랑에 가장 몰입할 수 있을 때 기쁨이 배가 되고 더 행복해진다. 생방송만큼 그 시간에 몰입해서 자신의 모든 것을 쏟아부을 수 있는 시간이 어디 있던가. 그래서 사랑은 더 몰입해야 하고 책임져야 하는 생방송이다."

바람,

어찌 막을 수 있을까!
그저 미련 없이 피할 뿐이다!

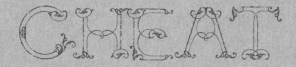

원증회고의 여자,
애별리고의 남자

상담하다 보면 가슴 아픈 사연들이 많다. 사람으로 태어난 게 죄라지만, 얼마나 더 큰 아픔과 시련을 겪으며 살아야 하는지 사주를 놓고 마음이 아플 때가 한두 번이 아니다. 사주를 보다 끝내 울음을 터뜨리고 가시는 분을 보게 되는 것도 어렵지 않다.

20여 년 전쯤 찾아온 여성 K씨는 지금도 잊히지 않는다. 차분하고 조용하게 들어오는 K씨의 얼굴에서는 그 어떤 표정도 찾을 수가 없었다. 아무런 표정도 감정도 없어 보이는 화기(和氣)가 없는 얼굴이 외롭고 쓸쓸해 보였다. 그리고 몸도 마음도 지칠 대로 지쳐 따뜻한 말 한마디에도 금세 그렁그렁 눈물이 맺힐 것 같은 눈으로 나를 바라봤다.

첫인상이 슬펐다. 그냥 알 것 같았다. 지치고 아픈 마음을 어떻게든 달래보려고 여기까지 온 것까지도 읽혔다. 그리고 나도 슬퍼졌다. 인생의 기본은 슬프고 아프고, 사랑은 더 슬프고 아픈 것이지만, 아무튼 그렇게 그녀의 첫인상은 아팠다. 어떻게든 이겨나가고 살기 위해 여기까지 찾아온 그녀가 대견하기도 했다.

그리고 조곤조곤 해나가는 그녀의 이야기를 듣는 동안 측은지심이 더 동했다. 흔히 말하는 양다리의 희생양이었는데, 여자가 셋이었으니 '삼다리'가 맞겠다. 그 남자는 S대 의대에 다니며 K씨를 만나 결혼을 약속하며 사귀는 동안에 다른 여자 두 명을 동시에 만나며 같은 말을 했다. 치밀한 행동에 몇 개월은 괜찮았지만, 결국은 들통이 나는 바람에 그 충격에 다른 한 여자는 자살 기도로 병원에, 또 한 여자는 비슷한 생각으로 만나는 세 번째 남자쯤이나 됐는지, 연애나 해보려고 만났는지 무신경이었다.

K씨도 어렵게 마음을 추스르며 심한 아픔을 겪고 있었다. 여자마다 500만 원 정도의 카드빚을 지우며, 그 카드로 다른 여자 선물을 사대며 살았던 그 남자는 분명 주변에서는 평범한 학생이었을 텐데, 그 여자들에게 주었던 상처는 결국 자신에게 어떤 형태로든 모두 돌아올 것을 어찌 다 감당하려는 것일까.

하지만 그녀는 아직도 그 남자를 잊지 못하고 있었다. 그렇게 말도 안 되는 비상식적인 경험을 준 남자지만, 아직도 뭔가 납득할 수 있는 이유나 원인이 있다고 생각하고 있었다. 그리고 그럴 사람이 아닌 그가 그렇게 된 상황을 차분하게 들으면 분명 자신

어찌 막을 수 있을까! 그저 미련 없이 피할 뿐이다!

도 이해할 수 있다고 확신하고 있었다.

자신이 선택한 남자에 대해 실망을 하고 싶지 않은 마음인지, 그 사랑이 깊고 정이 들어 이젠 어떤 이유에서건 헤어질 수 없고 놓을 수 없다고 생각한 것인지, 그것도 아니면 아픈 이별을 조금 더 늦추고 싶은 마음인지 알 수 없지만, 이것만은 분명했다.

제3자 입장에서 들었을 때 반드시 헤어져야 하는 상황일지라도 쉽게 놓지 못하는 인연도 있고, 그런 상황이 되기 쉬운 성향의 사람도 있다. 설령 상대가 바람을 피웠다고 하더라도 자신이 잘하지 못했기 때문에 상대를 바람피우게 만들었다고 생각하면서 그 근본적인 원인을 자신에게서 찾으면서 자책하고, 그렇기 때문에 이해하려 하고, 헤어질 수 없다고 생각한다. 또, 이별이라는 것이 아프기 때문에 이 사람과의 이별을 택하면서 겪어야 할 상처보다는 바람피운 것을 알면서도 묻어두고 사랑하는 이를 만나는 것을 택하는 경우도 있다. 그 역시 고통스럽기는 하지만, 그럼에도 불구하고 만나고 싶은 마음이 더 크기 때문이다.

여자친구의 바람을 눈으로 똑똑하게 확인하고도 여전히 그녀를 놓지 못하는 한 남자가 있었다. 다른 남자를 만나는 것을 알아 괴로우면서도 아직은 사랑하는 마음이 남아있기 때문에 놓을 수 없고, 그녀에게 그 사실을 말하며 화를 낼 수도 없다는 그 남자는 그녀가 자신의 바닥까지 다 드러내 보이고서는 그를 만나지 못할 것을 알기에 그냥 눈감고 타들어가는 속은 그냥 두고, 만나면 아무렇지도 않은 듯 웃고 이야기한다고 했다.

하지만 갑자기 숨이 턱 막힐 듯 아파 이유도 없이 우울해지기도 하고, 서글퍼지기도 한다고 했다. 참다못해 홧김에 그 사실을 말하고 결국 헤어지게 되었지만, 헤어진 후에도 그 남자는 그녀가 다른 남자를 만난 이유는 자신이 그녀에게 잘해주지 못했다고 생각하면서 심하게 자책하고 있었다. 원래 그런 여자는 아니라면서 이렇게 된 상황만을 원망하고 있었다. 원래 그런 여자 없고, 상황이 그리 만들어서 바람이 났다고 해도 지금 그 결과가 그녀의 모습이라고 아무리 말해도 소용이 없었다.

자기 여자나 남자에 대한 완전한 소유 욕구가 강할수록 이런 상황이 되어서도 잘 놓지를 못한다. 명리학적으로는 '정재'라고 하여 보통은 현실적이고 경제관념이 발달했으며, 맛집을 찾아다니면서 식도락(食道樂)과 같은 취미가 있고, 건강이나 육체에 대한 애착이 강한 특성이 있을 때 이렇게 될 확률이 높다. ✕ 분명하고 확실한 것을 좋아하는 성향 때문이고, 바람 등 상대의 잘못도 끝까지 파헤쳐서 눈으로 분명하게 확인하기 전까지는 인정하지 못하는 모습으로 나타나기도 한다. 그러니 연애의 유형을 패턴으로 만들긴 어렵다. 다양한 성향의 남녀가 각기 다른, 다양한 환경과 경험으로 만나게 되니 그 패턴이라는 것이 그 둘만의 특수한 상

어찌 막을 수 있을까! 그저 미련 없이 피할 뿐이다!

황이 되기 쉬운 것이다. 연애가 어렵고, 항상 하면서도 답이 쉽게 나오지 않는 이유는 여기에 있다.

'팔고(八苦)'라는 것이 있다. 불교에서 말하는 인간의 여덟 가지 고통인데, 생로병사, 태어나 늙어가고 아프고 죽는 '사고(四苦)'에 사랑하는 사람과 헤어져야 하는 고통 '애별리고(愛別離苦)', 원망하거나 미워하는 사람과 만나 살아야 하는 고통 '원증회고(怨憎會苦)', 갖고 싶지만 가질 수 없는 고통 '구부득고(求不得苦)', 온갖 욕심이 불길처럼 솟아오르는 고통 '오음성고(五陰盛苦)'의 여덟 가지를 말한다.

사랑하는 사람과 헤어져야 하는 고통, '애별리고'를 택하느냐, 그를 원망하고 미워하면서도 애증으로 만나가는 '원증회고'에 가까운 고통을 택하느냐. 그녀의 선택은 그녀에게는 쉽지 않은 선택, 이별이었다. 반복적으로 많은 시간을 가지고 설득하고 이야기한 결과였다.

지금 어떤 고통에 가장 마음 아파하고 있는가. 태어난 이상 피할 수 없는 게 고통이라면 부디 견딜 수 있을 고통 정도만 함께하길 바라고, 그 고통으로 강해지길 바라며, 지금의 고통으로 인해 앞으로 더 큰 고통은 피해갈 수 있기를 간절히 바란다.

바람피우는
나무꾼을 견디는 선녀

　　사사건건 모든 일상을 간섭하고 통제하려
고만 하는 그 남자는 정작 자신은 바람을 피우고 심지어 걸리고
야 만다. 이 여자는 정이 많고 남편은 하늘이라서 남편의 권위를
살려주고, 내조를 잘한다. 명예와 명분을 중요하게 생각해서 자
신이 만든 가정은 절대로 깨고 싶지 않다. 또, 한 남편만을 섬기려
고 하는 일부종사(一夫從事) 하고 싶은 마음이 강하다. 이런저런 이
유로 이 여자는 남편의 바람은 평생 잊지는 못할 상처라고 말은
하지만, 한 번뿐이었으니 그저 용서하기로 했다고 말한다. 그렇
게 스스로를 납득시켰다고 말하는 게 맞을 것이다. 그리고 닭똥
같은 눈물을 뚝뚝 흘린다. 멈추지도 않는다. 마음이 아프다. 그저
휴지를 조용히 건넬 뿐이다.

　　이 여성은 사는 게 사는 게 아니다. 딸 둘에, 하나 있는 아들, 이

어찌 막을 수 있을까! 그저 미련 없이 피할 뿐이다!

렇게 세 자식만을 바라보면서 버티는 중이다. 연명하는 중이다. '선녀와 나무꾼'에서 사냥꾼에게서 쫓겨오는 노루를 숨겨준 고마운 나무꾼에게 보답의 의미에서 노루는 오늘 밤에 집에서 잠들지 말고 자신을 숨겨준 나무속에서 자라고 알려주었다. 나무꾼은 잠든 사이 하늘나라로 올라가 옥황상제의 셋째 딸과 혼인을 한 뒤 다시 고향마을로 찾아와서 살게 된다. 그런데, 노루가 불현듯 찾아와서 아이 셋을 낳기 전에는 혼인 과정을 설명해 주지 말라고 경고했으나, 나무꾼은 선녀가 아이 둘을 낳자 설마 하는 마음에 선녀에게 전후 사정을 알려주었고, 이에 화가 난 선녀는 양쪽 날개에 아이를 품고는 하늘나라로 올라가 버린다. 나무꾼은 하늘로 올라가는 선녀를 그저 바라만 본다.

지금 이 여성은 딱 아이 셋을 낳은 선녀이다. 아이 셋이 있는 탓에 나무꾼이 바람을 피워도 하늘로 올라가지를 못한다. 어떻게든 아이 셋을 품고 하늘로 올라가는 상상은 종종 하지만, 이 나무꾼이 한 번 더 바람을 피우는 명분 정도를 제대로 준다면 그때는 올라갈 심산이라 한다. 하지만 나는 안다. 정작 이 선녀는 나무꾼이 한 번 더 바람을 피워도, 설사 두 번을 더 피운다고 해도, 가정생활에 관심도 없이 아무리 선녀를 구속하고 옥박질러도 하늘로 올라가지 못할 사람이라는 것을 안다. 그렇기에 더 마음이 짠하다.

✖ 자라난 가정환경이나 교육에 따라서 사람이 변할 수는 있어

도, 그 근본이 바뀌기는 참 어렵다. 그 태생적인 성향에 의해서 인생을 살면서 겪게 되는 다양한 경험이나 사고에 대응하는 방법이 달라지고, 그 달라지는 선택과 대응에 따라서 다른 결과가 나타나니 다른 인생이 된다. 그러니 그 근본은 무시하기 어렵다.

목화토금수의 오행 중 따뜻한 불의 기운으로 태어난 정이 많은 여자, 자신이 태어난 날이 불인데 주변에 작은 나무, 큰 나무 가릴 것 없이 온갖 나무가 많아서 자신을 향해 활활 타올라주니 상상력과 직감이 풍부하지만, 공상, 망상도 많아 걱정도 팔자인 여자.

남편자리에 권위가 딱 들어와 있는 '남편은 하늘'이라서 아무리 개떡 같은 남편이 개떡 같은 짓거리를 해도 남편 대우를 해주고 기를 살려주면서 의기양양하게 만들어주는 여자.

사주에 '정관'이라고 하는 것이 딱 버티고 있어서 명분을 중요하게 생각해서 남의 눈도 살피고, 명예에 대한 가치가 크니 자신의 상처가 안으로 곪아 터지는 것은 견딜 수 있어도 밖으로 드러나는 상처는 조금도 보여주고 싶지 않은 여자.

사주에 '편관'의 특징이 강하니 참고 견디는 것에는 일가견이 있어서 어떤 고통이 강도 높게, 규칙적으로 온다고 해도 버티고 견딜 수 있는 여자.

이 여성은 썩어가고 있었다. 심신 모두가. 하지만, 자식이 운이 좋아 잘 풀릴 것이라는 말에는 환하게 웃었던 이 여자, 그리고 엄마라는 이름의 강한 이 여자. 마지막으로 한마디를 해주었다. 이

어찌 막을 수 있을까! 그저 미련 없이 피할 뿐이다!

혼이라는 극단적 변화는 아닐지라도, 조금이라도 변화해야 숨을 쉬고 살 수 있다고 말해줬다. 남편에게서 자신의 상처에 대한 위로를 적극적으로 받아내는 시도를 하건, 그것이 어렵다면 자신의 일을 가져보면서 환경을 바꿔보건 조금씩 변해가는 것, 이것만이 이 여성의 유일한 살길이었기 때문이다.

바람둥이를 걸러내는
관상의 비밀

한쪽 눈에만 쌍꺼풀이 있는 남자는 정말 바람둥이일까? 물론 관상에서 좌우의 대칭과 균형, 조화가 중요하고, 눈과 눈 끝 어미의 부부궁은 남녀나 부부간의 애정과 불화를 다루는 부위이기 때문에 일견 일리가 있어 보이긴 하지만, 단지 쌍꺼풀이냐 외꺼풀이냐의 단편적인 상을 보는 것으로 바람둥이냐 아니냐를 말하기는 어렵다. 이렇게 말하다간 억울한 사람 부지기수 또는 바람둥이 상의 단편적인 부분으로 말해 나가다간 어김없이 거의 모든 남자가 바람둥이의 유형에 해당한다고 볼 수 있다. 또, 한쪽 눈의 쌍꺼풀을 떠나서 수많은 외꺼풀의 바람둥이 남자를 보아온 나로서는 선뜻 인정하기 어렵다.

참 고민이 많다. 남자를 만날 때도 마찬가지고, 여자를 만날 때도 그 고민이 끝이 없다. 수많은 의처증, 의부증 환자들이 생겨난

어찌 막을 수 있을까! 그저 미련 없이 피할 뿐이다!

이유는 물론 한 개인의 태생적인 특성상 집착과 집요함, 안정, 확실함을 좋아하는 성향도 영향이 있겠지만, 그런 의심을 만든 상대방도 분명 그 단초를 제공했다는 면에서는 책임이 일정 부분 있다.

그렇게 일단 한번 생긴 의심은 또 새로운 사람을 만날 때마다 의심이 생기는 상황이 반복되기 쉽고, 더 이상 상처를 받지 않으려고 그 비슷한 징후만 보여도 쉽게 헤어지고 또다시 새로운 사람을 만난다. 상처받고 위로받으려고 또 쉽게 마음을 열고, 그것도 모자라 혹여 모를 상대방의 배신에 대한 두려움으로 동시에 여러 사람에게 사랑과 위안을 받으려 하기도 한다. 이러니 자꾸만 의심하게 되는 자신도 자신이지만, 상대를 탓하거나 또 이런 이기심이 가득한 세상을 탓할 수밖에 없다.

남녀불문 적극적이건, 상황적으로 질질 끌려서 하게 된 소극적인 바람이건, 이런 바람둥이가 판치는 세상에서 내 남자와 내 여자를 올바로 보려면 어찌해야 하는가 하는 고민은 깊기만 하다. 이런 고민을 바람둥이 관상 팁으로 조금 해소해 보려고 한다.

첫 번째로, 바람기가 강한 특징으로 '도화안(桃花眼)'을 꼽는다. 눈빛이 반짝반짝하고 마치 눈물을 머금고 있는 것처럼 촉촉하게 빛나는 눈을 말한다. 이런 여자는 그 끼가 보통이 아니어서 한 남자에게 만족하면서 살기가 어려울뿐더러, 연예나 예술 쪽의 직업에서 자신의 끼를 발산하고 사는 직업적인 보완이 되지 않는다면, 보통 그 끼는 이성으로 향한다. 실제로 이런 눈을 가진 여자가 매력적이기도 하고, 일단 눈이 아름다우니 손만 뻗으면 남자를 만날 수 있고, 그 남자를 통해서 자신이 취할 수 있는 것도 많다. 그러니 한 남자에 정착할 이유도 찾지 못한다. 그냥 딱 한마디로 남자 없이 못 사는 상이다.

　보통 남자는 이런 치명적인 매력에 빠져서 허우적거리고 헤어 나오질 못한다. 늪에 빠진 발을 빼내기 어려운 것처럼 한번 발을 담그면 그 끝은 온 심신이 아수라장이 된 후에야 겨우 정신을 차릴 정도가 되기 쉽다. 황폐한 마음으로 갈기갈기 찢기고 싶지 않다면 일단 이런 사랑은 마다해야 맞겠지만, 그것조차 쉽지 않은 치명적인 매력을 갖고 있으니 이 또한 어렵다. 보통 여자가 이런 도화안이 많고, 남자도 가끔 이런 눈빛 매력의 소유자가 있다. '누울 자리를 봐 가며 발을 뻗어라'라는 말이 있는 것처럼 사랑할 대상도 어느 정도는 파악해야 하고, 파악이 안 되는 미지의 사랑도 좋지만, 좀 더 깊어갈수록 내가 감당할 수 있는 사랑인지도 한 번쯤은 돌아봐야 한다. 대화하고 있는 그 남자의 눈빛에 빨려 들어가는 듯한 몰입과 집중이 된다면 보통 '나 사랑에 빠졌구나'라고 느끼지만, 그는 누구에게나 매력적인 끼와 인기를 타고난 사람일 가능성이 높다는 것을 말하기도 한다.

어찌 막을 수 있을까! 그저 미련 없이 피할 뿐이다!

두 번째 바람둥이는 적극적인 바람이 아닌, 상황에 쉽게 끌려가서 결국 바람피우게 될 가능성이 높은 상으로 두 눈 사이가 조금 먼 듯한 상이다. 눈썹과 눈썹 사이인 미간이 다소 넓거나 눈과 눈 사이가 조금 넓어 한눈에 바로 상대방의 두 눈이 보이지 않는다면 일단 이런 유형에 속한다고 볼 수 있다.

이런 여성이나 남성의 경우, 상대 이성이 딱 마음에 들지 않는다고 하더라도 규칙적이고 반복적으로 접근해 오면 슬금슬금 넘어가는 유혹에 빠지기 쉬운 상으로 사랑이건 사기건 조심하는 것이 좋다. 특히 초반의 적극적인 구애는 보통 남자 쪽에서 하므로 여자의 경우가 확률적으로 원하지 않는 사랑이라도 빠지게 될 가능성이 높다.

일정 간격으로 계속 연락이 오거나 만남이 생기면 상대방이 좋아지는 것이다. '싫다 싫다' 했건만 어느새 상대 남성은 자신의 가장 가까운 자리에 이미 와 있고, 남자친구의 역할을 하고 있는 것이다. 그러다 뒤늦게 깨닫고 상대를 밀쳐내려고 할 수도 있지만, 한번 굳건해진 관계는 일정 기간은 가게 마련이다. 열 번 찍어 안 넘어가는 여자 없다지만, 여자도 여자 나름이고 찍는 도끼에 따라 다르다. 하지만 이런 상은 굳이 열 번을 찍지 않더라도 두세 번이면 이미 족하다.

세 번째 바람둥이 상은 바람을 원하는 적극성이 아니라 태생적

으로 한 남자에게 머물기 어려운 상으로 명예, 남편복 등을 나타
내는 이마가 약한 경우이다. 이마의 좌우가 뒤틀어져 있거나, 또
는 너무 넓은 경우 자기 남자와 연을 맺는 데 시간이 걸려 늦게 결
혼하는 것이 좋고, 일찍 결혼할 경우 이혼하게 될 가능성도 높다.

실제로 얼굴을 삼등분 했을 때 이마 위에서 눈썹까지의 길이가
전체 얼굴 길이의 3분의 1 정도의 비율을 갖고 있지 못하다면 이
마가 발달하지 못하여 약하다고 볼 수 있고, 또 이마의 형태가 좌
우대칭이 아니거나 지나치게 위로 넓을 때도 좋지 않다. 사람의
얼굴을 볼 때 보통 눈과 눈썹, 코를 중심으로 하는 부위의 '역삼각
형 존'이 가장 먼저 눈에 들어오면서 자연스럽게 이마도 한눈에
같이 들어온다. 하지만 이 역삼각형 존을 보고 두 번에 나누어 이
마를 다시 한번 보는 정도로 넓은 이마라면 자기 남자를 찾는 데
시간이 오래 걸리는 여자 타입으로 봐도 되겠다.

네 번째 바람둥이 상은 크고 동그란 눈을 가진 상으로 이런 눈
은 이성적이고 날카롭고 비판적이기보다는 감성이 풍부하다. 이
것저것 재지 않고, 마음이 이끄는 대로 움직이기 쉽다. 또, 얼굴
전체에 화기가 약해 외로움이 많을 때 이 감성이 외로움을 만나
면서 바람으로 이어질 가능성이 크다.

다시 한번 정리해 보면, 여자의 경우 미간이 넓은 것을 꼽고 이

어찌 막을 수 있을까! 그저 미련 없이 피할 뿐이다!

렇게 미간이 넓으면 한 남자로 만족을 하지 못하기 쉽고, 남자의 유혹에 쉽게 넘어간다. 그 외에도 눈, 코, 입이 오밀조밀 모여 있는 여성, 눈꼬리가 위로 올라가 있는 여성, 눈 밑 부위가 푸르스름한, 혹은 어두운 여성, 턱이 뾰족하게 솟은 여성, 눈의 흰자위가 많은 여성, 광대뼈가 나온 여성, 코 밑이 짧은 여성, 인중이 아래로 벌어진 여성, 볼에 점이 있는 여성, 입술에 작은 점이나 세로주름이 있는 여성, 항상 젖어있는 눈을 가진 여성은 바람기가 있는 관상이라고 할 수 있다.

유혹에 약한 여자는 웃을 때 잇몸이 드러나며, 이런 여자는 정이 많고 또 정에 약하다. 그래서 유혹해 오는 남자를 뿌리치지 못하는 경향이 있다. 그 외에도 밑으로 내려가면서 넓어지는 이마, 이마 주위에 머리털이 가지런하지 않게 난 여자, 곱슬머리에 손질을 그다지 하지 않는 형의 여자는 유혹에 약한 상이다. 또, 귀의 위쪽 끝부분이 눈의 위치보다 높으면 색욕도 강한 편이다.

남자의 경우는 코가 발달해 있거나, 특히 매부리코는 정력적이다. 여자에게 있어서 도톰하고 색이 좋은, 눈 밑 흔히 '애교살'이라고 불리는 와잠(臥蠶, 누에가 누워있다)은 건강하고 총명한 아이를 낳을 수 있다는 것이기 때문에 남자가 본능적으로 끌리는 매력이 될 수 있지만, 남자가 발달한 경우 정력적이다.

또, 눈 모양을 물고기로 봐서 눈 끝을 어미라고 하고, 그 뒷부분을 간문이라고 하는데 이 부위에 자글자글한 주름이 있는 경우도 바람기가 많다. 전형적인 호색상의 경우 눈빛에서 이성에 대한 욕구 과다를 느낄 수도 있는데, 똘망똘망 야무지게 빛나는 눈빛은 원하는 것을 얻고자 하는 '색기'이기도 하다. 치켜 올라간 눈썹의 경우 애정 구애에 적극적이어서 아무래도 많은 여자를 만날 가능성이 높아 굳이 한 여자에게 장기간 정착하지 않게 될 것이다. 자신은 그때그때 모두가 진심 어린 사랑이었다고 주장해도 보는 이는 이런 유형을 바람둥이라 볼 것이 분명하다.

남자 바람둥이 상에 대한 이야기가 나왔으니 하는 말인데, 여자들이 착각하는 한 가지는 '못생기면 바람을 안 피울 것이다' 또는 적어도 '덜 피울 것이다'라고 생각하는 것이다. 하지만 전체적으로 맑고 수려하고 도도하게 보이는 청수지상(清秀之相)의 경우 조금 시간을 갖고 사귀어 보면 오히려 마음이 선하고 따뜻하여 한 여자를 위하는 순정이 있는 경우가 많고, 딱 봤을 때 첫인상이 사람 좋아 보이고 넉넉해 보이는 인상에 살집이 더덕더덕 붙어 있으면서 능청스러움도 있는 두꺼비상의 경우가 오히려 여자를 밝히고, 이리저리 여자만 보면 어떻게든 해보려고 하는 경우가 많다.

어찌 막을 수 있을까! 그저 미련 없이 피할 뿐이다!

내 인연으로 두지
말아야 할 얼굴의 상

이왕 말한 김에 몇 가지 팁을 보태니 특히 남자를 만날 때 반드시 참고해서 좋은 인연을 잃거나, 나쁜 인연과 평생을 함께 하는 일이 없기를 바란다. 만약 여동생이 있다면 적어도 선인(善人)으로 천성이 맑고, 강한 책임감으로 어떤 악조건에서도 남편으로서 아내를 지켜주기를 바랄 테고, 여자라면 정신이 팔려 이리저리 찝쩍대는 남자나 이상성욕으로 변태의 경지에 오른 남자는 바라지 않을 것이다. 이런 관점에서 이야기해 보려고 한다.

남자를 볼 때 우선은 전체적인 상의 맑고 탁함을 봐야 한다. 첫인상이라고도 할 수 있겠다. 사람에 따라서 첫인상과 그 이면의 느낌을 잘 맞추는 사람도 있고 도무지 틀리기만 하는 사람도 있겠지만, 적어도 이 남자가 맑고 깨끗한 선인인지 악인(惡人)인지는 구별할 줄 알아야 하고, 많은 사람을 보고 접하다 보면 자기만의 기준도 생기게 된다. 자신이 없다면 확실한 관계가 되기 전에 주변 사람들, 특히 오빠나 언니들에게 보여주고 판단을 받아보는 것도 좋다. 아무래도 연애경험이 있고, 또 없다고 하더라도 살아온 세월만큼 별의별 사람들의 유형을 만나봤던 경험이 있을 테니 조언을 구해보는 것이 도움이 될 것이다.

두 번째는 책임감인데, 턱에 세로로 홈이 파인 남자가 있다. 이런 남자는 책임감이 강하여 어떤 상황에서도 가정을 지키려고 할 것이고, 자식 사랑도 깊어서 자식 때문이라도 어머니 없는 자식을 만들고 싶지 않을 것이니 가정을 지키기 위해 이혼하는 일 없이 자신의 남은 힘을 끝까지 다할 것이다. 물론 이혼을 해야 하는 상황이라면 하는 것이 행복을 찾는 길일 수는 있어도 일반적인 관점에서 하는 얘기이다. 또 직장에서 유부남인 상사가 자기 주제도 모르고 부하 여직원에게 당당하게 바람을 피자고 구애를 하고, 그것이 받아들여지지 않는다고 엉뚱한 일을 과다하게 주어 보복하거나 타 부서로 보내어 힘들게 하여 여자로서 사회생활을 하는 것에 대해 한계를 느끼게 만들고 결국 큰 상처를 받는 상황에 빠져 고민하는 이야기를 무수하게 들었던 사람으로서 이런 비상식과 몰상식의 인간을 가까운 연으로 평생 두지 않고 살기를 바라는 마음이다. 물론 사랑이라는 것이 법이나 도덕, 윤리의 잣대로 젤 수 없는 것은 분명하고, 다만 책임을 져야 하는 상황이 있

어찌 막을 수 있을까! 그저 미련 없이 피할 뿐이다!

을 뿐이기는 하지만 말이다.

�) 어쨌든 자신의 짝을 찾는 데 있어서는 정력이나 바람기 상의 문제라기보다는 그것을 어떻게 통제하고 인생에 잘 녹여 사느냐 하는 것이 중요하기 때문에 우선 전체적인 상의 맑고 탁함이 가장 중요하겠고, 그다음이 위에서 말한 바람기 상은 피하는 것이 좋겠다.

또, 입을 다물어도 그 입술이 다물어지지 않은 것 같이 반쯤 열려있으면서 앞을 향해 툭 튀어나온 입술은 그 멍청함이 보통을 넘어서서 바보상이기도 하지만, 멍청하기도 이를 데 없어 상황판단이 안 되어 색을 밝힐 때와 멈출 때를 사리분별하지 못하는 '변태상'에도 가까우니 피하는 것이 좋고, 음성의 상, 즉 목소리가 가늘고 간사하며 맥 빠진 듯 여성스러운 목소리에 얼굴이 작고 마르면 이것도 보통의 변태는 넘어서는 경지라 권하기 어렵다.

참, 연애라는 것은 생각할 것도 따져야 할 것도 많으니 이렇게나 머리 아픈 일이지만, 실패하고 아파해도 또 다른 사랑을 꿈꾸고 새로운 연애를 찾으니 그 달콤함과 행복감이란 것도 이루 말할 수 없는 것인가 보다. 연애가 밥 먹여주는 것은 아니지만 밥맛은 나게 만드는 것을 보면 사랑의 힘은 일상의 무기력함 속에서 늘 내 안의 새로운 나를 일깨우는 위대함이 있다. 아무쪼록 가장 가까이에 있는 당신의 인연은 부디 적어도 이런 유형의 남자는 아니기를 바라고 기원한다.

남녀의 바람피우는
서로 다른 이유

의외로 많은 사람이 불륜에 대한 고민으로 상담하고, 그 사랑에 아파한다. 매스컴에서 온갖 불륜을 소재로 한 자극적인 드라마가 넘쳐나고 그런 환경에 노출되다 보니 무뎌진 탓도 있겠지만, 어쨌든 이 불륜이라는 것이 더 이상 그리 대단하게 느껴지지 않는, 주변에 한두 명쯤은 있을법한 일이 되어 버렸다.

오래전, 30대 초반 정도의 여성이 포대기에 아이를 업고, 양손으로는 두 아이의 손을 잡고 급한 듯 찾아왔다. 그러니까 세 아이의 어머니였다. 옷차림을 보니 상담을 받기 위해 미리 작정하고 들른 것은 아닌 듯 보였고, 장이나 보러 나왔다가 지나가는 길에 급하게 찾아온 듯 보였다.

그리고, 세 아이의 어머니라는 신분조차 일순간 망각한 듯 남

어찌 막을 수 있을까! 그저 미련 없이 피할 뿐이다!

편이 아닌 다른 한 남자와의 궁합에 대해 물어왔다. 시간이 없는 듯 뭔가 쫓기는 듯 빨리 답해주기를 재촉했다. 세 아이를 출산하고 키우면서 언제 그리 다른 남자를 만날 시간이 있었을까 싶을 정도였지만, 이미 결혼 후에 알게 된 한 남자에 대한 궁금증으로 가득 차 있었다.

그 남자는 남편의 친구였다. 기가 막힐 노릇이지만, 서로 너무 사랑한다고 하니 일단 불륜을 떠나서 궁합적인 관점에서 풀어주기 시작했다. 궁합이 안 좋다는 이야기를 듣고 정리하려고 온 듯 보이지도 않았던 이 여자, 남편이 있는 아내로서 게다가 남편의 친구를 애인으로 만나고 있는 세 아이의 어머니인 이 여자 마음은 오죽 답답하고 괴로웠겠는가.

둘 사이의 남녀로서의 연은 깊고 쉽게 끊기 어려운 인연이며, 사실 부부의 연이라고 할 수 있을 만큼 질겨서 이 연이 잠깐 짧게 만나는 상대가 되기는 어려울 것 같다고 말해주었다. 마음이야 말리고 싶었지만, 말린다고 멈출 상황도 아니었다. 그냥 보이는 대로의 진실을 말해주었다. 그 말을 듣고는 다른 질문도 없이 바쁜 듯 또 급히 자리를 떠났다.

바람을 피우는 사람들을 가만히 보면 그것이 보편적으로 받아들여지고 납득이 될만한 것인가 아닌가의 문제가 있긴 하지만, 다 자기 나름대로 이유와 목적은 있다. 여자의 경우는 그 바람을 피우는 이유를 남편이 자신을 외롭게 만들어서, 자기 이야기를 들어주지 않고 공감해 주지 않아서, 나를 여자로 보지 않아서 등 남편이나 현재의 남자친구에게서 찾는 경우가 많다. 물론 그것이 이유일 수는 있겠지만, 아무래도 여자는 어떤 이유가 없이 바람을 피웠다는 자신을 인정하기 어렵고, 상황에 끌려 이렇게 되었다는 핑계를 가져야만 마음을 조금이라도 편하게 느끼는 것 같다.

하지만 남자는 조금 다르다. 현재 아내나 여자친구와 문제가 있고 사이가 예전 같지 않아서 바람을 피우는 경우도 있지만, 그냥 새로운 여자에 대한 호기심과 궁금증에 의한 경우가 더 많은 것 같고, 그러니 그 바람에 대해서 심각하게 고민하고 상담까지 하게 되는 경우는 거의 없다.

어찌 막을 수 있을까! 그저 미련 없이 피할 뿐이다!

태생적인 성향에 의한
바람의 사주

어쨌든 이런 바람이라는 것을 왜 피우는 것일까. 바람피우는 사람마다 설명할 수 있는, 또 설명도 어려운 이유야 있고, 때론 이유 없는 바람도 있겠지만, 바람을 피우는 이유를 명리학적으로 몇 가지 유형별로 나눠보려고 한다.

왜냐하면 상황이 그렇기 때문에 바람을 피웠다고 항변하기에는 그런 비슷한 상황임에도 불구하고 바람 한번 피우지 않고 잘 견디며 살아가는 사람들도 여전히 많기 때문이다. 그렇기 때문에 상황이나 이유에 의한 바람이 아닌, 태생적인 성향에 의한 바람 이야기를 하려고 한다.

첫 번째는 과다한 욕구와 끼의 문제이다. 누구나 인간이기에 기본적인 욕구를 가지고 살아가지만, 그 욕구를 어떤 방식으로 풀면서 살아가느냐 하는 모습은 각기 다르다. 색정이 강하고 인기가 많다는 도화살이 있다거나, 풍류를 즐기고 감성적인 데다가 주색을 밝히고, 남자는 첩(妾), 여자는 정부(情夫)를 두거나 남자를 따라 도망간다는 '홍염살'은 남녀 모두 애교가 많고, 다정다감하기도 하다.

또는 사주에 식상(食傷) 즉, 자신이 태어난 날의 기운을 생하는 오행이 강하면 주어진 현실에 만족하지 못하고, 새롭고 자극적인 것을 찾게 된다. 실제로 특히 여자의 사주에 식상이 강하면 남자를 밀어낸다.

자신이 태어난 오행을 생하는 오행, 즉 나무(木)는 타서 불(火)이 되니 나무(木)가 생하는 것은 불(火)이고, 불(火)이 타서 흙(土)이 되니 불(火)이 생하는 것은 흙(土)이고, 흙(土)이 단단해져서 바위(金)가 되니 흙(土)이 생하는 것은 바위(金)이며, 암반(金)에서 물(水)이 나오니 바위(金)가 생하는 것은 물(水)이 되고, 또, 물(水)이 나무(木)를 생하게 된다.

이렇게 '자기가 태어난 날짜의 오행(일간이라고 한다)'을 생하는 오행이 사주팔자의 8개 글자 중 많거나 강하다면 새로운 것을 동경하고 추구하는 성향의 끼가 강하다고 할 수 있다.

사람이면 누구든 친밀한 관계를 갈망하지만, 이런 사주를 가진 사람은 지금의 관계가 친밀하더라도 시들해졌다면, 이 시들해진 관계에서 오는 소원함을 회복하려 노력하기보다는 다른 새로운

어찌 막을 수 있을까! 그저 미련 없이 피할 뿐이다!

관계에서 그 관계 형성을 원하게 된다. 이러니 바람으로 흘러갈 가능성이 높아지는 것이다. 물론 이런 살과 끼만 가지고 단정하기는 어려우나, 이런 살과 보통의 사람들보다 강한 끼가 전체적으로 탁한 사주에 있다면 들어오는 운에 따라서 거의 바람을 피울 가능성이 높다고 말할 수 있다.

한번은 10대 초반의 남자 중학생이 40대 중반의 여성과 함께 찾아왔다. 십수 년이 지난 일이긴 하지만, 충격적이었던 터라 아직도 생생하게 기억하고 있다. 얼핏 보기에는 누가 봐도 어머니와 아들이었다. 아이의 적성이나 진로문제로 같이 찾아오는 일이 많기 때문에 의례 또 그런 상담이라고 생각하고 있었다.

처음에 아이의 적성에 대해서 한참을 이야기하던 중 남자 중학생에게 40대 중반의 여성이 귓속말을 했다. 그러더니 잠시 멈춘 후 중학생 남자아이는 내게 옆에 있는 여성과 궁합을 보고 싶다고 조용하게 물었다. 아마도 자기가 직접 묻기는 부끄럽고 면이 없었는지 귓속말로 시킨듯싶었다.

들어봤더니 내용은 이랬다. 40대 여성은 중학생을 대상으로 하는 학원의 원장으로 중학생 남자는 수강하러 온 학생이었는데 자세한 이야기는 하지 않았지만, 지금은 여차여차하여 남녀로 만나고 있다고 애인이라고 했다.

참, 이건 아니지 않은가. 30살 가까이 차이가 나는 커플, 게다가 남자는 고작 10대 초반의 나이였다. 무슨 용기와 앞으로 어쩔 셈으로 이곳까지 와서 궁합을 물어보는지 도대체 이해가 되지 않았다. 뻔뻔스러운 얼굴과 궁합까지 보는 저 제정신이 아닌 머리에 대고 진실을 말할 수 없었다. 그저 악연, 만나면 만날수록 서로를 해하고 운을 깎아 먹는다면서 궁합으로 붙일 수 있는 안 좋은 건 모두 털어냈던 것 같다.

끼를 풀려거든 어른들의 세계에서 풀어야지 새파란 어린아이를 그 안으로 끌어들여 하는 짓거리가 비열해 보였다. 과다한 욕구와 끼가 탁하게 뭉치면 이렇게까지 가는구나 하는 생각까지 들었다. 어쨌든 이런 끼는 직업적으로 예술이나 연예 쪽으로 대중의 인기를 먹고사는 직업이 아닌 바에야 풀리지 않고 이렇게 엉뚱하게 가기도 한다.

두 번째는 불만과 불안정의 문제이다. 연애하다 보면 왠지 지금 이 남자 또는 이 여자에게서 버려질 것 같다는 느낌이 들 때가 있다. 그리고 만나는 중에도 기분이 언짢은 경우가 생기면서 앞으로 곧 닥칠 이별이 보인다. 그 이별도 자신은 원하지 않지만 상대로부터 듣거나, 아니면 어쨌든 더 이상 충분히 사랑받지 못할 것 같아 헤어지게 될 것 같다. 그러니 이 상대는 자기가 오래 머물 짝이 아닌 것으로만 보인다. 하지만 또 만나면 좋기도 하니 딱 끊지도 못하는 상황이다.

일단 마음이 그렇게 돌아서 버렸으니 상대가 이런 자신의 마음

어찌 막을 수 있을까! 그저 미련 없이 피할 뿐이다!

을 알지 못한 채 사랑이 더 커져가고 있다고 하더라도 조금씩 마음을 접게 되고, 새롭고 안정된 사랑에 대한 갈구든, 아니면 버려지기 전에 새로운 상대를 찾아놔야 마음의 상처를 덜 받을 것 같은 이유에서건 마치 만나는 사람이 없는 여자나 남자처럼 행동하게 될 가능성이 높다.

✖ 특히, 명리학적으로는 명예 욕구가 커서 남의 눈에 비치는 자신의 모습에서 자존감을 갖고, 뭔가 분석하고 파고드는 기질이 강하면서, 남자를 쥐락펴락 자기 스타일대로 끌고 가는 연애나 부부관계를 태생적으로 원하는 여자에게서 쉽게 나타나는 바람의 스타일이다. 자신이 원하는 관계를 확실하게 모두 다 손에 쥐지 못했으니 불만이 더 쌓이면서 그것을 해소하려고 한다. 이것은 어찌 보면 설렘과 애틋한 사랑에 대한 갈구라고도 할 수 있겠다. 바람이 불면 항상 흔들리고, 바람이 불 기미만 보여도 먼저 흔들리면서 방황하는 스타일이다.

세 번째는 이성이 널려있는 환경의 문제이다. 손만 뻗으면 남자나 여자가 넘쳐나니 굳이 한 사람에게 집착하거나 매달리지 않아도 항상 연애할 수 있고, 새로운 사랑에 빠져 연인관계를 유지할 수 있는 사주 구조일 경우이다.

여자의 경우는 이런 연애대상이나 바람을 피우는 대상은 관살(官殺)이고, 남자의 경우는 재성(財星)이다. 이렇게 여자에게 있어서 관살이 가깝고 강하며 많다거나, 남자가 재성이 많고 강할 경우 실제 한 이성에 정착하는 데에 시간이 오래 걸리고, 정착하기 전에 여러 이성과 교제를 하는 경우가 많으며, 만나는 사람이 굳건히 있다거나 결혼을 했어도 한눈을 팔고 바람을 피우는 경우가 많다. 또, 남녀 공히 재성이 강한 경우 신체의 신호에 민감하여 욕구불만이 생기기 쉽기도 하다.

흔히 공무원, 선생님 등 관운을 이야기할 때의 관으로 음양에 따라 조금 다르긴 하지만, 어쨌건 자기가 태어난 날짜의 오행을 극하는 오행이 관살이다.

나무(木)는 땅(土)에 뿌리를 내리니 땅(土)의 입장에서 나무(木)가 관살이고, 불(火)은 금속(金)을 녹이니 금속(金)의 입장에서는 불(火)이 관살이고, 흙(土)은 물(水)의 흐름을 막으니 흙(土)은 물(水)의 관살이고, 도끼(金)로 나무(木)를 치니 금(金)은 목(木)의 관살이고, 물(水)은 불(火)을 끄니 물(水)은 불(火)의 관살이다.

재성은 자기가 태어난 날짜의 오행이 극하는 오행이다. 물(水)은 불(火)을 끄니 불(火)은 물(水)의 재성이다. 관살과 반대되는 개념으로 위에서 설명한 관살과 반대되는 오행으로 보면 된다.

네 번째는 호기심과 이기심이다. 그냥 바람을 경험해 보고 싶다. 그것이 꼭 '바람'이어서가 아니라, 흔히들 말하는 일반적이지 않은 것, 보통의 사람들이 경험하지 못하는 것들에 대한 막연한

어찌 막을 수 있을까! 그저 미련 없이 피할 뿐이다!

기대감과 동경이 강해서 이것저것 해보고 싶은 것이다. 명리학적으로는 자신이 태어난 날짜의 오행을 생해주는 인성(印星)이 발달하면 생각과 걱정도 많고, 상상력과 감성도 풍부하여 이것저것 해보고 싶은 것이 많다.

이런 호기심이 극한 이기심을 만났을 때 자신의 행복만을 추구하게 되고 다른 사람은 관심도 없으며, 특히 가까운 남편, 아내나 교제하고 있는 이성친구의 마음을 다치게 할 수 있다는 걱정도 그다지 하지 않게 되어 바람으로 가기 쉬운 성향이 되는 것이다.

✕ 또, 이런 지극히 자기 자신에 대한 관심과 극한 이기심은 바람까지 가지 않는다고 하더라도 연애라는 것을 마음을 주고받는 관계로 생각하기보다는 마치 하나의 게임을 하듯 이제껏 해왔던 연애의 패턴을 다양하게 시도하면서 즐기는 성향으로 나타나기 쉽다. 이런 스타일이 내 인연으로 오려고 할 때는 상대가 좋다고 하더라도 마음 다치지 않게 마음을 조금 닫아두는 것이 좋다. 같은 패턴으로 연애할 수 있다면 상관없겠지만 말이다.

물론 위의 조건 이외에도 바람을 피우는 이유야 더 있을 수 있고, 또 위에서 말한 많은 부분이 해당한다고 해서 반드시 바람을 피운다고 장담할 수는 없다. 그만큼 가능성이 높다는 것이고, 위와 해당 사항이 없다고 하더라도 시기적으로 바람이 들어오는 시기가 있고, 그렇다고 해도 남편이나 아내, 또는 남자친구나 여자친구와의 궁합에 따라서 잘 넘어가는 경우도 있기 때문이다. 하지만 분명한 것은 바람을 피우려거든 제발 걸리지 않을 자신이 있을 때만 행하고 철저하게 숨겨라. 그렇지 않으면 지금 가까이 있는 그 사람에게 평생 지워지지 않는 상처를 주게 된다.

어찌 막을 수 있을까! 그저 미련 없이 피할 뿐이다!

유부남의 치명적인 매력, 그리고 여유

　　대한민국에 젊은 미혼남들이 많고 많건
만, 왜 하필 유부남이냐고 말하는 것이 어떻게 보면 정상이다. 나
이가 많고 적음을 떠나서 아내가 있는, 그러니까 평생을 함께하
기로 한 인생의 동반자, 반려자가 이미 있는 한 남자인 '유부남(有
婦男)'과 사랑에 빠지고 못 헤어나고 조금 관계가 소원해진다 싶
으면 오히려 여자 쪽에서 자존심 다 버려가면서 죽자 살자 매달
리는 모습들을 볼 때면, 또 상담을 통해서 사연을 들을 때면, 참
유부남이라는 범주 속의 남자는 꽤나 매력이 철철 넘치는 수컷임
에는 분명해 보인다.

　　하지만 가만히 생각해 보면 유부남이라는 것은 남자라면 누구
나 될 수 있다. 한 여자와 사랑에 빠지고 미친 듯 몰입하면서 연애
를 하다가 밤이 되어서도 헤어지기 싫고 아침에 눈을 떠 처음 보

고 싶은 사람이 그녀가 될 때, 평생을 내 곁에 두고 지켜주고 싶고 이 여자를 통해 나의 분신인 자식을 낳고 싶다는 마음까지 가게 되면, 결혼하면서 부차적으로 따르는 거추장스러운 것들을 다 감수하고서라도 하게 되는 것이 결혼이고, 이렇게 결혼을 통해 내 아내를 갖게 된 자들을 유부남이라고 하는 것이니 유부남이 되는 것은 그리 어려운 일도 아니고 더군다나 자랑할만한 벼슬도 감투도 아니다.

이렇게 누구나 될 수 있는 유부남이 여자들, 특히 20대 중후반에서 30대 초중반의 미혼녀들에게 극한 매력을 주는 이유는 무엇일까. 이에 대한 답은 있다. 그리고 유부남이 아니어도 유부남의 철철 넘치는 매력을 갖는 방법도 있다. 그러면 여자의 마음이 왜 유부남에 동하는지를 한번 살펴보자. 유부남이라는 남자는 사전적 의미로 아내가 있는 남자라는 뜻이다. 하지만 이 단순한 사전적 의미 안에는 보다 심오한 의미가 있다.

유부남이라는 남자는 오랜 시간 동안 한 여자에 의해서 정말 투박한 수컷 냄새 물씬 풍기는 원석의 남자가 갈고 닦여, 여자들이 천성적으로 싫어하는 말투, 행동, 마음 씀씀이, 습관 등을 반복적이고 규칙적인 수많은 잔소리에 의해서 하지 않게 길들여지고, 여자들이 좋아하는 매너, 배려, 남자다움 등을 고도의 강한 잔소리와 윽박 등의 훈련에 의해서 체득한 이를테면, 해병대 군사훈

어찌 막을 수 있을까! 그저 미련 없이 피할 뿐이다!

련을 혹독하게 치러낸 군인인 것이다.

그렇다 보니 여자의 입장에서 보면 이 남자와 만나면 편안하다. 뭔가 거슬리는 것이라고는 눈곱만큼도 없다. 잘 배려해 주고 챙겨주고 따뜻하게 대해주면서 잘 리드까지 해주니 이보다 더 금상첨화일 수는 없다. 그러니 이성은 아니라고 하는데도 마음은 점점 더 끌려 들어가고 마치 늪에 빠진 사람처럼 헤어나오질 못한다.

하지만 그 유부남의 입장에서 보면 이렇다. 이 정도의 배려는 자기 집에서 아내에게 들었던 강도 높은 잔소리와 집안일에 비하면 아무것도 아니며, 별것 아닌 것으로도 이렇게나 기뻐하는 것을 보니 귀엽기도 하고 더 예뻐 보이기까지 하다. 참 살맛 나는 것이다. 젊은 시절로 돌아간 것도 같고, 이런 행복을 위해서라면 이까짓 수고와 시간을 들이고 돈을 쓰는 것이 뭐 그리 아깝겠는가. '나 그대에게 기꺼이 모두 다 드리리' 이런 감정이 되는 것이다.

또, 이렇게 바람을 피우고 있는 것이 도리어 아내와의 관계에 있어서 약이 되기도 한다. 바람을 피우는 남자들은 절대 자기 아내에게 이런 바람을 허락할 수는 없다는 이유로 '남자는 여자와 다르다'라는 구차한 변명을 붙이지만, 그 바람이 로맨스를 즐기고 싶은 마음이건 욕정이건 간에 어쨌든 하지 말아야 할 것을 한다는 미안한 마음이 아내에게 생긴다. 그러니 사회생활의 고단한 몸을 이끌고도 집에 가서 아내의 비위를 맞추고 집안일을 돌보기도 하면서 사랑받으려고 또는 그 미안함을 채우려고 발버둥을 치게 되고, 이유도 모르는 아내는 그저 고맙다고 느낄 정도가 될 수도 있다.

그러니 아내들이여. 남편이 평소와 달리 별다른 이유도 없이 너무 잘해주거나 큰 선물을 준다면 너무 기뻐만 할 일은 아니다. 오히려 남편은 지금 어떤 큰 잘못을 저지르고 있고 그것을 아직 들키고 있지 않은 상태일 뿐인지도 모르기 때문이다.

맞벌이하는 아내를 둔 남편의 경우, 아내와 휴가를 같이 맞춰 쓰기를 바라는 남편이 별로 없다는 것은 그리 놀라운 일이 아니다. 마치 여름휴가를 상사와 같은 기간을 피해서 잡아 가급적 상사와 회사에서 같이 있는 시간을 줄여보려고 각고의 노력을 하고 있는 것처럼 아내와 같은 기간의 휴가는 피곤하게만 느끼니 부부의 연을 맺고 살아가는 남녀가 어찌 이리도 무정할 수 있나 싶다. 아내를 친정에 보내고 환호하고, 되도록 혼자만의 시간을 가질 때 행복감을 느끼는 수많은 남자를 보면서 참, 부부의 연이 이래서야 되나 싶을 정도이다.

심지어 이런 본인의 성향을 일찍 파악한 남자들은 아예 결혼 상대를 3교대를 하는 간호사 등 특수한 직업이나 며칠간 집을 비우고 비행을 하는 승무원을 선호하기도 한다. 다른 이유도 아니고, 같이 있고 싶지 않아서 결혼할 여자의 직업을 이렇게까지 고

어찌 막을 수 있을까! 그저 미련 없이 피할 뿐이다!

려한다고 하니 결혼을 하지만 같이 있고 싶지 않은 이중적인 모습이 안타깝기도 하다. 또 적지 않은 이들이 절박하게 취업을 원하지만 빠른 은퇴를 꿈꾸듯 결혼을 절실히 원했지만, 이혼과 돌싱도 꿈꾼다. 이럴 거면 왜 결혼을 하고 살아야 하나. 정상적인 보통의 인간으로 사는 듯 보이기 위해서 원하지도 않는 불행 속으로 들어간단 말인가.

이런 남자들을 견디다 못한 아내들은 이혼을 내년이나 후년에 하겠다는 계획을 세우고 심지어 더 주도면밀하게 딴 주머니를 만들어 채우면서 3년, 5년, 10년 계획을 짜고 있다는 것을 남자들은 알아야 한다.

한 회장의 사모님이 찾아오셨다. 30년을 훨씬 넘게 매일같이 정성껏 남편의 내조를 하고 살아왔던 세월에 자기 자신은 없었다며 눈물을 연신 훔쳤다. 남아있는 것은 후회와 서러움뿐이었다. 새벽 5시에 일어나 남편 아침을 챙기고 통금이 있어 오후 3시부터는 꼼짝없이 집에 있어야 했던 지난날이 지긋지긋하고 이제는 더 이상 견딜 수 없을 것 같다면서 이혼을 꿈꾸고 있었다. 일상이된 남편의 바람도 이혼을 결심하는 데에 한몫했다. 매달 생활비 이외에 쓰라며 주는 기천만 원의 돈을 악착같이 꼬박꼬박 모아가고 있다면서 자신만의 홀로서기를 준비하고 있었다.

✖ 어쨌든 이런 복잡다단한 상황임에도 유부남을 만나는 여자

가 보기엔, 이 남자는 단지 여전히 매력적인 남자이다. 이 매력이 철철 넘치는 남자는 자기 또래의 젊은 남자들처럼 안절부절하지 않는다. 경제적인 여유도 여유지만, 어떤 일이나 상황이건 그다지 안달이 나서 있는 법도 없고 뭔가 항상 여유가 있고, 여유가 있으니 일상에서 위트마저 생기고 그게 몸에 자연스럽게 배어 있다. 그러니 이런 남자가 없다고 느낀다.

하지만 또 남자는 어떻게 보면 아내 이외에 결혼한 후 만나게 된 이 여자는, 더군다나 미혼녀인 그녀는 남자의 입장에서 보면 일종의 덤과 보너스이다. 500% 상여이다. 이미 가정을 꾸렸고 그 안에서 안정이 어느 정도 된 지금의 상황에서 이 여자를 계속 만날 수 있으면 좋은 것이지만, 못 만난다고 해서 그렇게 안달이 날 이유도 없다. 돌아갈 곳은 늘 그 자리에 있기도 하다. 그러니 심리적으로도 항상 우위에 있게 되는 것이다.

더군다나 아내와 자식을 등지고 버릴 생각은 근본적으로 없는 자기 가정에 대한 책임감도 강한(?) 남자이므로 주말에는 가정에 충실하고 여자와 연락도 잘 하지 않으니, 여자 쪽에서 오히려 더 보고 싶고 조바심이 나면서 감정은 이미 여자 쪽에서 더 좋아하는 방향으로 흘러가기까지 한다. 사랑에 묘하게 '갑을관계'가 생기는 것이다. 유부남 갑, 미혼녀 을인 관계 말이다.

아내가 있으면서 또 하나의 사랑을 갈구하는 유부남과 그 유부

어찌 막을 수 있을까! 그저 미련 없이 피할 뿐이다!

남에 빠진 미혼녀에게 '결혼을 했으니 다른 여자에게 한눈을 팔면 안 된다'라든지, '유부남과 만나는 사랑은 미친 짓'이라든지 하는 말은 하지 않겠다. 사랑은 책임지면 되는 것이다. 그것이 심리적인 것이든, 경제적인 것이든, 또 그 책임의 범주가 상대방 하나일 수도 있고 그 상대방과 엮여있는 사람들까지일 수도 있다. 때로는 이것저것 재지 않고 마음이 가는 대로 움직이는 것이 사랑의 정답이 될 수도 있고 많은 추억을 만들 수도 있지만, 적어도 책임질 수 있는 사랑을 하자.

한 인간이 사랑하고 싶다는 것은 그만큼 삶에 대한 의욕과 집착이 있기 때문인 것이다. 삶에 대한 강한 의욕으로 살다 보면 그 욕심만큼이나 사랑에 대한 갈구도 커질 수 있다. 자신의 가정에 할 책임을 십분 다한 후에 여력이 있다면, 그 누군가와 사랑에 대한 결핍을 서로 채워주면서 위로를 해주는 것이야 있을 수도 있는 일이다. 하지만 그 안에서 나만을 믿고 의지하는 그 또는 그녀에 대한 미안함과 앞으로 사랑한 만큼 감수해야 할 것에 대한 책임을 다할 수 있는 자신이 있을 때만 마음이 동하는 대로 움직여야 할 것이다.

지금 집안에서는 지치고 잠든 모습만 보여주면서 활기는 다른 누군가와 밖에서만 찾으려고 정신이 없는 사이, 자신 옆의 그 사람은 많이 외롭고 지쳐 힘들어하고 있을 수 있다. ✗ 바람을 피우는 것은 태생적인 끼와 기질의 문제이기도 하지만, 자신 옆의 그 사람도 결혼 후의 로맨스에 대한 욕구가 없어서 가만히 있는 것은 아닐 것이다. 우선 내 사람을 보살피고, 여력이 돼서 굳이 하겠다면 그 바람을 말릴 수야 없겠지만, 그 후엔 마음에 상처로 남건, 또 다른 책임감을 요구하는 상황이 올 수 있다는 것은 바로 알아야 한다. 그런 상처나 책임감 따위도 없는 태생적인 양아치라면 더 할 말도 없긴 하지만 말이다.

어찌 막을 수 있을까! 그저 미련 없이 피할 뿐이다!

위선자, 순악질, 멍청한
상은 피하고 보자

　　　　여성의 사회적 참여가 활발해지고, 남성과 대등하게 경쟁하며 살아가는 여성들이 많은 지금의 현대사회에서조차 남성에 비해 상대적으로 여성의 사회적 참여는 적은 것이 현실이고, 그 참여 기간도 길지 않기에 아무래도 일반적으로 여성이 평생 대하게 되는 인간관계는 남성에 비해서 좁은 편이다.

　또, 그냥 서로 위로하는 좋은 친구관계를 떠난 공동의 목표를 향해서 실적을 내야 하는 사회, 조직 생활의 인간관계에는 가장의 역할을 하는 여성들을 제외하고는 아무래도 남자보다는 덜 경험하게 되는 현실이다. 그러니까 좋게 이야기하면 이 꼴 저 꼴 더럽고 치사하고 아니꼬운 인간들을 옆에서 보고 겪을 기간은 짧은 것이고, 나쁘게 말하면 별종의 인간들을 볼 확률이 조금은 적으니 아직도 세상은 아름다워 보이고, 이상적인 인간관계를 꿈꾸고 있을 가능성도 높다.

나이가 들수록 사람 만나는 일이 가장 두렵다. 사람 하나 잘못 만나서 인생 망가지는 것은 순식간이다. 또 그 사람이 사랑하는 남자라면, 10년 후 미래의 모습까지 염두에 둔 남자라면 더 끔찍하기만 하다. 더군다나 나이가 들수록 ✂ 한 여자가 남자를 만날 때 어릴 때처럼 학교나 모임 등의 집단생활 속에서 만나서 그 안에서 상대방이 다른 인간관계를 맺는 모습까지도 보면서 조금 객관적으로 접할 수 있는 기회는 애초부터 박탈되기 쉽다. 누구의 소개라는 제3자의 검증이 있더라도 제3자와 그 남자와의 관계에 따라 볼 수 없는 모습들이 많이 있었을 테니 속속들이 그 남자의 사정을 알기에는 역부족이다.

이런 이유로 알 수가 없다. 이 남자가 조직에서는, 사회에서는 어떤 모습의 얼굴과 마음을 하고 살아가는지를 도통 알 길이 없다. 오직 그 남자의 입에서 나오는 소리를 지극히 주관적인 관점에서 들으면서 나름 객관적으로 판단하려고 할 뿐이지만, 태생적인 감과 촉을 떠나서라도, 사람을 많이 만나보지 못해 갈고 닦여지지 못한 판단능력 때문이라도 그 본모습을 알기란 지극히 어려운 일이다.

그러니 방법이 없다. 돌다리도 두들겨 보고, 의심에 의심을 해보고, 그의 모습을 알 수 있도록 여러 가지를 말하고 행동하도록

어찌 막을 수 있을까! 그저 미련 없이 피할 뿐이다!

하는 다양한 상황도 만들어 보는 수밖에 없다. 그리고 그 남자가 지금 이야기할 세 가지 유형 중 하나가 아닌지 잘 생각해 보고 고민해 봐야 한다. 이 세 가지 유형만 피해도, 궁합을 떠나서 한평생 믿고 살 수 있는 남자의 최저한계, 배수진은 만들어 놓은 셈이다.

첫 번째 남자 유형은 겉으로 보기에는 그저 사람이 무지 좋아 보이는, 항상 웃고 다정다감하게 다가와 말도 걸고, 편안하게 이야기도 들어주는 유형이다. 이런 사람의 특징은 장기간에 걸쳐서 한 꺼풀 벗긴 그 이면을 알게 되기 전까지는 그 속을 알 수가 없는, 마치 양파 같다는 것이다. 까도 까도 다른 속이 있고 새로운 인간성이 드러나는 것이다. 본인의 성격과 인격의 중심은 안에 숨겨져 있는 채, 그 본성은 쉽게 드러나지 않는다. 마치 영업하고 있는 사람인 양 모든 인간관계를 자신의 호불호도 없이 다 받아들이면서 이래도 흥, 저래도 흥 좋은 사람처럼 행동하고 말한다.

하지만 그 이면에는 오직 자기를 둘러싼 모든 이권에 관여하여 작은 이익이라도 뜯어 먹고 살려고 하는 하이에나의 근성이 있다. 그리고 그 이권과 이익에 반하여 나타나는 관계에서는 그 성질 한번 안 내던 사람이 화를 내고 윽박지른다. 내가 먹을 자리에서 못 먹었다고 생각하면 손해를 봤다는 인식이 자리 잡고 있다. 모든 것을 손익계산에만 맞춰서 살아가는 인간, 그것이 철저하게 몸에 배어 그 위선이 몸속 끝까지 차오른 인간인 것이다. 이런 유형은 웬만해서는 자신의 본성을 드러내지 않으니 주변에서 보통 사람 좋다는 말이나 착하다는 말도 듣고 살기 쉬우나 그 검은 속은 토할 지경이다.

✂ 이런 위선자 타입은 사실 일순간 관상으로 바로 느끼기가 어렵다. 오히려 음성과 말버릇을 통해서 알 수가 있다. 사람들은 관계 속에서 살아간다. 그 관계 속에서 대화할 때는 대화를 하는 상대방과 하는 것이 보통이지만, 이런 타입은 이 이야기를 듣는 제3자, 특히 윗사람에게 오히려 관심을 두고 말을 이어간다. 착한 듯, 바른 듯 말하는 그 사람의 이면을 냉철히 보지 않고서는 사실 파악하기가 어렵다.

두 번째 유형의 남자는 악질 스타일이다. 기본적으로 인간에 대한 사랑도 없고, 지나온 환경에 대한 원망과 억울함만 남아있어서 시기와 질투로 가득 차 있는 인간이며, 대의와 명분을 달면서 말하고 행동하지만, 그 이면에서 자신의 이익에만 사로잡혀 있으며, 때론 다른 사람이 자기를 해하려 한다는 피해망상까지 가지고 있는 약간의 정신질환까지도 있는 저렴한 인간이 있다. 귀인의 근처까지도 가지 못하는 태생적인 천민 근성의 인간이다.

사람이 정치적일 수는 있어도 그 정치적인 모습이 허울뿐인 명분을 만들면서 결국 자신의 사리사욕에 대한 관심으로 가득할 때만큼 추잡스럽고, 비열한 모습이 될 때는 없다. 어디서 주위들은

어찌 막을 수 있을까! 그저 미련 없이 피할 뿐이다!

좋은 이야기란 이야기는 자기 입으로 말하지 않고서는 직성이 풀리지 않는다. 또 조직에서는 자신을 버리고 주인의식을 가지고 일하자고 하면서 자신은 정작 주인행세만 하면서 콩고물에만 정신이 팔려있다.

능력은 없으니 어디 이간질이나 권모술수로 남들을 짓밟고 올라서려고 하는 마음만 가득하다. 딱 적악여앙(積惡餘殃)의 꼴이다. 악만 저지르고 쌓아가 결국 화와 재앙이 자녀들에게까지 가는 모양새이다. 하지만 미련하고 치졸, 졸렬, 사악, 비천하니 그런 것도 이해할 깜도 되지 못한다. 자신은 항상 평가하는 사람이고 판단의 최종은 자신이 하면 그 판단은 항상 옳다. 이런 악질을 얼핏 보면 회사에서 실적이 좋게 보일 수 있다. 하지만 이 악질이 없어지면 주변의 많은 상사, 후배, 동료들의 실적이 늘면서 그 몇십 갑절의 성과가 있을 수 있다. 악질 하나 순화하는 데 선량한 사람이 십수 명은 족히 소모된다. 그래도 완전 정화는 불가능한 것이다.

🦋 악질 스타일을 관상으로 보면, 우선 얼굴 전체의 상에서 느껴봐야 한다. 그러니까 그 사람의 전체적인 상의 느낌이 가장 중요하다. 누구나 화가 나면 얼굴이 일그러지고, 눈빛도 매서워지지만, 가끔씩 대화하거나 집중하거나 할 때 평소에는 잘 보지 못한 무서운 눈빛이 보인다거나 얼굴의 전체 표정이 마치 악마를 보는 듯한 느낌이 드는 사람이 있다. 단지 각 부위의 생김새의 문제가 아니라 그 조화와 짜임새에 있어서 내면이 그대로 드러나게

마련인데, 일순간 드러나는 표정 속에서 그 악질의 진면모를 볼 수 있다. 평소 잘 웃고 사람이 밝은 것과는 다른 문제이니 주변 사람들을 잘 살펴보자.

　세 번째 유형은 멍청한 남자이다. 인생이라는 것은 선택의 연속이고, 그 선택과 대응들이 모여 하나의 인생을 만들어 간다. 때로는 심사숙고하는 시간을 거쳐서, 또 때로는 긴박하게 결정하고 행동에 옮겨야 하는 경우도 많다. 그렇기 때문에 멍청한 사람을 만나서는 안 된다. 조직 생활을 해본 사람이라면 이미 충분히 알 것이다. 멍청한 사람이 부지런하면서, 일에 열의를 가지고, 게다가 소신까지 가질 때 주변 사람들이 얼마나 힘들고 피곤한지 말이다. 그리고 이런 사람들은 자신의 멍청함을 끝내 알지도 못한다. 그러니 계속 반복적으로 일관된 멍청함을 유지하는 근성마저 보이니 미칠 노릇이다.

　✄ 멍청하다는 것을 관상으로 보면, 입술이 두꺼우면서 입이 잘 안 다물어지는, 입이 벌어진 상은 약간 바보상이라고 할 수 있다. 또, 눈썹과 눈썹 사이인 미간이 지나치게 좁다거나 완전히 붙어있는 일자눈썹의 경우도 그 멍청함을 의심해 봐야 한다. 눈썹과 눈썹이 붙어있다는 것은 '눈썹 미'에, '이을 련'으로 '미련하다'는 것이다. 이마의 좌우가 대칭이 되지 못하고 틀어져 있다거나, 얼굴이 지나치게 작으면서 빈하게 보이는 상도 자기 나름의 소신은

어찌 막을 수 있을까! 그저 미련 없이 피할 뿐이다!

있으나, 그 멍청함이 강한 상이라고 할 수 있다.

분명하면서도 슬픈 것은 이런 유형의 인간들은 어디에서나 쉽게 출몰이 가능하다는 것이고, 더 큰 문제는 이런 순악질이 없어지기만 하면 좋을 것 같지만, 없어지자마자 항상 기다렸다는 듯이 새로운 다크호스라는 뜻밖의 복병과 변수가 나타나게 되어 더 치밀하게 괴롭힌다는 것이다.

이런 유형의 인간들을 아예 만나지 않을 수야 없겠지만, 적어도 나의 가장 가까운 인연으로 두는 우를 범하지 않게 하는 것이 최소한의 행복을 안고 살아갈 수 있는 지름길이다. 곰곰이 생각해 보자. 지금 인연이라는 이름으로 내 옆에 가장 가까이 있는 그가, 혹은 그녀가 이런 유형은 아닌지를 말이다.

CHEAT

궁합,

조화로운 둘이 하나 되는
인연의 합

COMPATIBILITY

궁합이란 서로 이해하고
용서하기 위한 것

일단 '궁합(宮合)은 무엇이냐?'고 물으신다
면 '남녀의 사주팔자를 바탕으로 배우자로서 서로의 조화를 헤
아리는 것'이라고 할 수 있다. 궁합의 한자를 보면 '집 궁'에, '합
할 합'으로 집안과 집안의 만남이라는 결혼의 의미도 있다. 이런
궁합의 기원을 보면 중국 한(漢)나라 혜제(惠帝)의 어머니인 여후
(呂后)가 정권을 잡고 있을 때 흉노(匈奴)로부터 청혼이 들어왔는
데, 이를 물리칠 계책의 하나로서 나온 구궁궁합법(九宮宮合法)에
있다는 설이 있다. 실제로 궁합법은 신앙의 차원에서뿐만 아니라
청혼을 한 상대방의 처지를 고려한 거절의 방법으로도 이용된 측
면도 있다.

또, 궁합하면 겉궁합, 속궁합에 대한 이야기를 많이 하는데, 겉
궁합은 태어난 생년, 즉 '띠'만 가지고 보는 궁합이라고 보면 된

다. '4살 차이는 궁합도 안 본다'라는 말은 이 겉궁합에서 온 것이다. 그리고 속궁합은 물론 '남녀의 성적인 어울림'의 의미로 많이 쓰이지만, '띠'만으로 보는 겉궁합과는 달리 태어난 생년월일시의 사주를 모두 보고 그 조화와 심리상태를 살펴 부부로서의 좋고 나쁨을 보는 것을 속궁합이라고 한다.

✄ 이런 궁합을 보는 것은 사업 파트너, 동료, 동성의 친구 간에도 중요하고 특히, 결혼하지 않은 남녀로서 자신의 운을 깎아 먹는지 또는 기를 살려주어 인생 살맛 나게 해주는지를 알기 위해 아주 중요하다. 자신에게 암시된 남편복, 처복보다 조금 더 나은 상대인지를 알 수 있고 기운적, 심리적으로도 서로 맞는 성향인지를 파악할 수 있기 때문이다.

하지만 결혼을 했건, 하지 않았건 궁합을 보는 이유는 이를 통해 그 상대를 더 이해하고 용서해 주기 위함이다. 그 연월일시에 태어나 이렇게 살아야 하는 측은한 그를, 그녀를 조금 더 이해하고 나를 의지함으로 이 험난한 세상에서 조금이라도 위로받고 용기를 얻고 살 수 있도록 힘이 되어주기 위함이라고 생각한다.

이렇게 중요한 궁합을 '음양오행의 생극제화'를 잘 살펴서 서로가 어떤 심리 및 기운의 성향인지, 과연 잘 살 수는 있는지, 자식으로 덕은 볼 수 있는지, 내 팔자에 남편복과 처복은 어떤지, 그 조화는 서로 간에 맞는지, 서로 기를 살려줄 수 있는지, 운의 흐름은 어떤지 등을 보는 것은 전문가의 영역이므로 일반인들은 알

조화로운 둘이 하나 되는 인연의 합

수 없다고 하더라도, 아래의 표를 보면서 과연 지금 나와 내 옆에 있는 남자, 또는 여자는 어떤 타입일지를 한번 생각하고 고민해 보는 것은 사주적인 궁합을 떠나서도 관계에 대해서 다시금 생각해 보는 좋은 기회가 될 수 있다고 생각한다.

먼저 음양오행에 따르면 음과 양, 그리고 '목화토금수'에 기인한 10가지 기운이 있는데, 사람은 누구나 이 중 한 가지 기운을 가지고 태어난다. 자신의 생년월일시 중 일(日), 즉 태어난 날로 그 기운을 알 수 있다. 이 10가지 기운에 따른 남녀의 궁합을 점수로 정리해 보았다. 더 나아가 이는 연인뿐 아니라, 가족, 친구, 직장 동료 등 모든 인간관계에도 적용해 볼 수 있다. 또, 음양오행의 10가지 기운에 대해서는 제5장에서 구체적으로 다루겠다.

음양오행의 10가지 기운으로 보는 궁합

남자\여자	큰나무	작은나무	큰불	작은불	넓은땅	촉촉한땅	단단한바위	날카로운금속	큰물	옹달샘작은물
큰나무	55	60	75	80	45	70	45	50	65	70
작은나무	60	55	80	75	50	45	70	45	70	65
큰불	65	70	55	60	75	80	45	70	45	50
작은불	70	65	60	55	80	75	50	45	70	45
넓은땅	45	50	65	70	55	60	75	80	45	70
촉촉한땅	70	45	70	65	60	55	80	75	50	45
단단한바위	45	70	45	50	65	70	55	60	75	80
날카로운금속	50	45	70	45	70	65	60	55	80	75
큰물	75	80	45	70	45	50	65	70	55	60
옹달샘작은물	80	75	50	45	70	45	70	65	60	55

조화로운 둘이 하나 되는 인연의 합

사주팔자 속에
남편과 아내의 모습이 있다

사주팔자로 구별되는 남편과 아내의 유형이 있다. 우선 남편의 유형 중 첫 번째로 '권위남'이라고 붙여봤는데, 집에서 손 하나 까딱 않고 입만 바쁜 주문형으로 가정에서 권위를 세우고 싶어 군림하려고 하는 타입이라고 할 수 있다. 이런 남자와는 제아무리 노력한다고 해도 육아를 분담하는 것은 기대하기 힘들다.

두 번째로는 '애처가'로 처자리에 자식이 들어와 있어 아내를 자식처럼 여겨, 아내가 뭘 해도 귀엽고 사랑스러워 일상다반사 아내에게 맞춰주고 챙겨준다.

세 번째는 '공처가'로 아내를 두려워하고 공경한다. 나보다 강한 아내로 인정하고 들어가는 것이다. 가끔 반항도 해보지만, 안 되는 걸 알고 그냥 죽어지내는 것이 오히려 속이 더 편하다.

네 번째로 공처가보다 한 수 위인 '경처가'가 있다. 아내가 두렵다 못해 아내의 말이나 행동에, 심지어 그 눈빛만으로도 경기의 반응을 일으킬 정도로 아내는 무서운 존재일 뿐이다.

다섯 번째는 '자식남'으로 자기가 남편인 줄 모르고 아이인 줄만 안다. 아내를 엄마처럼 여기고 따르지만, 사고치기를 밥 먹듯 하면서 아내가 그 뒷감당까지 해야 하니 자식남을 둔 아내의 고충과 고단함은 자세히 말하지 않아도 충분히 짐작할 수 있을 것이다.

여섯 번째, 마지막으로 '오누이'처럼, 서로를 인정하면서 편안하게 친구처럼 지낼 수 있는 관계이다. 위의 다섯 가지의 유형이 남녀가 부부로 오래 지내다 보면 오누이 관계처럼 되는 경우가 많지만, 태생적으로 사주적으로 처음부터 이런 관계로 바라보는 경우도 있다.

사주팔자에 따른 남편과 아내 유형

아내＼남편	권위남	애처가	공처가	경처가	자식남	오누이
쥐락펴락 센녀	×	○	○	○	×	×
남편은 하늘녀	○	○	○	○	△	○
잔소리 부인	△	○	△	△	△	×
희생녀	○	○	○	○	○	○
아기녀	×	○	×	×	×	×
오누이	×	○	△	△	×	○

조화로운 둘이 하나 되는 인연의 합

다음은 아내의 유형이다. 첫 번째로 '쥐락펴락 센녀'이다. 가정의 주도권, 경제권 등 모든 권한을 쥐락펴락, 쥐고 잡고 흔들지 않으면 직성과 분이 풀리지 않는 여자로, 자기 마음대로 가정에서 우위에 서야 마음이 편하다.

두 번째는 '남편은 하늘녀'이다. 자신이 성깔이 있건, 사회생활이나 친구와의 관계에서 어떤 성격이 드러나건 상관없이 자기 남편에 대해서는 기와 권위를 살려주면서 왕처럼 모실 수 있는 여자이다. 이 유형의 여자는 남편이 지시하는 말투로 어떤 부탁을 해도 순순히 해준다.

세 번째는 '잔소리 부인'이다. 잔소리는 안 할 수야 없겠지만, 같은 내용의 잔소리를 반복적이고 규칙적으로 강도 있게 연거푸 해대면서 피 말리게 만드는 유형이라고 할 수 있다.

네 번째는 '희생녀'이다. 바보온달을 장군으로 만든 평강공주처럼 남편과 가족들에게 희생하고 봉사하면서 한평생 몸 바칠 수 있는 소위 내조의 여왕이다. 남편을 성공할 수 있게 만드는 여자이다.

다섯 번째는 '아기녀'이다. 남편자리에 부모님이 들어와 있어 현실의 남녀사랑에서는 없을 것만 같은, 영화에서나 봄 직한, 부모님의 무조건적인 내리사랑을 남녀에서 찾으려고 하니 그렇게 느끼는 본인도 괴롭겠지만, 그 사랑에 대한 갈구로 인해서 옆에 있는 남편도 피로의 늪에 빠질 수 있다.

마지막으로 '오누이'는 남편의 유형과 같다. 다만 편안한 친구나 오누이 관계로 남자를 바라본다는 것은 대등하고 동등한 입장을 원하는 것이긴 하지만, 때로는 남자를 만만하게 바라보는 면이 있을 수 있다.

　이렇게 정리를 해보면 애처가는 어떤 유형의 아내가 와도 맞춰줄 수 있고, 희생녀는 어떤 유형의 남자라도 만족시켜줄 수 있는 아내감이다. 쉽게 이해할 수 있도록 유형별로의 궁합을 정리해 본 것이다. 하지만, 궁합은 음양오행의 생극제화를 자세히 살펴서 보다 더 복합적인 요소를 분석해야 하기 때문에 이렇게만 보기에는 한계가 있기는 하다.

사람 하나가 인생을
영 딴판으로 바꾼다

사주는 자신이 태어난 생년월일시에 의해서 정해지는 것이고, 그렇기 때문에 그 큰 틀과 근본이 바뀌기 어렵다. 사주 해석의 근본이 되는 생일과 생시는 불변이기 때문이다. 마치 관상이 얼굴의 생김새, 조화와 찰색에 의한 것이므로 메이크업이나 성형수술을 한다고 해도 그 근본이 바뀌지 않는 것과 비슷하다. 다만 관상의 경우 찰색, 즉 얼굴빛을 관리하여 운이 조금 좋게 들어오게끔 할 수는 있을 것이다.

이렇게 딱 정해지고 바뀔 수 없는 숙명이라지만, 인간이기에 노력과 의지로 바꿀 수 있는 부분에 조금 더 집중하고 노력하여 바꿔나가는 것은 의미가 있다. 그중에서 가장 큰 것이 궁합적 요소이다. ✂ 그동안 흥하고 망하는 수많은 사람을 보면서 느낀 것은 운이라는 것은 사람을 통해서 온다는 것이다. 좋은 인연을 만나서 뭔가 기회를 잡고 성취하는 뜻을 이루기도 하고, 한순간 사람을 잘못 만나서 모든 것을 잃고 거리에 나앉는 경우도 많이 보았다.

한번은 얼굴에 기백이 압도하고 있고, 큰일과 뜻을 이루셨을만한 얼굴을 한 여성이 오셨다. 사연을 들어보니 갑자기 알게 된 지인의 권유로 사업에는 뜻이 전혀 없는 아들을 꾸지람해가면서 일생일대의 기회라며 수입 사업을 크게 벌이게 했지만, 결국 투자한 돈은 중간의 그 지인이 다 빼어가고 사업자 대표로 있던 아들에게 법적인 문제마저 생겨서 잃은 기백 억의 돈도 돈이지만, 아들이 자유롭지 못한 상황이 되었다면서 탄식했다.

이렇기에 사람을 들이는 것에는 신중해야 한다. 내 기본적이고 태생적인 성향인 사주에 의해서 인생의 대략적인 모양새, 밑그림이 그려지지만, 어떤 색으로 아름답게 그려지는지는 밑그림이 아무리 잘 그려졌더라도 어떤 컬러가 적소(適所)에 들어가느냐와 그림이 말라가는 시간, 또는 옆에서 그림을 그리는 사람의 물감이 내 도화지에 재수없게 튀는 돌발적인 사건과 대응에 따라서 영 딴판으로 달라질 수도 있다.

이렇게 운은 어떤 누구를 만나느냐에 따라서 180도 달라지기도 한다. 물론 악운에서 귀인을 만날 확률은 없는 것처럼 운에 따라서 좋은 인연을 맞이하지만, 평생을 같이하는 사람을 정하는

조화로운 둘이 하나 되는 인연의 합

데 있어서 좋은 운에서 만나는 것에만 기댈 수 없다. 그것도 중요하지만, 교제를 통해서 그 사람의 진면목을 확인하는 과정을 등한시하다간 인생 한순간 고꾸라지는 것도 어려운 일이 아니다.

그러므로, 더구나 평생을 함께할 반려자를 선택하는 데에 있어서는 더욱 신중해야 한다. 제아무리 재운과 관운을 제대로 가지고 태어난 사람이라고 하더라도 만나는 상대에 따라서 내 운을 깎아 먹을 수도 있고, 만나는 남자가 처복이 아주 강한데 내가 그 남자와 결혼하게 된다면 그 남자의 처복 값을 하느라 더 바지런하게 자신의 기본 복보다 나은 삶을 만들 수 있다는 면에서 보면 좋은 쪽으로건 나쁜 쪽으로건 결혼에 따라 운이 달라지므로 결혼 후 사주가 바뀌었다고도 말할 수 있겠다.

더구나 운이라는 것은 좋은 때와 나쁜 때가 있는데, 같이 사는 부부에 있어서는 이런 운이 서로 보완이 되므로, 내가 좋은 운에 남편이 조금 나쁘다면 서로 영향을 미쳐 상쇄될 수 있고, 내가 안 좋은 운에 남편이 길운이라면 자신도 크게 어렵지 않게 악운을 넘어갈 수도 있다.

성향이 살짝
다른 짝이 최고의 궁합

일반 사람들이 상대를 만나보면서 그래도 괜찮은 궁합을 찾는 방법이 있긴 하다. 바로 비슷한 성향보다는 조금 다른 듯한 성향을 만나는 것이다. 동적인 사람이 동적인 사람을 만나고, 정적인 사람이 정적인 사람을 만나는 예만 봐도 처음에는 너무 잘 맞는 것 같아 행복할 때는 그 기쁨과 즐거움이 두배, 세 배가 될 수 있지만, 다투거나 마음 상하는 일이 있을 때 그고통도 그전의 행복감을 상쇄하고도 남을 만큼 너끈히 서너 배가되기 쉽고, 비슷한 성향 때문에 자존심 싸움으로 선뜻 사과하기도 어려운 면도 있다.

또, 인생을 살면서 조금은 다른 관점으로 세상을 바라보는 시선도 잃을 수 있다. ✄ 누군가를 만나서 가까운 곳에 둔다는 것은, 또 같이 산다는 것은 세상을 바라보는 시선을 더 풍요롭게 할 수

조화로운 둘이 하나 되는 인연의 합

있는 여유가 생기는 것이다. 서로 다른 관점과 시선에서 바라보는 세상에 대한 이야기로 삶은 풍성해진다. 두 눈으로 보는 세상이 아니라, 네 개의 눈으로 보는 세상이고, 하나의 심장과 하나의 머리로 보는 세상이 아니라, 두 개의 심장과 두 개의 머리로 바라보는 세상에서 인생의 물리적인 시간은 동일하지만, 질적인 시간은 두 배가 넘게 된다.

인생은 얼마나 살았는가 하는 물리적인 시간이 중요한 것이 아니라, 어떻게 어떤 감성과 자극으로 살아왔느냐가 더 중요하고, 그렇기 때문에 배우자는 기본 성향과 가치관이 공유되고 공감되는 부분이 있다면 그다음은 조금 다른 성향이 훨씬 음양적으로도 합이 된다. 나오면 들어가는 짝을 만나야 하고, 단단하면 부드러운 짝이어야 하고, 볼트가 있으면 너트가 있어서 서로 조여줘야 하고, 밝음이 있으면 어둠이 있어야 조화가 생기고, 그 사이에 매개적인 감정과 감성도 생기게 된다. 사랑하는 사람을 찾을 때, 성향이 살짝 다른 이를 만나는 것이 최고의 궁합과 짝일 수 있다.

오래전, 10년지기 친구의 어머님에게서 다급하게 전화가 왔다. 친구가 결혼하길 원하는 여자와 궁합을 봤는데, 좋지 않다면서 걱정이 이만저만이 아니었다. 여자가 너무 사주가 세다고 했다면서 이런 걸 두고 '팔자가 세다'고 하지 않느냐며 궁합 한번 보고 오셔서 6년 넘게 연애해 온 커플의 결혼을 당장이라도 막으실

기세였다.

　사실 친구의 당시 여자친구는 처음 만날 때부터 자주 봐왔던 터였고, 둘의 생년월일시를 받아 궁합도 미리 봐뒀던 터라 자신 있게 말씀해드렸다. 여자가 사주가 강하여 자아와 자존감이 높은 건 사실이지만, 누구에게나 자기 짝이 있듯이 아드님에게 필요한 여자는 딱 이 여자이니 걱정하지 마시고 결혼시키시는 게 답입니다. 이 여자야말로 제대로 된 짝이라고 했다. 그리고 여자의 대운을 보면 택일을 해서 출산 날짜를 잡는다고 해도 이런 운이 나올 수 있을까 싶을 정도로 좋은 재운으로 흘러가 왕성하게 사회활동을 하면서 돈도 크게 만질 수 있는 운도 갖고 있다는 부연설명까지 해드렸다.

　아드님 사주의 집과 일터가 충이 나있어서 밖으로 조금 돌 수 있는 성향이 있긴 하지만, 타고난 애처가여서 여자가 남편에게 절대적이고 무한한 사랑을 받고 싶은 갈구도 충족시켜줄 수 있으므로 성향적으로도 서로 간에 좋은 궁합이라고 말씀드렸다. 음양오행적으로도 여름에 태어나 갈증이 난 뜨거운 물이 마르지 않도록 여자가 지속적으로 수(水)의 기운을 주고 있으니 이보다 더 좋을 수 없는 궁합이었다. 그리고 20년 가까이 지난 지금 이 두 사람은 아직까지 잘 살고 있다. 임자 제대로 만나 자신의 팔자보다 더 피게 만든 궁합이니 내 주변에 있는 최고의 궁합이라고 할 수 있다.

　　　　　　　　　　　　조화로운 둘이 하나 되는 인연의 합

유정(有情)하지 못한
부부의 궁합

　　우선 궁합을 떠나서 둘 중 한쪽의 끼가 보통이 넘어 철철 넘쳐나는 상황이라면, 일단 다른 한쪽은 일반적으로 힘들고 지칠 것이다. 한동안 눈감아주고 참아줄 수 있다. 어차피 사랑이나 사람은 완전하게 소유할 수 없는 것이니, 이 사람의 다른 사람과의 관계와 친밀도는 중요치 않고, 나와 한평생을 같이한다는 약속만 있다면 괜찮다고 수없이 되뇌이고 받아들이려고 해도 결국은 언제까지나 한쪽에서 받아줄 수만은 없는 상황으로 치닫게 될 것이다. 또, 사람의 태생적인 천성은 쉽게 바뀌는 것이 아닐뿐더러 상황과 경험에 맞게 더 진화하고 발전하기 때문이기도 하다. 더 끼가 폭발적으로 늘고, 주체하지 못하게 되고, 늘 그런 모습으로 살아가는 데에 익숙해진다.

　　또, 다른 한쪽도 그 끼가 상대방에 못지않게 강할 경우도 문제다운 문제가 된다. 아무리 자기 자신이 자유로운 영혼이라고 하더라도 보통 자신이 지향하는 자유로운 삶에 가장 가까운 자리는 자유로운 이성을 두지 않는다. 그런 사람의 가장 가까이에 있는 것은 힘들고 지친다는 것을 누구보다도 잘 알고 있기 때문이다. 나에게만 허락된 자유를 즐기려고 하고, 가장 가까이에는 오히려 자신을 가장 잘 이해하고 지지해 주며 편안하게 해주는 상대를 두고 싶어 한다. 어떤 여자나 남자도 자유롭게 주색에 빠지고 방탕한 이성을 자기 인생 가까이에 끌어들이고 싶어 하지 않기 때문이다.

그럼에도 그런 짝을 만났다면, 사실 그저 무정(無情)한 부부의 꼴을 하고 있지만, 서로의 삶을 아이라는 끈으로 연명하면서 살고 있는 모양이 되기 쉽다. 이렇게 유정(有情)하지 못한 관계의 부부라도 서로 부부라고 정의만 할 수 있다면야 문제는 없다. 부부라고 하더라도 서로의 삶과 프라이버시를 인정하고 다른 이성과의 교제도 자유롭게 열어주면서 각자의 욕망에 충실한 '쇼윈도부부'가 되는 것이다. 하지만 사실 이런 관계라면 부부라고 이름 붙이기 어렵고, 결혼하지 않고 자유로운 연애를 하면서 사는 것이 더 맞지 않을까 싶을 정도가 되는 것이다.

조화로운 둘이 하나 되는 인연의 합

겉궁합=띠궁합,
이제 재미로만 보자

궁합을 보러 와서 가장 많이 묻는 것은 나와 무슨 띠가 좋고, 무슨 띠가 나쁘냐는 질문이다. 난감한 질문이다. 띠만 가지고 살아가는 인생이 아닌데, 궁합을 겉궁합인 띠로만 보려고 하니 답답할 노릇이다. 띠만 가지고 궁합을 볼 것 같으면 궁합을 전문으로 보는 술객이 무슨 필요가 있겠는가.

사실 겉궁합이라는 것은 단지 띠궁합으로, 위아래로 4의 배수로 나이 차이가 나면 합이 되어 좋다고 한다. 이를테면 뱀띠, 닭띠, 소띠가 서로 좋고, 돼지띠, 토끼띠, 양띠가 좋고, 범띠, 말띠, 개띠가 서로 좋으며, 원숭이띠, 쥐띠, 용띠가 좋다는 식이다. 위아래로 4살, 8살, 12살 차이가 나면 좋은 것이다. 그러니까 12살 띠동갑도 겉궁합의 개념으로 봤을 때는 좋은 궁합이다.

그런데, 12살의 띠동갑 궁합이 좋은 이유는 단지 합이 되어 좋은 사주적인 이유만 있는 것 같지는 않다. 보통 남자가 나이가 많고 여자가 나이가 적은 띠동갑의 커플을 봤을 때, 남자의 입장에서는 여자가 뭘 해도 참 사랑스럽다. 남자들은 나이가 먹어도 젊은 여성을 결혼 상대로 원한다는 이야기가 아니라, 굳이 특정 나이대가 아니라고 하더라도 인생을 먼저 살아오면서 겪었을 그 여자 나이대에 대한 이해와 배려도 남다르게 된다.

투정을 부려도 귀엽고, 아기 같이만 느껴지니 작정하고 이해하려고 하지 않아도 그냥 이해가 된다. 남녀의 궁합을 떠나서 나이차이가 난다는 것은 물론 생각이나 사고의 차이가 있을 수도 있지만, 이해가 되기 때문에 싸우거나 다툴 여지가 그만큼 줄어든다는 것으로 생각할 수도 있을 것이다.

또, 쥐띠와 양띠는 살이 끼고, 소띠와 말띠도 안 좋고, 범띠와 닭띠도 상극이며 하는 등의 이야기도 단지 띠만의 궁합이므로 크게 신경 쓰지 않는 것이 좋다. 이런 띠별 궁합처럼 많이들 하는 이야기는 '말띠는 팔자가 세다'이다. 🐎 띠라는 것은 사주의 네 개의 기둥 중에서 한 기둥을 담당하니 물론 의미가 있긴 하지만, 띠만 가지고 인생을 말하는 것 자체가 어불성설(語不成說)이다. 삼재라는 것이 띠를 가지고 재물, 명예, 건강상에 큰 문제가 발생하는 것으로 보는데, 이것도 음양오행의 생극제화에 맞지 않는 논리이기도 하고, 같은 띠를 가진 사람들은 같은 운으로 살아간다는 한계도 있는 것처럼 띠만을 가지고 팔자가 세다는 둥 말하는 것은 옳

조화로운 둘이 하나 되는 인연의 합

지 않다.

또, '팔자가 세다'는 것이 예전에는 여자가 집안에서 살림만 하지 않고 바깥에서 일하는 것을 좋지 않게 봤을 때의 문제인 것이지, 요즘 같은 세상에서 남자와 대등하게 경쟁하면서 일에서 성취하고 가정에도 도움을 줄 수 있는 것도 내조의 한 형태로 바뀌고 있는 세상에서 다른 관점으로 말할 수 있는 것이다. 이제 태어난 띠의 굴레에서 벗어나 당당하게 살아도 된다. 그 당당함과 그렇게 결심하는 심상만으로도 인생은 지금부터 충분히 달라질 여지가 있다.

서로 집착하는,
질긴 엿 같은 궁합

한번 연이 닿으면 끊어지지 않는다. 끊어질 듯 이어가면서 그 인연이 지속된다. 한번 만나면 헤어지지 못하고, 또 결혼하면 아무리 치고받고 싸운다 해도 이혼도 안 된다. 참, 질기디 질긴 인연이다. 이렇게까지 되면 좋은 인연이라고 해야 할지 악연이라고 해야 할지 헷갈릴 정도다. 궁합을 보게 되어도 꼭 이런 인연이 있다. 이럴 때 나는 한마디로 정의한다. '엿 같은 궁합'이라고. '기분이 좋지 않을 때 사용하는 비속어'로서의 '엿 같다'가 아닌 마치 엿과 같이 한번 붙으면 잘 떨어지지 않는 질긴 인연이라는 의미이다.

이 질긴 인연이라는 것은 기운적으로 봤을 때는 남녀가 서로 집착하는 궁합이라고 할 수 있다. ✄ 궁합이 본래는 결혼하려는 남녀 서로 간에 좋고 나쁨을 보는 것이지만, 사업상 또는 동료 등

조화로운 둘이 하나 되는 인연의 합

동성의 궁합도 보듯이, 동성 간에도 이런 엿 같은, 집착하는 궁합은 있다.

목화토금수의 오행적으로 보자면 여름에 태어난 목마른 나무가 땅도 없어서 뿌리도 못 내리는 상황이라 근본에 대한 안정이 전혀 없는 사주라면, 이 사람은 당연히 수분도 충분한 촉촉한 땅 사주의 사람에게 끌리게 되고, 기운적으로도 절대적으로 필요하니 떨어지지 않으려고 하고 집착하게 되며, 설사 말다툼으로 어색해졌다고 해도 시간이 조금 지난 후 '뿌리 못 내린 목마른 나무'는 '촉촉한 땅'에게 먼저 연락을 하게 된다.

촉촉한 땅 입장에서도 뿌리를 든든하게 내리는 나무 덕에 땅도 장마에 쓸려 내려가지 않을 정도로 더 단단해지고 흙에 결속력도 강해지니 나쁘지 않다. 그러니 음기의 촉촉한 땅은 양기 나무의 저돌적이고 또는 은근하게 다시 관계를 유지하고 싶은 마음을 온유하게 받아주게 된다. 서로 끌리는 셈이다.

궁합은 이렇게 기운적으로 서로 필요하고 힘이 되어주는 것도 따져야 하지만, 성향적으로도 맞아야 짝이 된다고 할 수 있다. 성향적으로 이를테면 처자리에 마님이 들어와 있어서 아내를 공경하고 두려워하는 마음까지도 있는, 마님이 부르면 항상 달려가야 하는 돌쇠 입장의 남자는 가끔 마님께 반항하고 싶은 마음이 들때도 있지만, 참고 억누르면서 버티고 살아가야 하는 입장이고,

이런 공처가, 경처가 스타일의 남자는 확률상으로 남자를 쥐락펴락 흔들며, 가정의 경제권 등 모든 권한을 쥐고 잡고 흔드는 스타일의 여자를 만날 가능성이 크다. 그러니 성향적으로도 마치 인생의 짝처럼 잡고 잡히는 구조로 딱 어울린다고 할 수 있다.

적어도 기운적으로 상생하면서 맞는 것을 전제로 하지만, 이 공처가, 경처가 스타일의 남자는, 사실 어떤 여자가 들어와도 여자가 가진 남편에 대한 성향과는 상관없이 정도가 다를 뿐이지, 거의 다 '마님 노릇'을 하게 되어있다.

✄ 궁합이라는 것은 양쪽 모두 다 좋을 확률은 적고, 설사 양쪽 모두 좋은 편이라고 하더라도 어느 한쪽이 더 좋게 마련이다. 자기 기준으로 이 상대가 기운적으로 성향적으로 맞아서 잘 살 수 있는지, 혹시 내 운을 깎아 먹거나 해를 끼치는 것은 아닌지, 내 운을 탄탄하게 받쳐주고 도움이 되는지를 잘 살펴봐야 한다. 그래야만 의학의 발달로 평균 수명이 갈수록 길어지는 100세 시대에 좋은 날은 좋은 대로 즐기고, 안 좋은 시기도 서로 의지하면서 알콩달콩 한평생 살 것이 아닌가.

조화로운 둘이 하나 되는 인연의 합

공감과 위로의 대화를
나누는 사주팔자

요즘 사주를 보다 보면 상담하러 오시는 분들의 수준이 보통이 아니다. 이제는 어느 정도 익숙해져서 많이 놀랍지도 않은 정도다. 사주 마니아들이 많다 보니 잘 본다는 데가 있다고 하면 우르르 몰려다니며 사주 보러 다니는 것이 취미인 사람들이라고 말해도 될 듯싶다.

하긴 요즘처럼 갈수록 어려워만 지는 시기에 자신에 대한 수많은 고민과 궁금증으로 머리를 싸매다 보면 그에 대한 해답을 찾아보려는 당연한 몸부림일지도 모른다. 그런데, 왜 사람들은 사주 보는 것을 이토록 즐기는 걸까? 특히 여성이 더 즐기는 이유는 뭘까?

상담을 오는 분들의 80%는 여성들이다. 남성이 찾아오는 경우는 정말 힘든 인생의 고비를 넘겼거나 넘고 있어 힘에 부쳐서 찾는 경우가 많고, 그 외에는 대부분 역학 쪽에 관심이 있거나 아내 손에 이끌려 같이 온 경우이다. 정신과는 왠지 정신적으로 문제가 있는 것 같이 느껴져 그 문턱은 여전히 높기만 하고, 정서적으로도 아무래도 집안 대소사나 중요한 일을 결정할 때 이쪽을 찾는 것이 일반화되어 있는 것 같다. 정신과 전문의 후배가 자신의 가장 큰 경쟁자는 나 같은 일은 하는 사람이라고 할 정도였으니 말이다.

여러 가지 이유가 있겠지만, 그동안 수많은 사람의 사주를 보며 같이 고민하면서 나름대로 결론을 내렸다. ✕ 사람들 모두 자신의 관심 분야에 대해서 말하고 듣는 것을 즐긴다. 원하지 않게 애인과 멀어지거나 헤어지는 상황에 직면하게 되면 누구라도 그 애인에 대해 얘기하면 위로가 되고, 자꾸 결론도 안 나는데 그 이야기를 계속하고 싶은 것이 사람 심리이다.

특히 여자의 경우 이야기를 하고, 듣고, 대화하면서 공감하고자 하는 욕구가 강하다. 하지만 더 이상 남편이나 남자친구는 자신의 이야기에 진심으로 귀 기울여주지 않는다. 스마트폰을 만지작거리면서 대충 대화에 응해주거나 TV를 보면서 듣는 양 마는 양 딴청 피우기 일쑤이다. 이러니 여자는 불만이 생기고 대화에 대한 욕구도 더 커진다. 여자는 1시간짜리 드라마를 보면 매 장면 장면을 하나하나 자신의 감정을 덧붙여 말하느라 1시간이 넘게 이야기할 수 있는 동물이다. 단지 '누구는 죽고, 그 둘은 다

조화로운 둘이 하나 되는 인연의 합

시 만나서 잘됐어'라는 식의 결과 지향형 줄거리만 말하는 남자와는 완전 다르다. 문제해결을 위해 대화하는 남성과 공감과 위로를 받기 위해 대화하는 여성은 그 대화의 목적부터가 다르기도 하다.

대화의 관심 분야는 때와 상황에 따라 변하는 거겠지만, 변하지 않는 유일한 관심은 당연히 '자기 자신'일 것이다. 보면 볼수록 사주를 보는 것에 빠져들고 마치 중독처럼 또 계속 보게 되는 것은 자신을 잘 알지 못하는 누군가에게서 객관적으로 들을 수 있다는 점이다. 또, 사주를 보는 동안에는 그 이야기의 중심에 자신이 서 있으며 상담자가 줄곧 피상담자에 대한 집중과 관심에서 벗어날 수 없다는 점이 큰 이유이다. 특히 요즘에는 운명결정론적인 상담보다는 카운슬링의 성격이 더 강해지고 있는 추세이기 때문에 이런 대화와 이야기를 하면서 공감을 얻기가 더 쉬워졌다.

아내나 여자친구가 별다른 고민이나 이유 없이 상담을 받는 것에 빠져있다면 혹시 둘 사이에 가슴 깊이 나눌 수 있는 대화가 없었던 것은 아닌지 살펴볼 필요가 있다. 공감을 원하는 여자에게 해결책만 들이밀어 답답하게 한 것은 아닌지, 그 문제해결을 하려는 말이 여자에게는 그리 도움이 되지 않고 어설픈 해결 제시를 통해 자신의 자존감만 만족한 것은 아닌지도 봐야 한다.

또 드물겠지만, 남편이나 남자친구가 자신과 한마디 말도 없이 어딘가로 상담하러 갔다고 하더라도 이것도 문제가 있다. 그 전에 남자에게서 왔었을 수많은 아픔의 신호를 제대로 인지하지 못했기 때문이기도 하고, 조금만 이해가 됐더라면 그런 상담자리는 보통 여자와 같이 싫은 듯 끌려가서 도움을 받는 것이 남자로서 쑥스럽지 않기 때문이다.

남자는 수직적 인간관계에서 오는 공적 스트레스와 사적인 관계에서조차도 이 상하관계를 벗어나기 어려워 많은 스트레스와 말 못 할 갈등을 가지고 마음은 이미 곪아 터져있을 수도 있다. 이럴 때 상대 여성은 칭얼대거나 원하는 것을 해주지 않았다고 떼를 쓰기보다는 그냥 안아주고 웃어주는 모습을 보여줄 수 있어야 한다. 남자는 지치고 힘들어도 그걸 말하기도 또 누군가의 앞에서 울기도 어렵다. 아프다는 것을 말하기 힘들고 익숙하지도 않다. 그리고 차 안에서 혼자 눈물을 흘리는 일은 있어도 한 여자의 남자로서 눈물을 흘리는 모습을 보여주는 건 그냥 '남자의 마지막 자존심'이라고 느껴질 만큼 괴로운 일이다.

그러니, 그동안 봐왔던 모습과 달리 그 남자의 뒷모습만 봐도 그의 상태가 느껴지고, 조금 지쳐 보인다면 따뜻하게 위로하고 안아줄 수 있는 모습을 보여야 한다. 그때야 비로소 남자는 이 사랑을 끝까지 지키고 이어가기 위해 책임감과 남은 사랑을 다할 것이다.

조화로운 둘이 하나 되는 인연의 합

✕ 사랑은 누군가에 의해서 방아쇠가 당겨진다. 그리고 같은 곳을 향해 서로 달리기보다는 때로는 누군가가 끌고 끌려가면서, 또 그 끄는 주체가 바뀌면서 달리는 이어달리기처럼 둘 중 누군가는 더 달려줘야 하고, 남자가 주로 달린다고 해도 여자도 때론 일정 구간 달려줘야 한다. 남자도 숨을 쉴 수 있도록 해줘야 한다. 그리고 남자는 그런 모습을 보여주는 여자에게 자신의 모든 사랑을 바친다. 나를 인정해 주는 유일한 여자, 나를 편안하게 해줄 수 있는 여자라는 확신을 주기 때문이다.

인생을 살맛 나게 해주는
반려자 선택법

       부모님을 선택할 수 없고, 자식을 선택할 수는 없지만, 부부의 연을 맺을 반려자에 대한 선택은 다른 어떤 것보다도 자신의 의지가 관여하는 부분이 많으니 이를 통해서 팔자에 암시된 배우자 운보다 조금 나은 성향과 좋은 사람을 만나 인생을 바꿀 수 있는 가능성은 높다 하겠다. '인생을 바꾼다'라는 것이 집안이나 경제력 등 조건을 말하는 것이 아니라 한 번뿐인 자신의 인생을 살맛 나게 해주면서 자기 역량 다 발휘하고 살 수 있게 하는 짝을 만나는 것이며, 마음이 편안하게 한평생 살 수 있는 배우자를 만나는 것이라고 보면 되겠다.

    먼저 내가 감당할 수 있는 사람인가를 보고, 나를 감당해 줄 수 있는 사람인가를 보는 것 또한 중요하다. '성격이 맞고 안 맞고는

　　　　　　　조화로운 둘이 하나 되는 인연의 합

둘째로 치고 이 성격을 내가 받아줄 수 있는가'라는 문제는 앞으로 몇십 년을 함께 살아야 할 인생의 짝을 찾는 데에 있어서 무엇보다 중요하다. 경제적으로도 마찬가지이다. 젊었을 때 아직 인생을 알지 못하는 나이에 호기로 남자는 술에, 여자는 명품에 눈이 멀어 씀씀이가 커져서 서로가 감당이 안 되는 문제인가, 아니면 이것이 평생 바뀌지 않을 이 사람의 성향인가를 아는 것도 중요하고, 현재는 감당할 경제적 능력이 돼서 이런 소비생활 패턴인 것이므로 수입이 달라지는 환경의 변화가 생기면 그 수입에 맞추어 살 수 있는 사람인가를 파악해 보는 것도 중요하다.

태생적인 성향으로 결정되는 부분도 물론 있으나, 운명을 공부하지 않은 일반 사람이 할 수 있는 가장 좋은 방법은 이성을 선택할 때 성급하지 말아야 한다는 것이다. 조급하고 성급하게 안달이 나서 뭔가가 잘 되는 것을 본 적이 없다. 급하면 결국 사랑도, 일도, 돈도 다 떠나고 남는 것 하나 없게 되기 마련이다.

그래서 적어도 1년의 세월은 만나보는 것이 좋다. 봄, 여름, 가을, 겨울 사계절의 변화 속에서 한 사람의 감정의 깊이와 너비도 변하고, 상대도 변하고 그러면서 관계에 대한 마음도 변해나가는데, 이런 일련의 감정변화의 경험 없이 평생 같이할 사람을 정한다는 것은 급해도 너무 성급할 뿐이다.

또 충분히 싸워봐야 한다. 사람이 좋을 때 안 좋은 사람이 없고, 안 좋을 때 성질이 없는 사람도 없다. 살면서 부딪치게 되는 많은 문제를 같이 해결해야 하는 상황에서 한 사람의 바닥까지 감정을 다 드러내어 싸워보고, 그 사람의 끝이 어디까지인가를 확인해 보는 것은 의미가 있다.

그렇다고 일부러 시비를 걸어 정서적으로 불안정한 또는 미친 느낌을 줄 필요는 없겠지만, 싸우게 되면 그 바닥까지 한번 가보기를 권한다. 그 이후에 그 사람을 볼 때 측은한 마음이 들 수도 있고 미워 죽겠어서 절대 같이 못 볼 인간으로 판단할 수도 있다. 그 판단은 이후로 맡기고 일단 감정을 다 드러내 보자. 정말 고루한 얘기가 될 수도 있겠지만, '비 온 뒤에 땅이 굳는다'는 말은 괜히 생긴 것이 아니다. 이 꼴 저 꼴 다 보며 싸운 커플은 그 함께한 어려운 시기가 있었던 만큼 결속력이 커질 수 있다.

마지막으로 감정의 바닥까지 가보기는 하되, 다른 사람에게는 절대 내가 그렇지 않겠지만, 이 사람에게만은 자존심만은 살려준다는 표현이나 제스처를 보여줄 필요가 있다. 그런 후에는 반드시 상대는 나를 더 이해해 주고 소중하게 생각하는 고마운 마음도 생기기 때문이다.

사람 중에는 자존심이 유독 센 사람도 있지만, 그렇지 않은 보통의 사람이라고 하더라도 그 밑바닥까지 긁히고 싶지 않은 자존

조화로운 둘이 하나 되는 인연의 합

심은 있다. 그 근본이 되는 최소한의 자존심을 자신을 기꺼이 버리고 자신의 본래 성격이라면 할 수 없는 한계를 넘어서면서까지 지켜줄 수 있을 때, 그런 경험을 상대에게 허락했을 때 나는 그 상대의 진정한 동반자, 반려자가 될 자격이 있다.

COMPATIBILITY

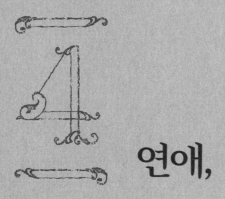

연애,

마음으로 운으로
가득 채우다!

DATING

여자의 독립심을
그리는 손금 지도

영화 《어바웃타임 About Time》에 나오는 남자주인공이 '블라인드 레스토랑'에서 여자를 만나 사랑에 빠지는 장면이 언뜻 생각이 났다. 어두움은 사람을 두렵게 만든다. 그리고 아무래도 남녀가 서로에게 의존하게 된다. 특히, 공포에 가까운 어두움은 여자가 남자에게 의존하게 되기 쉬운 공간이 되며, 남자들의 보호 심리도 자극하게 된다. 이는 곧 여자가 남자에게 사랑받기 좋은 공간이 될 수 있다는 말이기도 하다.

실제로 보통의 남자들은 너무 독립적인 여자보다는 조금은 의존적이고 의지하려는 모습을 보일 때 여자를 더 사랑스럽게 느끼는 경우가 많다. 호감이 있는 여자가 와인을 마시고 어깨로 살짝 기대오는 그녀의 머리를 가차 없이 손으로 밀어버리는 남자를 상상해 본 적은 물론 없을 것이다. 남자는 은근히 다가오며 기대려는 여자에게 한없이 마음이 간다. 그래서 넓은 어깨를 기꺼이 빌려준다. 어쩌면 기대오는 여자에게 어깨를 빌려주기 위해 남자들은 헬스클럽에서 그렇게 많은 단백질을 먹으며 운동을 하는 게 아닌가 싶을 정도로 기대오는 여자의 머리는 지극히 사랑스럽다.

그런데, ✂ 지극히 독립적인 여자에게는 남자가 들어갈 틈과 역할이 없어 보인다. 내가 해결해야 할 문제도 상황도 주어지지 않으니 자기 존재의 의미에 대해서도 확신을 못 갖게 되고, 이 여자에게 뭔가 해줄 수 있는 남자라는 인식도 약해질 수 있다. 남자의 본질은 문제해결인데, 이럴 기회를 주지 않으니 이러한 관계에서 만족감이 들 리도 만무하다.

이렇게 자주적 또는 주체적인 여자들은 보통 혼자서도 어떤 일이든지 잘하는 편이다. 마음 한편에는 누군가에게 기대고 의지하고 싶기도 하겠지만, 실제로 뭐든 스스로 잘하는 편이라 남자가 방치하는 경우가 많다. 내가 굳이 도와주거나 끼어들어 무언가를 해주지 않아도 '알아서 스스로 잘 돌아가는 구조'의 여자로 바라보게 되니 기꺼이 여자를 돕고 아껴주는 유형의 남자는 이런 여자에게 큰 매력을 못 느끼는 경우가 많다. 도리어 여자에게 기대고 의지하려는 남자를 끌어오는 기운이 강하다. 그래서 실제로 그런 남자가 꼬이고 인연이 되는 경우가 많기도 하다.

물론, 여자가 온종일 남자에게 일거수일투족을 보고받길 원하고 종일 전화와 문자나 카톡으로 대화하기를 원한다면 남자는 지

마음으로 운으로 가득 채우다!

친다. 일하는 데 정신없고 바쁜 마당에 나만 봐달라고 하는 집착으로 하루하루가 비슷하게 흘러간다면 곁에서는 받아줄지 몰라도 속은 문드러진다. 심지어 누군가에게 돌봐주기 힘들고 지친다고 하소연하고 있거나, 여자친구가 친구와 함께 멀리 여행을 다녀오거나 자신과 물리적으로 조금 떨어져 있는 상태를 기대할지도 모른다. 또, 결혼한 상태에서 그렇다면 결혼을 후회하고 주위에 결혼하지 말라고 한다거나 혼자 사는 게 제일 편하다고 진심어리게 조언하고 다닐 수도 있다.

그렇다면 나는 독립적인 여자일까? 너무 독립적이고 상대가 들어올 틈을 주지 않아서 이토록 연애도 제대로 되지 않고, 더디기만 한 걸까? 지극히 독립적인 여성의 손금의 특성을 한번 살펴보겠다.

우선 양손을 활짝 펴보자. 그러면 보통 엄지손가락을 둘러싸는 가장 인접하게 돌아가는 선이 하나 보인다. 이 선이 생명선이다. 건강이나 질병, 장수를 보게 되는 데 여기서는 오직 '여자의 독립심'을 보려고 한다. 그리고 그 바로 옆에 손목 쪽으로 비스듬히 내려가는 선이 하나 있는데, 이것이 지능선이다. 본인의 태생적인 적성이나 진로, 또는 일이나 공부를 하는 스타일 등을 판단하게 된다.

이 생명선과 지능선의 끝은 보통 붙어있게 마련인데, '이 두 선이 떨어져 있고 그 간격이 3밀리미터가 넘어간다면 난 지극히 독립적이다'라고 확신해도 좋다. 물론 떨어져 있지 않아도 사주의 심리구조상 독립적일 수도 있으니 손금 끝이 붙어있더라도 너무 안심하거나 환호를 지르지는 말자.

더구나 새끼손가락 아래에서 수평으로 검지 위로 보통은 올라가는 감정선이 지능선과 일자로 된 소위 막쥔금, 원숭이 손금인 경우 여장부, 일복이 터진 여자까지 가게 되니 결혼이나 연애보다는 일에 성공이 우선되어야 연애와 결혼으로 가게 된다.

평소 말할 때 독립심이 하늘을 찌르고 있다고 느낄 만큼 자기주도적이고 밝고 적극적인 여성이 있었다. 갑작스레 손금을 봐달라고 하여 우연히 그분의 손을 본 후 바로 뭔가를 이야기해 줄 수 없었다. 원하는 답을 줄 수 없을 것 같아서였다. 생명선과 지능선이 족히 1센티미터는 될 정도로 떨어져 있는 데다가 그 지능성이 감정선과 합쳐진 '막쥔금'이었다. 결혼이 상당히 늦을 것 같고, 그 전에 일에서 성취를 많이 할 것이며, 결혼 후에도 자기 일이나 사업을 하면서 사회활동을 할 것 같다고만 짧게 말해주었다.

풍수적으로 봤을 때도 집안에서 가장 밝고 매력적인 공간은 외부와 내부의 매개공간인 현관이어야 하지만, 반대로 사랑과 재물이 쌓이는 공간인 침실은 조금 어두워도 되는 공간이다. 음의 기운인 어두운 곳에서 재물이 쌓이고, 심리적으로도 어두움에서 오

마음으로 운으로 가득 채우다!

는 편안함과 안정감은 두 사람 사이를 돈독하게 애정이 돋게 할 수 있다. 그런 의미에서도 조금 어두운 곳에서의 데이트와 아예 불빛이 없어서 눈을 감은 것과 같은 공간인 블라인드 레스토랑을 가보는 것은 두 사람 사이의 연애의 불을 당길 수 있는 촉매제가 될 수 있다. 물론 그 촉매제 이후가 더 중요하긴 하다.

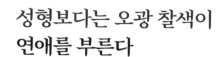

성형보다는 오광 찰색이
연애를 부른다

관상성형이 유행하고 관상을 좋게 하기 위해서 수술을 권하는 시대이지만, 나는 수술을 권하지 않는다. 얼굴을 고쳐도 근본적인 천성이 바뀌는 것이 아니다. 부자가 되고 싶다고 세계적인 투자가 워렌 버핏의 코로 수술을 한다고 해서 금세 부자가 될 수도 없고 부자상이 되는 것도 아니기 때문이다.

다만, 유일하게 강조하는 것은 얼굴의 상처나 흉터를 없애는 것이다. 특히 이마와 명궁(눈썹과 눈썹 사이)의 흉터나 주름을 없애 깨끗하게 만들어주는 시술이나, 시술로 없애는 것이 어렵다면 수술은 해야 한다는 생각이다. 그다음으로 강조하는 것은 피부관리이다.

남녀를 떠나서 피부 빛깔은 생기를 띄고 있어야 하고 안에서

마음으로 운으로 가득 채우다!

빛을 발하는 느낌을 주는 것이 좋은 상의 기본이다. 상처가 없어야 하는 것은 기본이고 기미, 잡티가 없는 상태에서 피부가 밝게 빛나야 한다. 오악이라고 불리는 이마, 코, 양쪽 광대, 턱의 다섯 군데는 빛을 더욱 발해야 하는데, 오광(五光)이라는 말로 표현해서 강조했을 정도로 중요하다.

또 명궁의 찰색이 좋은 동안에는 큰 실패는 없게 된다. 문제가 발생한다고 해도 곧 해결되어 큰 실패로는 가지 않게 되는 것이다. 운이 살아있기 때문이다.

이 찰색, 얼굴빛이라는 것은 몇 가지 색으로 나눌 수 있다. 목, 화, 토, 금, 수라는 오행에 기초한 것인데 파랑, 빨강, 노랑, 흰색, 검은색이다. 이런 색 중에서 파랑, 빨강, 흰색, 검은색은 흉색으로 보고, 노랑만 길색으로 본다. 또 노랑계통으로 홍색계열도 좋은 일이 일어날 암시를 하는 길색이다. 특히 윤기가 있는 노랑과 홍색이 길한 색이다.

자신의 얼굴을 유심히 보면 어떤 빛깔이 나타나는지 보일 것이다. 그리고 그 색에 따라서 조만간 좋은 일이 일어날지 안 좋은 사고가 일어날지를 예측해 볼 수 있다. 이마 중앙과 눈썹과 눈썹 사이인 명궁, 그리고 눈썹 주변과 코의 색을 잘 살펴보고 명예운이나 재물운을 살펴보고 눈 끝 어미와 눈 주변의 색을 살펴 연애와 결혼생활을 알아볼 수 있는 것이다.

좌우 눈꼬리 부근의 색이 연홍빛으로 변하면 새로운 이성이 나타날 가능성이 높고, 부부관계나 연애가 별다른 문제 없이 진행되고 있다고 볼 수 있다. 하지만 청색이나 적색 또는 적갈색의 빛을 띠게 되면 가까운 미래에 부부 또는 이성과 문제가 생겨 이혼 또는 이별을 할 가능성이 높다.

이마는 남녀 공히 명예, 직업을 나타내며 여자의 경우 남편운을 보게 된다. 여자의 이마 색이 흑색을 보이면 남편운이 불길해져서 큰마음의 고통이 올 수 있는 징조이니 주의가 필요하다. 반대로 윤기가 있는 자색(紫色)을 보이면 남편의 일이나 사업이 잘 풀리게 된다. 남자의 경우 이마가 검은색을 보이면 직업적으로 실직을 하게 될 가능성이 높다.

여성들은 얼굴이 하얗게 되는 것을 선호한다. 물론 귀부인 관상의 요건 중 얼굴이 하얀 것도 있긴 하지만 그보다 더 중요한 것은 얼굴이 빛나는 것이다. 어떻게 보면 누구나 자신이 가지고 있는 기본 얼굴의 빛깔이 있는데, 이를 하얗게 인위적으로 만드는 것은 자연스럽지 못하다. 그러므로 얼굴의 빛깔은 본인의 태생적인 모습으로 자연스럽게 두고 얼굴빛에 더욱 관심을 가지는 것이 필요하다.

✄ 얼굴 전체에 윤기가 있는 홍황색의 빛이 나면 부귀공명은 이미 그 사람에게 와 있다. 눈빛도 그렇지만 얼굴에 빛이 나면 그러하다. 자신의 운명과 연애운을 바꾸려거든 화이트닝을 버리고 브라이트닝에 신경을 써라.

마음으로 운으로 가득 채우다!

남자의 지갑 속엔
여자도 집도 있다

사람마다 특성이 있다. 어떤 사람은 아이
디어가 많아서 창의적인 면이 있는 반면에 생각이 많으니 걱정도
많다. 그래서 뭔가 시작을 잘못하고 머릿속에서만 맴돌며 우물우
물 입 밖으로 말을 내지 못하는 사람처럼 진전이 없다. 또 어떤 사
람은 일단 일을 벌이고 본다. 하나만 벌이는 것이 아니라 이것도
벌이고 저것도 하면서 동시에 여러 가지 일들을 같이 진행한다.
하지만 이내 곧 하다가 만다. 작심삼일처럼 매번 시작만 하고 끝
을 보지 못한다. 어떤 사람은 시킨 일이거나 주어진 일은 어떡해
서든 잘 처리하지만, 자신이 주체가 되어 능동적으로 일을 처리
하는 데는 익숙하지도 않고 서툴다.

이런 성향을 가만히 살펴보면 한 사람의 성격에 대한 분석만이
아니라 남자의 경우는 여자에 대한 태도나 운을 알 수 있다. 명리

학에서 재(財)라는 개념이 있다. 사주팔자에서 8개의 글자인 팔자(八字) 중 자신이 태어난 날의 오행이 다른 7개의 글자와 어떤 관계인지를 따져서 재라는 것이 사람마다 있기도 하고 없을 수도 있다.

이런 재라는 개념은 남자에게 있어서는 여자를 의미하고 남녀 공히 돈과 무언가를 관리하고 마무리하는 능력을 말하기도 한다. 그러니 남자에게 있어서 재란 돈과 여자, 무언가를 관리, 통제하고 끝까지 해내는 힘이라고도 할 수 있다.

돈과 여자가 같은 개념이므로 돈을 어떻게 벌고 쓰고 관리하는지를 살펴보면 이 남자가 여자를 어떻게 다루고 어떤 관점에서 바라보는지에 대해 이해할 수도 있다. 돈을 다루는 태도가 여자를 어떻게 생각하고 보는지에 대한 다양한 신호를 보내주고 있는 것이다.

✂ 특히 남자의 지갑을 살펴보면 돈을 오만 원권, 일만 원권 등 금액별로 앞뒤로 맞춰서 정리도 해놓고 영수증을 별도로 관리하면서 깨끗하게 되어있는 사람이 있다. 일단 자신이 가지고 있는 돈을 소중하게 다루고 있는 것이다. 이런 사람은 자기 여자에 대해서도 같은 입장과 생각이기 쉽다. 자신의 여자라고 생각하는 사람을 아끼고 잘 보살펴 주면서 되도록 잘해주려고 노력하는 애처가 타입일 확률이 높다. 재라는 돈이 소중한 것처럼 같은 재인 여자도 소중하니 아껴주고만 싶다.

지갑을 봐도 지갑의 형태가 장지갑이든 반지갑이든, 또는 명품 브랜드의 지갑이든 아니면 평범한 지갑이든 간에 지갑을 깨끗하게 잘 관리하며 쓰는 사람이 있고, 너덜너덜 거의 낡은 지갑에 무심히 별 관심을 가지지 않고 쓰는 경우도 볼 수 있다. 심지어 돈을 지갑에 넣지 않은 채로 꾸깃꾸깃 아무렇게나 여기저기 주머니에 넣고 다니는 사람도 있다.

✄ 돈이라는 것이 남자에게 재라는 의미이고, 또 여자이기 때문에 어찌 보면 지갑은 여자가 있는 공간, 집이라고도 할 수 있다. 여자가 항상 머무는 공간, 집에 대한 남자의 관심과 애정이라고도 볼 수 있겠다. 지갑을 자기 형편에 맞는 것을 구입하되, 그래도 할 수 있는 가장 좋은 것을 쓰는 남자는 자신의 여자가 살 집에 대해서 많은 고민이 있을 수 있다. 형편이 좋지 못하여 좋은 집을 마련해주지 못했다면 미안한 마음을 가지고 있을 것이고, 조금은 남루한 작은 규모의 집이지만 아내를 위해 마련한 집인 만큼 꾸미고 가꾸는 데 관심을 가질 수 있다. 또 언젠가 여유가 생기면 번듯한 집을 아내에게 선물하고 싶다는 애틋한 마음을 가지고 있을 것이다. 그러면서 그것을 목표로 일을 하고 돈을 벌며 사회의 온갖 쓴맛은 이겨내고 견디면서 자신의 책임을 다하려고 사력을 다하는 남자일 수도 있다. 사랑하는 아내를 위한 공간에 대한 배려와 애착을 가지고 있는 남자이다.

낡아 빠지고 일부는 뜯어져 있는 지갑을 쓰는 남자는 단지 패션 감각과 물건을 아껴 쓰는 문제로 보기는 어려울 것 같다. 여자는 자신의 사는 집에 대한 애정이 남자와 다르다. 여자라면 누구나 신혼집에 대한 로망이 있고, 또 신혼이 아니어도 종일 생활하는 공간에 대해 관심을 가질 수밖에 없다. 요리와 청소를 하고 낮에 잠시 쉬고 책과 TV를 보고 아이를 돌보면서 가장 많은 시간을 보내는 곳이 집이기 때문이다.

남자는 밖에서 일하고 늦게 돌아와 평일에는 잠을 잘 뿐이고 주말에 잠시 머물기 때문에 집에 그다지 관심이 많이 생길 수 없다. 이것이 집을 가꾸는 것에 관심을 가지고 있는 여자의 집에 대한 생각에 배려와 마음을 써야 하는 이유가 되기도 한다. 형편에 따라 해줄 수 있는 것은 달라도 꾸준하게 관심을 가지고 이해하려고 해야 하는 것이다. 지갑이 누추하다는 것은 곧 집이 누추하다는 것이고, 방치하거나 관심이 없다는 말이기도 하다.

그러니 상대 남자의 지갑을 잘 보면, 그리고 그 안에 돈이 어떻게 정리되어 있는지를 보면 이 남자가 나를 어떻게 대하겠구나, 여자를 어떤 식으로 대할 가능성이 많은 남자구나 등을 알 수 있게 된다. 단지 연애 초기에 환심을 사기 위해 잠깐 잘해주는 것과 생활이라는 결혼을 하는 것과는 천지 차이이니 잘 살펴보기 바란다.

돈을 지갑에 넣지 않은 채로 꾸깃꾸깃 아무렇게나 여기저기

마음으로 운으로 가득 채우다!

주머니에 넣고 다니는 사람은 일단 여자 알기를 우습게 알고 있을 확률이 높다. 대충 만나고 대충 헤어지면서 살 가능성이 있으며, 그리 자기 여자라는 개념도 약할 가능성이 높다. 만나면 만나고 헤어지면 헤어지고, 그래도 별다른 감흥이니 감정도 없기 쉽고, 오는 여자 막지 않고, 떠나가는 여자에게 별다른 애정과 집착도 없다. 집착이라는 것도 그렇다. 집착이 도를 넘어서면 무섭고 진저리 나는 것이지만, 적당한 집착은 누군가를 통제하고 관리할 수 있다는 것이니 누군가를 관리하고 통제할 수 있는 능력이나 관심이 있어야 자기 여자를 만날 수 있다는 재의 개념과 일맥상통하는 부분이 있다.

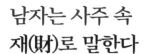

남자는 사주 속
재(財)로 말한다

　　돈이나 지갑을 다루는 남자의 성향을 보는 것 이외에도 이 재라는 개념이 있는 남자인지 없는 남자인지를 알 수 있는 방법이 있다. 재가 없는 것을 무재(無財)라고 하는데, 재라는 것은 결과나 성과의 개념이기도 하다. 그래서 재가 있는 사람은 남녀 공히 야무지고 일의 마무리를 잘할 수 있다. 또 결단력이 있으므로 뭔가 결론을 내는 것에 강하다.

　　그러니 이런 재가 없는 남자는 결단력이 약하고 뭔가 결론이나 마무리를 짓는 것에 약하거나 죽기 살기로 해도 시간이 많이 걸린다. 또 마무리가 약해서 돈 관리가 허술하고 관리가 잘 안되며 물건도 잘 잃어버린다. 돈을 빌려주거나 투자하면 거의 받지 못한다. 돈에 집착하여 작은돈은 아끼지만, 큰돈으로 나갈 일이 생기거나 쓰는 데에 주저하지 않는 면도 있다. 반대로 돈과 여자의

　　　　　　　　마음으로 운으로 가득 채우다!

개념인 재가 없으니 돈이나 여자에게 집착할 수도 있다. 단, 개념 없이 집착할 가능성이 높다. 누구나 자신이 없거나 가지지 못한 것에 대해서 강한 애착, 즉 집착을 갖게 되기 때문이다.

하지만 이 재라는 것이 많다면 조금 다른 상황이 된다. 욕심이 많고 생활력이 강하다. 또 돈을 번다고 벌어도 욕심이 끝이 없어 만족을 모르며, 여자를 보는 눈도 높고 깐깐한 면도 있다. 이 재라는 개념은 편재(偏財)와 정재(正財)라는 두 가지의 재로 나눈다. 다만, 편재가 있느냐 정재가 있느냐에 따라서 같은 재라고 하더라도 바람둥이가 될 수도 있고, 돈이 아까워서라도 바람을 피우는 것은 상상 속에서만 가능한 경우도 될 수 있다.

🎎 우선 편재가 강할 때이다. 돈 버는 수완이 아주 좋고 그러니 남들 보기에는 다소 쉽게 큰돈을 만지는 타입의 남자는 여자를 보통은 이렇게 보기 쉽다. 원할 때 만나고 싫으면 헤어지고 굳이 네가 아니어도 난 또 다른 여자를 어렵지 않게 만날 수 있다는 자신감도 있으니 굳이 내 여자, 내가 사랑하면서 한 여자에 목을 맬 가능성은 현저히 낮다. 그러니까 나쁜 남자로 보이기 쉽고 실제 나쁜 남자로 남을 가능성도 높다.

또, 돈이 되는 일이나 사업에 빠져있을 가능성도 높으니 자기 여자에게 시간을 굳이 많이 내어주는 자기희생적이고 아름다운 데이트를 할 가능성도 낮다. 자기 여자라는 개념마저 없을 수

도 있다. 오는 여자 기꺼이 반기며 받아들이고 그 뒤의 책임 따위
는 거추장스럽기만 하고, 가는 여자 막지 않아도 또 들어오는 여
자에 대한 기대감으로 여자로 인해 그리 마음 아플 일도 없을 것
이다.

　이러한 편재의 기질이 더군다나 돈이 잘 벌리는 등 소위 너무
나도 잘 나가는 경우에는 손만 뻗으면 여자가 있다. 이럴 땐 더욱
진득하니 오래 하는 사랑을 잘 안 찾게 되는 경우도 종종 생긴다.
굳이 나를 위로할 상대를 찾지 않아도 한도 끝도 없이 잘 풀릴 것
만 같이 일에 치이기도 하고, 또 그 성과에 만족하느라 연애 생각
도 별로 없게 되기 쉽거니와, 또 손만 뻗을라치면 바로 연애할 수
있는 환경과 그 자신감으로 굳이 한 사람과 지속되는 연애는 지
긋지긋하게 느껴질 수도 있다.

　✄ 다음은 정재가 있을 때이다. 돈을 소중하게 여기고 잘 관리
할 수 있는 면이 강한 남자는 자기 여자에 대해서도 착실하게 신
뢰를 주면서 아름다운 사랑을 키워나갈 가능성이 높다. 그러니
자기 인생에 여자를 들이고 나가게 하는 것에 신중하기도 하고
일단 들어온 여자에 대한 책임감도 남다를 것이니 여자 입장에서
는 믿고 의지해 볼 만한 미더운 남자라고 할 수 있겠다. 더 나아가
자린고비형의 남자는 돈이 아까워서라도 바람은 피우지 않을 것
이니 여자 입장에서는 안전(?)하기도 하다.

　　　　　　마음으로 운으로 가득 채우다!

'개같이 벌어서 정승같이 쓴다'라는 말이 있다. 제 몸은 아무리 천하게 낮추어 일하더라도 거기에서 번 돈으로 보람 있게 살면 된다는 말이다. 돈을 벌 때는 귀천을 가리지 않고 벌어도 쓸 때는 값지게 쓴다는 뜻이다. 이 말은 재의 개념으로 설명하면 이런 말이 될 수 있을 것 같다. 제아무리 못나고 사랑스럽지 못한 여자라고 하더라도 한 남자를 만나 아끼고 사랑받으며 가다듬어져서 행복하게 살 수 있게 된다고 말이다. 바보를 왕으로 만드는 평강공주의 남자버전을 만난 셈이라고도 볼 수 있겠다.

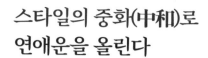

스타일의 중화(中和)로
연애운을 올린다

　　사람을 처음 볼 때 누구나 인상을 본다. 그
것이 관상까지는 아니라고 하더라도 내가 이제껏 살아온 인생에
서의 경험치를 바탕으로 이렇게 생긴 사람은 준 것도 없이 밉기
도 하고, 이렇게 생긴 사람은 왠지 호감이 가서 더 알고 싶고 친해
지고 싶기도 하다.

　한 사람의 얼굴의 눈, 코, 입, 귀 등 각 부위의 생김새, 그 조화와
균형 및 얼굴색인 찰색을 보고 사람의 태생적인 성향과 길흉화
복을 보는 관상의 영역은 전문가에게 맡겨두고, 인상의 관점에서
이성을 봤을 때, 아무래도 첫눈에 가장 빨리 눈에 들어오고 인상
을 결정하는 주된 요소는 아무래도 눈이다. 그리고 눈을 중심으
로 한 눈썹과 코가 가장 눈에 띄며, 실제로 다른 부위보다는 이 부
위가 닮았을 때 서로 닮은 것으로 인식한다는 조사결과도 있다.

　　　　　　　　　　　　　마음으로 운으로 가득 채우다!

처음 이성을 봤을 때 인상은 굉장히 중요하다. 짧은 시간의 인상, 단 몇 초 만의 첫인상이 상대방에게 깊게 남게 되고, 앞으로 혹시 더 만나간다면 그 인상이 머리에 남아 관계의 방향을 좌우하는 주된 요소가 된다. 그리고 그 인상이라는 것은 굳이 얼굴에만 국한되지 않는다. 관상에서도 얼굴과 몸의 상, 체상 및 목소리뿐만이 아니라 걸음걸이, 습관 등에 대한 것도 참고해서 보듯이 인상을 결정하는 것도 얼굴 자체의 잘나고 못나고 조화가 있고 없고 뿐만이 아니라, 눈빛과 말하는 태도와 억양, 음식을 먹는 모양새, 손짓, 옷 스타일 등 모든 것들이 합쳐져서 그 사람의 인상을 결정하게 된다.

남녀 간의 만남에서도 전혀 신경 쓰지 않은 옷차림과 매무새는 상대에게 무시받고 있는 듯한 느낌마저 줄 수 있다. 메이크업을 과하게 하는 것을 싫어하는 남자라고 하더라도 자기를 만날 때 민낯으로 나오는 것보다는 평소 하던 것보다는 조금 더 눈화장을 한다거나 펄을 뿌려주는 것을 좋아할 수 있다. 나를 만나기 위해 예쁘게 하고 나왔다는 인상은 자신을 호감으로 대하고 있다거나 잘 보이려는 마음이 있어 보여서 사랑스럽게 보이기 때문이다.

첫인상은 강렬하고 오래 남는다. 그리고 전혀 제대로 알지 못하는 상대를 한순간에 판단하는 기준이 된다. 이제껏 살아오는 동안의 인생관, 가치관, 소신은 말할 것도 없고, 살아오면서 쌓아온 이력과 재산의 정도도 한순간 무기력하고 의미 없게 만드는 것이 첫인상이다.

이 첫인상에는 미모를 떠나서 얼굴의 인상도 중요하고, 말하는 내용도 내용이지만, 말을 전달하는 표정과 몸짓, 음성의 톤과 말의 속도도 곧 한 사람의 인상이 된다. 하지만, 어떻게 보면 이것은 다음 스텝의 인상이고, ✂ 첫 번째 인상은 아무래도 천둥의 소리보다 번개의 빛이 먼저 오듯이 시각적으로 첫눈에 들어오는 이미지이다. 그리고 이 이미지를 가장 강렬하게 바꿀 수 있는 것은 색상과 형태이다. 흔히들 여성들이 소개팅이나 맞선에 나갈 때 어떤 격이 있는 옷으로 어떤 색을 골라 입을까 고민하게 된다. 어떤 옷을 입었느냐에 따라 말이나 행동을 하는 스타일도 달라지게 되므로 더 중요하게 생각하게 되는 것이다.

하지만 여자들이 오해하는 것이 무조건 빨강이나 핑크의 색이 연애를 부른다고 착각하는 것이다. 물론 따뜻하고 강렬한 색은 상대를 쉽게 끌어당기기는 하지만, 우선 자신의 스타일과 성향에 맞는 옷 스타일이나 컬러를 선택하는 것이 좋다. 그리고 임팩트가 있는 것이 좋다.

전체적으로 자신이 여성적인 느낌이 너무 강하다면, 고상하고 우아한 액세서리나 레이스가 강한 여성적인 옷을 입기보다는 조금 반대되는 선이 살아있어 직선적이고 옷의 면이 강조된 것을 입는 것이 좋고, 반대로 남성적인 느낌이 강하다면 헤어스타일은

마음으로 운으로 가득 채우다!

짧게 하는 것이 어울린다면야 어쩔 수 없지만 되도록 조금 길러 보고 컬을 주고 부드러운 느낌을 주는 것이 좋다. 또, 짧더라도 컬이 들어간 헤어스타일로 보완하는 것이 ✖ 음양의 조화이고 한쪽으로 치우친 자신의 외적인 음기나 양기를 중화(中和)시켜서 시각적인 안정뿐만이 아니라 남자로 하여금 매력을 느낄 수 있는 이미지를 만들 수 있다.

전체적인 인상이 음기가 가득하여 어둡고 침울해 보이는 사람은 머리를 다소 짧게 하고 스트레이트나 굵고 긴 컬을 하여 양의 느낌을 보완하는 것이 좋다. 얼굴에 양기가 가득하여 강해 보이고 첫인상이 상대에게 부담을 준다면 머리를 조금 길러 컬을 넣는 것도 부드러운 느낌을 주어 음양의 균형을 찾는 방법이 될 수 있다.

몸매는 나올 때는 나온 것이 양이고, 들어갈 곳은 제대로 들어간 것이 음이다. 산꼭대기에 올라 저 멀리 산세를 바라볼 때 아름다운 것은 산의 능선과 산골짜기가 하나의 선으로 이어진 듯 위로 아래로 흘러가는 흐름이 있기 때문이다. 여자의 신체가 곡선이 별로 없고 일자형 몸매(양의 몸매)라면 옷을 입을 때 오히려 라인이 살아있거나 허리라인을 강조하고 위아래는 조금 퍼져 인위적으로라도 라인감이 살아있게 입는 것(음의 스타일)이 좋다. 몸의 곡선미가 발달한 여성의 경우(음의 몸매) 몸매가 다 드러나는 옷을 입어 라인을 강조하기보다는 박시(boxy)한 핏의 옷을 입는 것(양의 스타일)도 반전매력을 강렬하게 보일 수 있다.

    음이 지나치면 침울하다. 양이 지나쳐도 불안하다. 극한 음은 극한 양을 찾는다. 신체의 조절기능처럼 자연스럽게 중화되려고 하는 특성이 있기 때문이다.

    운동으로 다부지게 다져진 몸을 가지고 있는 운동선수가 산 정상에 올라가 땀을 비 오듯 흘리고 거친 숨을 헐떡거리면서 야성적으로 크게 소리 지르는 것은 어떻게 보면 그리 아름답지 않다. 남성미인 양이 너무 과도하게 갔다. 정도가 넘쳤다. 야성적이고 남성적이긴 하지만, 너무 극단적이다. 또 우락부락하게 생긴 남자가 허머(Hummer 사륜구동의 남성적인 지프형 차량)를 몰고 다니는 것도 마찬가지이다. 양기로 가득 찬 남성이 단단하고 직선적이며 다소 투박하지만 힘이 있는 차 허머를 탄다는 것은 양이 양을 만나 너무 극단적으로 치우쳤다. 그러면 아름다울 수도 임팩트를 주기도 어렵다. 아무리 터질 듯한 근육을 가지고 있는 양기 가득한 남자라고 하더라도 근육을 살짝 가려주고 라인이 살아있게 아래로 쳐진 듯한 카디건이나 부드러운 소재의 옷을 입는 것이 오히려 더 인상적이다. 양이 음을 만나 중화되어 강렬한 인상을 만들기 때문이다.

    가늘고 길고 라인이 있고 레이스가 있는 것은 여성적인 음의 기운이고, 굵고 짧고 직선이고 각이 지고 단순한 것은 남성적인

          마음으로 운으로 가득 채우다!

양의 기운이다. 이런 음양의 기운은 한쪽으로 쏠려서는 안 되고 그 조화가 되는 것이 중요하다. 또, 사주라는 것도 한쪽으로 치우친 오행이 중화가 되는 것이 좋은 운으로 나타나는 것이다.

✂ 모든 것은 음양의 조화가 잘 되어 중화되어야 아름답기도 하고 운도 트이게 할 수 있는 환경을 만든다. 사람을 새로 만났을 때 운이 트인다는 것은 상대에게 자신을 어필하고 그 매력으로 좋은 관계를 만들어갈 수 있다는 것이기도 하다.

성공의 기억과 감정으로
만남의 자리에 나선다

법 앞에 만인이 평등하다는 말은 법 앞에 만인이 평등했으면 하는 소망이고, 법의 본래 취지일 뿐이다. 직업에 귀천이 없다는 말도 어떤 직업을 가지고 있건 사람은 본래 존엄하기에 그 직업으로 귀함과 천함을 따져서는 안 된다는 말이지, 우리는 직업이라는 것에 대해서도 알게 모르게 귀천을 인식하면서 살아가고 있다.

소개팅이나 다른 자리에서도 새로운 누군가를 만날 때 상대에 비해 자신의 이력이 미천하게 느껴질 수 있다. 사람마다 천성과 타고난 능력, 살아오면서 집중하고 많은 시간을 쓰면서 보냈던 분야가 다르기 때문에 현재 삶의 모습은 어떤 면에서 서로 확연히 다르다. 그런 것을 감안하더라도 자신이 상대에 비해 보잘것없이 느껴져 어쩌면 만나서 거절당하거나 무시당할지도 모른다

마음으로 운으로 가득 채우다!

는 생각이 머릿속을 꽉 채우게 될 때가 있다. 과거에 누군가에게 대놓고 또는 알 듯 모를 듯 무시당했던 아픈 기억이 머리 한구석에 자리 잡고 있어 그 기분이 얼마나 처절한지 잘 알고 있기에 벌써부터 불쾌한 마음이 들 수도 있다.

누군가를 만날 때 이런 마음이 든다면 일단 위험하다. 기가 눌려있고 주눅이 들어있다는 것은 자신감 없이 당당하지 못하다는 것이다. 당당함이 없는 당신에게 상대방이 매력을 느낄 수 없음은 당연한 일이다. 심리적으로 위축이 되면 무의식적으로 불안한 상태가 지속되고 그런 상태에서는 자신의 실력을 십분 발휘할 수가 없다. 마음이 안정되고 편안한 상태가 되어도 첫 만남은 다소 긴장하기 마련인데, 이런 마음의 상태로는 거의 백전백패다. 안 만나느니만 못한 결과가 나올 것은 자명하다.

이럴 때는 자신감을 가지고 편안한 상태가 되기 위해 비록 작은 것이라고 할지라도 자신이 과거에 뭔가를 성취하고 성공했을 때의 모습을 기억해 보는 것도 도움이 된다. 누구나 일이 잘 풀릴 때가 있고 뭘 해도 안 되는 시기를 겪게 마련이다. 그리고 작은 성취였다고 해도 성공해서 기분이 들떴던 경험은 있을 것이다.

일이 풀려 성공했다는 경험이 중요한 것은 그 성공했던 경험에서 오는 자신감이 지금 하고 있는 일에서 자신에게 긍정적인 결과를 줄 수 있다는 확신을 주기 때문이다. 그리고 보통 그런 확신은 성공으로 자신을 이끌어 준다. 그렇기 때문에 반대로 실패했다면 한 박자 쉬어야 한다. 그 마음으로는 부정적인 생각이 머릿속에 계속 맴돌아 실패의 늪에 빠질 것이 분명하기 때문이다. 성공이건 실패건 관성의 법칙이 있어 한 번 성공하면 계속 성공하고 한 번의 실패는 그 실패도 씁쓸하지만 앞으로 더 큰 실패가 생길 가능성을 높여가기에 위험하다.

✂ 성공한 경험의 기억을 충분히 생각했다면 그다음은 자신이 가장 편하고 좋아하는 옷을 입고, 시계, 볼펜, 노트 등의 소지품 하나쯤을 가지고 가는 것이다. 새 옷과 새 구두를 신고 가는 것도 좋을 수 있지만, 몸에 익숙하지 않기 때문에 불편해서 괜한 신경을 쓰게 될 우려가 있어 좋지 않다.

소지품은 자신이 가장 좋아하고 즐기는 것으로 한다. 누구나 즐기는 소지품 한두 개쯤은 가지고 있을 것이다. 그 소지품은 이제껏 써 오면서 자신과 많은 경험을 함께한 물건이다. 그 소지품은 성공이나 실패를 했었을 때의 다양한 감정도 기억하고 있다. 함께 해왔다는 것은 익숙하고 편하다는 것이기 때문에 아무래도 심리적 안정을 줄 수 있다. 자신의 물건이나 애장품에 둘러싸인 공간에 있을수록 우리는 더 편한 안락감을 느낄 수 있는 것처럼 상징적인 소지품 하나만으로도 의지할 수 있는 구석이 생긴 셈이다. 여성이라면 목걸이나 반지, 귀걸이 중에서 특히 마음이 가고

마음으로 운으로 가득 채우다!

자신에게 잘 어울리는 것을 고를 수도 있겠다.

성공했을 때의 기억과 감정으로 자신감을 가지고, 오랫동안 써 왔던 마음에 드는 소지품으로 편안함마저 무장할 수 있다면 그 누구라도 한번 상대해 볼 만하게 느껴질 것이다. 그런 당당함이면 이미 '시작이 반'으로 반쯤은 성공한 셈이기도 하다.

음양의 조화로
데이트 장소를 정한다

세상의 모든 것은 음과 양, 그리고, 목화 토금수라는 오행으로 구성되어 있다. 태양이 가득한 봄이나 여름 낮의 따뜻하거나 때론 더운 날씨에 가벼운 차림으로 밝고 역동적으로 움직이는 것은 양의 모습이다. 서늘하거나 추운 가을이나 겨울밤의 어둠을 무거운 코트를 입고 다소 처진 듯 천천히 걸어가는 것은 음의 모습이다.

사람과 장소 사이의 관계에서도 마찬가지이다. 우선 사람도 음과 양으로 나눠볼 수 있다. 사주적으로 '음의 사람'과 '양의 사람'을 나눌 수도 있고, 관상적으로도 음기가 강한 사람과 양기가 강한 사람으로 구분할 수 있다.

얼굴에 우울함이 묻어 있고 항상 주눅이 들어있으며, 웃음기라고는 찾아볼 수 없는 사람, 얼굴에 화기가 없어 살아있다는 느낌

마음으로 운으로 가득 채우다!

마저 들지 않고, 같이 있으면 기운이 점점 다운되는 것 같게 느껴지는 사람은 음기가 강한 사람이다. 표정이 많지 않고 차분하게 맡은 바 일에 묵묵히 임하며 소임을 다하는 것도 음기가 강한 사람의 모습이다. 또 음기는 잘 참고 인내하고 견디는 것에 강하기도 하다.

음은 차분하고 온순하며, 부드럽고 얌전하며 예의 바르다. 또 가정적이며, 절약하고 양보하는 미덕이 있고, 세심하다. 안정과 안전을 좋아하여 모험, 투기 등에 그다지 관심이 없고, 언행이 단정한 것이 장점이다. 단, 내성적이며 결단력이 부족하고 어려움을 극복하는 강인성이 부족하며 다소 의존적이다. 또 보수적이며 좀 잘고 소극적이고 의심이 많으며 집요하고 꽁하고 겁이 많아 배짱이 없는 것은 단점이라고도 할 수 있다.

반면에 항상 밝고 웃음이 가시지 않고 표정이 많으면서 자기표현도 잘하는 사람, 솔직한 자신의 감정을 드러내는 것에 자연스러우며 다양한 사람을 만나는 것을 즐기는 사교적인 면이 강하고 집에서는 답답해서 오래 있지를 못하는 사람은 양기가 강한 사람이다. 활동적이고 정열적으로 추진력 있게 일을 밀어붙이면서 때론 흥분하고 가끔 윽박지르는 스타일도 양기의 모습이다.

양은 개방적이고 활동적이므로 가정적이라기보다는 사회적이고 남에게 의존하려 하지 않으며 독립심이 강하다. 또 부지런하고 솔선수범하며 강하고 배짱과 결단성이 있으며 용맹스러운 장점이 있다. 반면에 섬세한 사고력이 부족하고 침착하지 않으며, 양보심이 적고 자신감이 지나치고 개혁을 좋아하고 급하며 단순하고 낭비적이고 무모한 면이 있다. 또 투기적이고 모험적인 것을 좋아하고 겉치레와 체면만 세우려 하며 자기 위주로 지배하려는 등의 단점이 있다.

✄ 이렇게 자신의 스타일을 음기와 양기로 나눴다면 장소는 이와 반대되는 기운의 장소를 찾아야 한다. 곧 음기가 강한 사람은 양기의 공간을 찾아 그 기운을 중화시킬 수 있도록 하고, 양기가 강한 사람은 음기의 장소에서 그 음양이 균형을 찾아 자신의 매력이 돋보이도록 해야 한다.

장소에도 음과 양이 있다. 작고 나지막한 건물은 음이고, 크고 직선적인 건물은 양이다. 부드러운 곡선으로 라인감 있게 올라간 모습은 음이고, 장방형으로 쭉 뻗어 올라간 모습은 양이다. 내부 공간도 조금 어둡고 클래식한 느낌을 주면 음이고, 밝고 화사한 모던인테리어면 양이다. 어둠이 깔린 바에서 재즈를 듣고 있으면 괜히 감상에 젖고 생각이 많아지는 밤이 된다. 음의 기운이 생긴 것이다. 화창한 봄날 야외에 나가서 맑게 갠 하늘을 보고 땅에서 갓 솟아나는 꽃들을 볼 때는 삶에 희망도 생기고 욕심도 생긴다. 양의 기운이 동한다.

사람 자체의 음과 양의 기운이 공간에서 중화되어 나타날 수

마음으로 운으로 가득 채우다!

있을 때, 자신의 매력을 돋보이게 할 수 있고, 상대에게 잊히지 않는 기억을 각인시켜줄 수 있다. 그러니 자신이 음인지 양인지에 대한 판단을 한 후에는 그와 반대되는 기운이 있는 공간에서 처음 사람을 만나 자신의 매력을 발산할 필요가 있다.

사람을 만날 때도
운 좋은 자리가 있다

　　풍수라는 것은 바람 풍(風)에, 물 수(水)가 합쳐져서 만들어진 말이다. 모질고 강한 바람은 피하지만, 공간이 빡빡하지 않고 여유가 있어서 좋은 기운이 생기고 그 흐름이 만들어질 수 있어야 하며, 물을 담아둘 수 있는 자리가 되어야 농사짓기 좋은 환경이 되므로 과거 농경을 기반으로 생활하던 시대에 그만큼 바람과 물이라는 요소가 중요했다는 말도 된다.

　　사람을 만날 때도 이런 풍수의 개념은 있다. 특히 처음 만나게 되는 사람과의 '장소'는 그 사람 얼굴의 인상, 옷차림, 음성의 톤, 말투, 몸짓, 습관과 함께 마치 아우라(Aura)처럼 한 사람의 느낌을 단번에 만들 수 있다. 어떤 사람을 처음 본 장소도 그만큼 중요한 것은 누군가를 기억할 때 그 사람과 있었던 장소를 따로 떼놓고 생각할 수 없기 때문이기도 하다. 사람에 대한 기억은 그 사람과

　　　　　마음으로 운으로 가득 채우다!

함께한 장소와 같이 저장된다.

보통 카페에서 사람을 만나는 경우가 많은데, 반드시 피해야 할 테이블이 있다. 보통 사람들이 선호하는 자리와도 통하는 면이 있겠지만, 일단 화장실과 가까운 테이블은 최악이다. 화장실로 드나드는 사람들의 잦은 이동으로 시선이 분산되어 대화하는 사람과의 이야기에 집중하기가 어렵고, 화장실 문에서 가까운 맞은편 테이블이라면 문을 여닫을 때 보이는 화장실 내부가 그리 유쾌할 리가 없다. 카페는 분위기 있는 곳에서 커피나 차와 함께 대화를 편안하게 할 수 있는 곳인데 하물며 공중화장실이 아무리 깨끗하다고 한들 문이 열리고 닫히면서 언뜻언뜻 화장실 내부를 본다는 것은 시선이 자꾸 분산되거나 유쾌하지 않은 느낌을 줄 수 있고, 운이 좀 안 좋다면 불쾌한 냄새까지 스멀스멀 나와 코끝을 찌를지도 모른다.

큰 규모의 카페인 경우, 2층까지 통으로 쓰기도 하는데 이때 2층에 있는 테이블이 1층으로 내려가는 계단을 마주 보고 있는 경우는 사람의 이동도 이동이지만 문과 1층에서부터의 기운이 순화되지 못하고 바로 들어오는 자리이므로 좋지 않다. 심리적으로도 안정이 안 되는 자리이기 때문에 불안함도 있을 수 있다. 마치 복도에 책상을 놓고 일하는 회사원의 모습처럼 집중하기도 안정감을 찾기도 어려운 자리이다.

또 1층에서도 문에서 직선상에 바로 마주 대하는 테이블도 도로에서부터 들어오는 모진 기운이 바로 들어오는 자리이므로 흉하여 피하는 것이 좋다. ✄ 가급적 문에서 대각선 방향의 안쪽 자리가 심리적으로도 안정감과 편안함을 주어 상대와의 대화나 만남에 집중하기 쉬우며, 풍수적으로도 문에서 대각선 방향의 공간은 사랑과 재물이 쌓이는 자리로 길하다. 2층이라면 계단으로 올라와서 보이는 공간의 대각선 부근이 좋은 자리라고 할 수 있다.

그 외에도 다 마신 커피잔이나 종이 잔을 정리하고 쓰레기를 버리는 곳 주변은 앉지 말고, 내부에 큰 기둥이 있어 강한 기운이 내려오는 자리 옆도 피하는 것이 좋다. 보통 건물의 중간에 있는 기둥은 건물을 세우기 위해서 구조적으로 힘을 받는 내력기둥인 경우가 많으니 더 그렇다.

자리에 앉아서 문과 카운터가 편안하게 보이고 앞이 막혀 있지 않은 테이블이라는 조건을 기본으로 한 상태에서 위에서 말한 내용을 따라 자리를 잡는다면 만남과 성과의 성패를 좌우하는 첫 만남에서 보다 강렬한 매력과 인상으로 좋은 결실을 맺을 수 있을 것이다.

마음으로 운으로 가득 채우다!

상대를 정면으로
마주하는 위치는 피한다

　　자신의 매력을 어필할 수 있는 공간의 자리를 찾았다면 그다음은 서로가 어떻게 앉아서 상대를 바라보는 것이 가장 적절할까 하는 자리 배치를 생각하는 것이다. 이때 특히 처음에 사람을 만나는 자리에서 서로의 눈을 바로 맞은편에서 바라보는 자리는 피하는 것이 좋다.

　　눈 이야기를 할 때면 '마음의 창'이라는 말을 할 만큼 단지 가만히 바라보는 것만으로도 내면을 가장 잘 알 수 있는 신체 기관이다. 말을 하는 입이야 그 내용과 소리의 느낌을 통해 많은 것을 전달받을 수 있는 것은 어찌 보면 당연하지만, 눈으로 상대를 읽고 많은 이야기와 신호를 알 수 있다는 것은 놀라울 정도이다. 희로애락의 많은 감정을 눈을 통해 느낄 수도 있고, 사랑과 미움, 질투와 시기 등 격앙되고 흥분된 마음의 상태도 가장 빨리 드러난다.

사람을 처음 볼 때 얼굴을 알지 못한다면 약속장소로 오는 상대가 맞는지 아닌지 살펴보면서 자신 쪽으로 다가오는 상대의 전체적인 이미지로 일단 판단한 후 얼굴을 보고 가장 먼저 서로를 인지하면서 보게 되는 신체 부위도 눈이다.

서로의 눈을 차분하게 바라보면서 사랑의 감정을 느끼기도 하지만 어색함이나 불편함, 또는 그런 처음의 낯섦을 떨쳐보려고 어설프게 반응하는 모습이 자연스럽지 못하게 보이게 될 확률도 높다. 그런 눈도 마주치지 못하는 상대의 모습이 순수하게 느껴지거나 진정성 있게 보여서 호감으로 나타날 수도 있지만, 일하는 경우라면 다소 전문적이지 않게 보일 수도 있다.

우리나라처럼 인사에 인색한 사람들도 없다. 일례로 미국인들은 엘리베이터에서 전혀 모르는 사람을 만나도 눈이 마주치면 인사를 하고 적어도 눈인사 정도는 하지만, 우리는 길을 가다가 눈이 마주쳐서 '상대가 자신을 보고 눈을 깔지 않아서' 때렸다는 둥, '자기를 쳐다봐서' 싸우게 되었다는 둥 눈으로 인해 적대시되는 느낌을 가지고 서로 대결하는 구도라고 느끼게 되는 경우도 많은 것 같다.

서로의 눈을 맞은편에서 바로 마주 대하는 위치는 마치 샅바를 잡고 서로의 어깨를 밀어붙여 대면서 도전하고 경쟁하는 구도의 위치이므로 일단 불편하기 쉽다. 서로의 마음이나 성향을 어느 정도 파악한 후에는 상대의 생김새나 표정을 잘 볼 수 있어 마주

마음으로 운으로 가득 채우다!

대하는 자리도 정겨울 수 있지만, ✂ 첫 자리는 마주 대한다고 해도 대각선 자리에 앉거나 되도록 원형 테이블에 어슷하게 앉고, 사각형 테이블이라면 자음의 '니은(ㄴ)' 자로 앉는 것이 심리적으로도 불편하지 않을 수 있다.

심리적으로 상대에게 크게 부담을 주지 않으면서 편안한 마음으로 대화를 할 수 있는 위치이기 때문에 이야기가 좀 더 진전될 확률이 높다고 할 수 있다. 처음부터 너무 강하게 자신의 사적 영역이나 일적 관계로 밀고 들어오려고 하는 것은 누구나 부담스럽다. 자신만의 관계영역이 있고, 자신만의 관계를 맺는 속도가 누구에게나 있기 때문이다. 또 자신의 사적 영역이라고 생각되는 정보에 대해서도 사람마다 그것을 이야기하는 속도는 분명히 다르다. 물론 상대가 자신의 사적인 정보에 대해 이런저런 이야기를 먼저 해 온다면 자신도 그에 상응하는 마음을 여는 모습을 보여줘야 한다. 하지만, 잠깐 만나서 당장 결과를 봐야 하는 일이 아니라면 조금 느긋하게 상대를 기다려주는 배려도 상대의 마음을 움직일 수 있는 큰 힘이 된다. 그 힘은 이런 사소한 자리 배치에서도 온다.

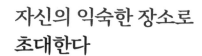

자신의 익숙한 장소로
초대한다

익숙하다는 것은 마음이 안정된다는 것이다. 마음이 안정되어야 자신의 가장 편안하고 자연스러운 모습을 상대에게 보여줄 수 있다. 첫 만남이 어색하거나 다소 낯설 수 있다는 생각이 들면 상대가 정하는 장소에 가기보다는 자기가 익숙한 곳에서 만나는 것이 좋다.

전문적인 모델이 아닌 일반인이 프로필 사진을 찍을 때 다양한 표정과 자세를 취하면서 자연스럽게 찍는다는 것은 여간 불편하고 어려운 일이 아니다. 해본 적도 없으니 일상적이지 않아 불편하다. 하지만 편하게 말을 걸어준다거나 자연스럽게 움직이게 하면서 그 순간순간을 찍는다면 그것은 그렇게 어렵지 않다. 일단 편안하기 때문이다.

거기에 장소가 자기 집 근처나 사무실 등 평상시 자주 이용하

마음으로 운으로 가득 채우다!

는 곳이라면 이야기는 더 달라진다. 한층 더 안락한 마음까지 갖게 되어 자연스러운 자신의 표정과 자세가 나올 수 있다.✘ 일단 무슨 일이든 자연스러운 자신의 모습이 편하게 나올 수 있는 환경을 만드는 것이 가장 중요하다. 자연스러움은 당당함에서 나오지만, 당당함이 다소 결여될 것 같을 때 자연스러운 공간이라는 환경은 알게 모르게 그곳에 있는 사람에게 영향을 미쳐서 편안함을 주니 자신감도 생기기 때문이다.

자신이 익숙한 장소라는 곳은 아무래도 그동안 몇 번은 이용했을 것이다. 자신의 물건이나 추억이 고스란히 담겨있는 공간은 심리적으로도 안정감을 주고 편안함을 줄 수 있다. 자신은 잘 알고, 상대는 익숙하지 않은 장소에서는 아무래도 상대가 자신에게 의존하는 면도 나타날 수 있다. 그렇게 되면 일단 자기가 주도하여 이야기를 이끌어갈 수 있으니 자연스럽게 대화할 수 있는 분위기를 만들었다고 할 수 있다.

일종의 '초대'라는 개념인 것이다. 누군가를 자기 집으로 초대한다는 것은 호의를 가지고 자신이 사는 모습을 보여주고 편안하게 상대를 만나보고 싶다는 의미이기도 하다. 굳이 집이 아니라고 하더라도 자신의 사무실에 초대하는 것도 사적 영역에 들어올 수 있을 만큼 당신을 배려하거나 생각하고 있다는 의미도 있다.

하지만 이런 호의가 아니라고 하더라도 첫 만남을 자신의 공간에서 한다는 것은 자신이 리드하여 주도적으로 끌고 가기에 좋은

장소이다. 또 자기 공간에 있는 인테리어를 비롯한 일이나 삶의
모습들을 상대에게 보여주어 보다 빠르게 상대에게 나를 긍정적
으로 이해시킬 수 있는 기회를 얻는 것이기도 하다.

마음으로 운으로 가득 채우다!

잠자리를 바꾸면
연애운이 찾아온다

사람이 집을 짓지만, 그 집이 사람을 만든다는 말이 있다. 사람과 사람이 만나면서 기를 주고받듯이 이렇게 사람과 공간 사이도 기를 주고받는다. 누구나 어떤 공간에 가면 편안함을 느끼고 어떤 공간에서는 마음이 편치 못하다. 일반적으로 보통 사람들이 공통으로 느끼는 부분이 있기도 하고, 특정 사람에 따라 좋은 공간이 나쁜 공간, 답답한 공간이 은밀한 공간이 되기도 한다. .

이렇듯 공간이 사람의 마음과 행동을 지배하기 때문에 이 공간을 바꾼다는 것은 자신이 변화할 수 있는 요소가 된다는 뜻이다. 그래서 요즘 아파트나 오피스텔 등 집단 거주 시설의 주어진 환경에서 가구 배치나 소품, 장식품으로 기의 순환을 좋게 하고 좋은 기운을 머물게 하는 풍수인테리어에 대한 관심이 커지게 된 것이다. 그러니 공간에 변화를 꾀하여 인생을 변화시킬 요소를 만드는 것이다.

한 라디오 생방송에서 영화《관상》에 대한 이야기를 하던 중 진행자가 아주 날카롭고도 중요한 질문을 해왔다. "생긴 대로 노는 겁니까? 노는 대로 생기는 겁니까?" 결론적으로 말하자면 생긴 게 그러하니 놀게 되고, 놀다 보니 더 그렇게 생기는 순환구조가 이루어진다고 할 수 있다. 노는 것 자체를 가지고 선과 악으로 말하기 어려우니 선순환 또는 악순환이라고 말할 순 없겠다.

✄ 이런 관상과 마찬가지로 공간은 사람을 만들고, 사람이 만든 공간은 또한 사람을 변화시켜 그 사람의 미래를 다르게 할 수 있다. 즉, 공간이 사람의 심상(心相)에 영향을 미친 것이다. 그러한 변화 중에서도 사랑, 애정적인 변화를 위해서는 우선 침실을 주목할 필요가 있다.

우선 침실의 주인은 침대여야 한다. 다른 가구에 의해서 중압감이나 기가 눌린 듯한 느낌을 받아서도 안 된다. 보통 침실에는 붙박이장이 크게 들어가 있어서 그 중압감에 의해서 침대에 앉거나 누웠을 때 마음이 편치 못하고 뭔가 억눌리는 느낌이 들기 쉬운데, 그렇다면 반드시 붙박이장의 위치를 바꿔주거나 규모를 작게 만들 필요가 있다.

또, 그 붙박이장이 주는 위압감이라는 것은 그 장의 깊이에 의

　마음으로 운으로 가득 채우다!

한 것이라기보다는 문짝의 폭에 의해서 답답함을 주기 쉬우므로 문짝의 폭이 다소 좁은 장을 선택하는 것도 방법이라고 할 수 있다. 요즘에는 문짝의 폭이 좁은 붙박이장을 많이 볼 수 있지만, 예전에 설치된 장을 보면 한결같이 답답하며 침실의 주인행세를 하고 침대를 누르고 있는 모양새가 많다.

사랑에 아파하고 하지만, 또 다른 사랑에 대한 기대와 조바심을 가지고 있는 사람들이라면 지금 당장 자신의 침대에 앉아서 주변을 둘러봐야 한다. 또, 누워봐라. 뭔가 답답하거나 주변 가구들에 의해서 위압감이 든다거나 불편하다면 그 주변을 충분하게 정리할 필요가 있다. 더군다나 침대의 머리맡이 서쪽을 향하고 있다면 이는 설상가상 연인 없이 살려고 작정하고 기도하는 마음과도 같으니 부디 이왕 정리하는 김에 같이 정리해 보도록 하자.

DATING

5

인생,

나를 알고 상대를 읽어내면
행복한 사랑을 한다!

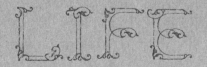

태어난 해가 아니라
태어난 날이 핵심

　　흔히 운세를 개략적으로 본다고 했을 때, 보통 태어난 연도를 중요하게 본다. 그러니까 띠를 따져서 운세를 보는 것이다. 쥐띠는 약삭빠르고 눈치가 있다고 한다거나 소띠는 종일 일만 하니 일복이 많다거나 여자 말띠는 세다거나 하는 것 등이 그것이다. 하지만, 간략히 운세를 본다고 하더라도 가장 중요한 것은 태어난 해가 아니라 태어난 날짜이다.

　　사람은 누구나 태어난 날이 다섯 가지 기운 중 하나로 태어난다. 즉 나무, 불, 흙, 바위, 물의 다섯 가지 중의 하나로 태어나는 것이다. 그리고 이 기운이 음(陰)과 양(陽)이라는 두 가지의 기운을 만나게 되니 양의 나무와 음의 나무, 양의 불과 음의 불, 양의 흙과 음의 흙, 양의 바위와 음의 바위, 양의 물과 음의 물, 10가지 기운 중의 하나로 태어나는 것이다.

✖ 태어난 날은 사주로 봤을 때 곧, 자기 자신을 의미하기도 하고 이는 운세를 파악하는 기준이 되기도 한다. 운이라는 것과 인생이라는 것은 자신의 태생적인 성향에 의해 많은 부분이 결정된다. 태어난 천성에 의해 인생의 여러 가지 사건에 대응하고 선택하면서 자신의 인생, 곧 운명을 만들어 간다.

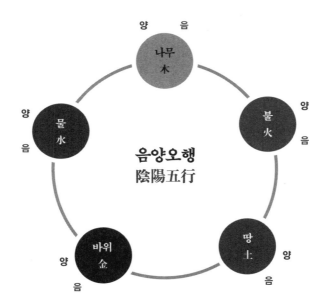

　　　　　　나를 알고 상대를 읽어내면 행복한 사랑을 한다!

이런 운명을 만드는 가장 중심이 되는 것이 태어난 날이기 때문에 태어난 날에 대한 이해가 없이는 인생과 운세를 말할 수 없는 것이다. 따라서 어쩌면 ✂ 자신이 태어난 날의 성향을 파악한다는 것은 자기 자신을 알아가는 작업이다. 이렇게 '나를 안다'는 것은 어쩔 수 없는 숙명의 큰 틀은 순리대로 받아들인다고 하더라도 자신의 인생을 능동적이고 주체적으로 변화시킬 수 있는 근본을 알고 이해한다는 면에서 가치가 있다.

또 이 다섯 가지의 기운, 오행이라는 것은 세상의 모든 물질을 구성하는 요소이기도 하다. 서양에는 아리스토텔레스의 물, 불, 공기, 흙이라는 4원소가 있다면 동양철학의 바탕에는 나무, 불, 흙, 바위, 물이라는 오행이 있다. 이렇게 만물이 무엇으로 이루어졌고, 이것이 인간의 삶에 어떤 영향을 미치는지에 대한 관심은 동서양이 다르지 않다.

음양오행에 근거한
10가지 기운의 성향

　　　　본격적으로 자신과 주변 사람의 성향을
분석해 보기 전에, 음양오행에 근거한 10가지 기운의 기본 성향
에는 어떤 것들이 있는지 한눈에 알아보기로 하자.

　일단 10가지 기운의 성향은 양의 나무와 음의 나무, 양의 불과
음의 불, 양의 흙과 음의 흙, 양의 바위와 음의 바위, 양의 물과 음
의 물로 볼 수 있다. 다만, 이를 좀 더 이해하기 쉽게 큰나무, 작은
나무, 큰불, 작은불, 넓은땅, 촉촉한땅, 단단한바위, 날카로운금속,
큰물, 옹달샘으로 나누어 말해볼 수 있다. 나무, 불, 흙(땅), 바위
(쇠), 물의 5가지 기운이 음(-, 마이너스 기운)과 양(+, 플러스 기운)으로
각각 나누어져서 10가지가 된 것이다. 누구나 자신이 태어난 날
에 의해서 10가지 기운의 성향 중 하나로 태어나게 된다.

　그러면 이 책 말미에 있는 '생일운만세력'을 통해 나의 타고난

　　　　나를 알고 상대를 읽어내면 행복한 사랑을 한다!

기운을 알아보자. 먼저 자신의 태어난 연대 페이지를 찾고, 그 표의 맨 왼쪽에서 자신의 태어난 연도를 본다. 그 가로 라인을 따라가면 자신의 태어난 달을 찾을 수 있다. 그 칸에서 아래로 내려가 태어난 날과 만나는 곳을 보면 자신에게 해당하는 음양오행의 기운을 알 수 있다. 생일은 양력을 기준으로 한다.

예를 들어보면, 생일이 양력으로 1990년 5월 7일 경우, 먼저 1990년대생 생일운 찾기 페이지를 본다. 그리고 표 맨 왼쪽의 연도에서 태어난 해 1990년을 찾는다. 그 1990년이 있는 가로 라인 세 번째에 5월이 있으므로 그 칸이 기준이 된다. 그 칸에서 아래로 내려 7일이 있는 칸으로 가보면 '큰물'이라고 표시되어 있다. 그러니 양력으로 1990년 5월 7일이 생일인 사람은 '큰물'이라는 기운을 가지고 태어난 것이 된다.

다음으로는 10가지 기운의 대략적인 성향을 정리해 보았다.

10가지 기운의 성향

10가지 기운		성 향
큰나무	거목	곧고 강직하고 인자하고 바르다. 어떤 일을 할 수 있는 능력이 있거나 어떤 직위에 합당한 인물이 되기 위해 부단히 노력한다.
작은나무	풀 작은 화초	유연하고 생활력이 강하며 변화하는 상황에 적응하는 능력이 뛰어나다. 결단력이 부족하며 질투심이 강하다.
큰불	태양	명랑하고 밝으며 재주가 많고 임기응변도 뛰어나다. 좋고 싫음이 분명하며 비밀을 간직하기가 어렵다.
작은불	등잔불	정이 많고 차분하게 인내하는 면이 강하다. 남에게 다소 의지하는 면도 있으며 미리 걱정부터 한다.
넓은땅	대지	단순하고 진실되며 남들을 이끌어 나가는 면이 있다. 고집이 강한 편이며 부지런하지는 못하다.
촉촉한땅	논 정원의 땅	천성이 착하고 환경에 잘 적응하며 자신을 잘 지킨다. 순리대로 살아가려는 면이 있어 다소 소극적으로 보일 수 있다.
단단한바위	거대한 돌 큰 쇳덩어리	의리가 있고 의지가 굳으며 적극적이다. 때론 너무 냉정하고 강직하여 손해 보는 수가 많다.
날카로운금속	보석	섬세하고 예민하며 자기주장이 강하다. 한번 받은 상처를 잘 지우지 못한다.
큰물	바다, 호수	끊임없이 실천하고 변화하며 정열적이다. 팔방미인으로 한곳에 머무르지 못한다.
옹달샘	약수, 냇물	온화하며 조용하고 다정하며 안정을 추구한다. 다소 여리고 약한 면이 있어 남의 부탁을 잘 거절 못 한다.

나를 알고 상대를 읽어내면 행복한 사랑을 한다!

갑목 큰나무_나무木+양陽

성격이 대담하고 꿈, 이상과 포부가 큰 편이다. 하늘 높은 줄 모르고 위로 자라기만 하려고 한다. 여러 해 동안 자라서 키가 클 만큼 커 있는데도 더 자라고자 하는 욕구가 강하다. 이지적이며 사려가 깊고 활동적이며 견실하게 노력하는 스타일이다. 겉으로는 쾌활하나 자존심이 강하고, 시종일관 무뚝뚝하고 우직하다.

을목 작은나무_나무木+음陰

변화에 민감하여 바람이 불면 누웠다가 지나가면 다시 일어서는 풀과 같이 부드럽고 유연하다. 꾸준하게 노력하는 타입으로 인내심이 있지만, 속으로는 스트레스도 많은 편이다. 남에게 다소 의지하는 면이 있으며 결단력이 약하고 질투심이 강하다.

병화 큰불_불火+양陽

양(陽, +, 플러스 기운)의 기운 중에 가장 강하다. 통솔력과 지도력을 겸비하고 있고 말재주를 비롯한 재주가 많다. 불같은 성격 때문에 감정에 휘둘려 때로는 실수를 하기도 하지만, 임기응변에도 능하다. 솔직하고 단순하여 비밀을 간직하기가 쉽지 않다. 감정이 분명해서 한번 싫은 것은 좋아지기가 어렵다.

정화 작은불_불火+음陰

촛불이나 전기불과 같은 작은 불꽃이지만 속으로는 강하고 예민한 감정을 소유하고 있다. 감성적이며 결단력과 실행력이 부족하여 의존심이 강하다. 서두르지 않는 편이고 합리적이지만, 필요 이상으로 걱정하고 염려하느라 기회를 놓치는 경우가 종종 있다. 여자의 경우는 다소 수다스럽고 질투심이 강하다.

무토 넓은땅_땅土+양陽

땅의 근본 성질이라고 할 수 있는 신뢰를 중요시한다. 땅이라는 것은 다른 기운을 포용하는 성향이 있다. 드넓은 땅이므로 대륙적인 기질로 아량과 동화력이 있다. 침착하고 꾸준하게 노력하는 스타일이나 고집이 세고 다소 게으른 것이 단점이다. 비밀이 많아 마음을 잘 드러내지 않고 항상 언행에 신경을 쓴다. 반드시 성공하려고 하는 집념이 있다.

기토 촉촉한땅_땅土+음陰

땅의 수용하는 성향이 강하여 내면에 관심을 가지고 있고 다소 보수적이다. 본심을 잘 표현하지 않고 자기 이야기도 잘 하지 않는 편이다. 속내를 털어놓는 사이가 되는 데 시간이 많이 걸린다. 복잡한 세상을 싫어하며, 단순하고 사람을 잘 믿으며 순진하다. 믿음과 신용을 중요하게 생각하기 때문에 목적을 위해

나를 알고 상대를 읽어내면 행복한 사랑을 한다!

서 수단과 방법을 가리지 않는 온갖 모략이나 술책이 판치는 세상에서 속거나 상처받기 쉽다. 질투심은 있는 편이다.

경금 단단한바위_바위金+양揚

표정이 굳고 다소 딱딱하고 강인한 인상을 하고 있다. 선과 악의 구별을 분명하게 하려고 하니 좋거나 싫은 것에 대한 태도가 분명하다. 무던하게 인간관계를 잘 유지하기도 하지만, 주변에서 크게 도움을 받을 수 있는 인맥을 만드는 데에는 관심이 적어서 남들이 험담을 해서 억울하게 불리한 지경에 빠지기도 한다. 남의 어려움을 돕거나 억울함을 풀어주기 위하여 자신을 희생하려는 의로운 마음이 있고 리더십이 있다. 강자에 대항할 줄 알고 약자를 도와주려는 인간미와 의리가 있다. 이렇게 의리에 살고 정의롭지만, 정에는 너무 약하다.

신금 날카로운금속_바위金+음陰

면도칼처럼 날카로운 내면을 가지고 있어서 다소 성깔이 있는 편이다. 상처를 잘 받지 않지만 한번 받은 상처는 잘 지워지지 않아서 오래가는 편이다. 인간관계가 한번 틀어지면 회복하기가 어려워 항상 관심을 가지고 세심하게 살펴보는 것이 좋다. 감성이 풍부하여 정에 좌우되기 쉬운 천성을 지니고 있다. 성격이 예민하고 판단이 예리하며 직감이 발달했다. 남녀 모두 멋을 안다.

임수 큰물_물水+양陽

큰 강물이나 바다를 뜻한다. 지혜롭고 현명하다. 어떤 일이 일어나기 전에 미리 앞을 내다보는 통찰력이 남달리 뛰어나다. 한군데 머무르지 못하고 이런저런 변화를 즐긴다. 다양한 분야에서 두각을 나타내며 팔방미인으로 여러 방면에 능통하다. 두뇌회전이 빠르나 약간 고집이 있고 음흉한 면이 있다.

계수 옹달샘_물水+음陰

음(陰)의 기운 중에 가장 음적이다. 사물의 이치를 빨리 깨닫고 정확하게 처리하는 정신적 능력이 뛰어나다. 성격이 치밀하고 잔정이 있다. 무모한 도전이나 위험한 일은 하지 않고 안정을 추구한다. 희생정신과 서비스 마인드가 뛰어나 남의 부탁을 잘 거절하지 못한다. 만일 거절해도 계속 생각하고 고민을 하며 속이 불편해서 마음이 편치 않다.

이어서 10가지 타고난 기운별로 성향, 사랑, 남자, 여자로 구분하여 보다 구체적인 내용을 담아보았다. 이는 연인뿐 아니라, 가족, 친구, 동료, 부부 등 주변 사람의 타고난 기운을 확인해 보고, 그 사람을 이해하고 용서하는 데에도 충분히 활용해 볼 수 있다. 그리고 각 기운별로 단점을 보완할 수 있는 조언을 정리하였으니, 한번쯤 자신에게 적용해 보는 것도 좋을 것이다.

나를 알고 상대를 읽어내면 행복한 사랑을 한다!

사람의 타고난 기운 _ 갑목_나무木+양陽
큰나무로 태어난 사람

성향　　근면하고 성실한 현실주의자로 상승하고자 하는
　　　　　욕구와 자존심이 남달리 강하다

기본적으로 상승하는 기운이 있어 하늘 높은 줄 모르고 하늘 끝까지 자라고 싶어 한다. 강직하고 단호하며 한번 결정한 일은 좀처럼 뒤집지 않으며 고집이 세다. 자기 우월감과 자존심이 강하며 남에게 굽히지 않고 지는 것도 싫어한다. 성실하고 창조적이며 활동적이고 적극적이긴 하지만 자존심과 고집 때문에 수직적인 조직의 직장생활은 어렵다.

큰나무로 태어난 남자는 여러 사람을 거느리는 우두머리로서의 면모를 갖추고 있다. 대인관계가 원만하고 어떤 목적이나 방향으로 남을 가르쳐 이끌 수 있는 능력을 가지고 있으며 근면, 성실한 현실주의자로서 올바른 길을 가려고 노력한다.

여자들도 성품이 활달하고 성취욕이 강하며 마음이 넉넉하고 도량이 커서 여장부다운 기질을 발휘한다. 남녀를 막론하고 생활력이 강하고 현실적으로 심사숙고하는 편이지만 한번 결정하거나 계획한 일은 과감하게 밀고 나가는 집념과 추진력을 가지고 있다.

자신이 돈을 관리하는 주체가 되는 것에 만족하며 현실적이고 이재에 밝은 편이다. 투기와 위험한 것은 좋아하지 않고 실속을 차리면서 움직일 수 있은 스타일이나, 아랫사람이나 자신보다 어려운 사람에게 측은지심이 생겨 부탁을 거절하지 못해 손해 보는 경우가 생길 수 있다.

직업적인 측면에선 리더 자리에서 자신만의 전문분야를 개척하는 것이 좋다. 진취적이고 독립심이 강하며 솔선수범한다. 큰나무로 태어난 인물에는 명예를 가지거나 리더십을 가지고 독립적으로 활동할 수 있는 정치인이나 단체장, 매니저, 사업가, 의사, 그리고 학자가 많다.

사랑   남자는 책임감 있는 사랑을, 여자는 자기감정에
충실한 사랑을 추구한다

큰나무로 태어난 남자는 연애보다는 중매가 어울린다. 얼핏 보기에는 매우 무뚝뚝해 보이며 착실하고 현실적이다. 로맨틱한 연애를 기대하기는 조금 어렵지만, 집안의 가장으로서 책임감이 있

나를 알고 상대를 읽어내면 행복한 사랑을 한다!

고, 경제적인 안정을 위해 노력하여 가족들에게 신뢰감을 주며 가정을 안정적으로 유지한다. 애인이나 아내를 위해 감성적인 이벤트를 준비하거나 애틋한 사랑에 큰 가치를 두는 타입은 아니지만, 착실하고 현실적이고 가정의 안정을 중요하게 생각하는 면에 있어서는 이만한 남자가 없다. 보통 낭만적이지 않고 연애기술이 부족해서 다소 재미없다고 느껴질 수 있다.

큰나무로 태어난 여자는 활달하고 남성적인 기질을 갖고 있다. 연애하면서 복잡하게 고민을 한다거나 좋아하는 남자의 마음을 얻기 위해서 자신을 희생하는 보통의 일반적인 여자들과는 차이가 있다. 마음에 드는 남자가 있다면 과감하게 자기감정을 표현도 하지만, 상대 남자의 반응이 냉담하다면 별다른 상처를 받지 않고 돌아설 수 있는 강한 성격을 갖고 있다. 이러한 여성들은 결혼한 후에도 남편의 사생활에 일일이 참견하지 않는다. 가정이라는 큰 울타리와 상식적인 부부관계를 벗어나지 않는다면 각자의 생활과 취미를 존중하면서 만족할 수 있다. 집안일을 하는 것만이 아내의 내조와 도리라고 생각하지 않는 여장부 스타일이기 때문에 자신의 의견에 따라와 주는 남자와 잘 맞고 결혼한 후에도 돈이 있고 없고를 떠나서 사회활동을 계속할 확률이 높다.

남자　　착실하게 결실을 만들어 가며 끝까지 하고자 하는
　　　　　근성을 지녔다

리더십이 있고 진취적이며 누구보다도 부지런하고 성실하다. 처한 환경을 받아들이고 무모한 욕심 없이 성실하게 살아가는 타입이다. 투기 같은 일을 좋아하지 않으므로 일을 추진하기 전에 꼼꼼하게 확인해 보는 신중함도 있지만, 일단 신념이 확고해지면 과감하게 밀고 나가 착실하게 결실을 만들어 가며 성공을 위해 달려간다. 자신의 의견을 논리적으로 설득하여 관철시키며 한번 마음먹은 일은 반드시 해내는 끈질긴 근성이 있어 목표를 성취해 나가는 능력이 뛰어나다. 이해관계가 빠르고, 고집도 세며 사람이건 사업이건 바꾸는 일이 적고 처음 만난 사람과 처음 손댄 일에 대한 애착과 집착이 있다.

여자   남자에게 의존하지 않으며 자존심과 생활력이 무척 강하다

명랑하고 활발하다. 외향적이고 생활력이 매우 강하다. 남자 앞에서 부끄러움을 타지 않고 위축도 되지 않아 당당해 보인다. 이해심이 많고 마음의 덕이 좋은 여자이다. 또 자존심이 무척 강하다. 자존심이 강하여 크게 질투하거나 애정을 독차지하려는 말이나 행동은 하지 않는다. 인생에 있어 두려움이 없고 남편이 생활비를 주지 않으면 내가 벌어도 그만이라고 생각할 만큼 독립심도 강하다. 사랑 때문에 죽고 못 사는 모습도 보이지 않고 바람기도 적다. 너무 기가 센 남자와는 어울리지 않는다.

나를 알고 상대를 읽어내면 행복한 사랑을 한다!

큰나무로 태어난 사람을 위한 조언

　　큰나무로 태어난 사람은 현실적이고 왕성하게 활동한다. 나무가 위로 자라 올라가듯이 새롭게 일들을 시작하고 구속을 싫어하며 우두머리로 성장해가기를 원한다. 하지만, 그렇게 왕성하게 활동하다 보면 주변 사람을 세심하게 읽어내는 데 둔감해지기 쉽고 타인이 갖는 감정의 가치에 대해서 의미를 두지 않게 되기도 한다. 또 그렇게 추진력 있게 일을 하다 보면, 정작 자신은 구속받는 것을 싫어하면서 남들은 통제하고 관리하여 마음의 상처를 주고 있는지도 모른다.

　　큰나무로 태어난 사람은 지혜롭고 현명하고 성실하여 리더로서의 자질은 충분히 있다. 그런 자질은 성과 지향적인 일뿐만이 아니라, 사람을 향해서도 세심하게 시간을 두고 살펴본다면 분명 더 큰 그릇으로 성장할 수 있다. 누군가에 의해서 아파하고 괴로워하며 자신의 자존심이 바닥까지 떨어졌을 때 이를 악물고 올라온 당신은 이미 훌륭하지만, 타인의 마음과 처지에 대한 이해를 더 해나간다면 더할 나위 없는 명실공히 큰나무, 거목이 될 수 있다. 그러니 다른 사람들의 처지나

눈에 보이지 않는
타인의 마음을 들여다보는
통찰력이 필요하다

상황을 이해하려고 노력하는 것이 필요하고 눈에 보이지 않는 행간을 읽는 통찰력에 대해 꾸준하게 관심을 가지는 것이 좋다.

이런 나무, 특히 큰나무가 제대로 서 있기 위해서는 땅에 뿌리를 내리는 것이 필요하다. 땅이라는 것은 믿음과 신의를 중요하게 생각하며 우직하게 받아주는 순리를 아는 사람이기도 하니 큰나무의 독립적이고 강한 성향을 있는 그대로 잘 받아줄 수 있는 상대를 친구건 부부의 인연으로 둘 수 있다면 그것만큼 편안하고 안정된 마음을 갖게 만드는 행복은 없을 것이다. 지금 그렇게 소중하지만, 혹여 가까이에 있을지도 모르는 인연을 놓치는 과오를 저질러서는 안 되겠다. 주변을 천천히, 충분히 시간을 가지고 둘러보는 것이 필요하다. 어차피 큰나무는 지금보다 키가 열 배로 자라도 더 자라고자 하는 마음은 변함이 없다. 그러니 뒤로 미루지 말고 지금 바로 둘러보고 살펴보자. 내 주변에 있는 인연들과 그 마음을 말이다.

나를 알고 상대를 읽어내면 행복한 사랑을 한다!

사람의 타고난 기운 을목_나무木+음陰

작은나무로 태어난 사람

성향　　평범한 일상을 원하며 뒤에서 지원하는
　　　　　조력자 역할을 많이 한다

작은나무로 태어난 사람은 음기의 나무이므로 부드럽고 세심한 기질을 가지고 있다. 다소 고집이 약하고 결단력도 떨어지지만, 생활력이 강하고 삶에 욕심이 있어서 현실적인 성취를 위해 꾸준히 노력하여 자기 영역을 확보한다. 또 쾌활한 성격으로 어디를 가나 환대받으며 사고에 있어 유연하고 협조적이다. 따라서 지도자와 같이 선두에 서서 지휘하고 명령하는 자리보다는 참모 역할, 중재자로서 능력 발휘를 할 수 있다. 회사에서도 최고 책임자보다는 책임자를 보좌하는 역할에서 발굴의 실력을 나타낸다. 반면에 남녀 모두 의타심이 많아 부모나 배우자에게 의지하려는 경향이 있다.

작은나무로 태어난 남자는 현실적인 안정을 추구하면서 일과 가정 사이의 조화를 꿈꾼다. 현실적이라 급격한 생활의 변화는 싫어하지만, 변화에 결국은 잘 적응해 나간다. 위험하거나 무모한 일은 하지 않기 때문에 규모가 큰 사업 같은 일은 생각하지 않으며 주어진 일상에 불평하지 않고 성실하게 살아간다. 안정적인 생활을 원하므로 파란이나 실패도 없겠으나 큰 성공이나 부귀영화도 쉽지 않다. 평범한 일상생활이 이들이 원하는 삶이다.

작은나무로 태어난 여자는 타인을 리드하거나 앞에 나서는 일보다는 뒤에서 조용히 자신의 의견을 관철하고 아이디어를 내거나 보조하는 역할을 하는 것이 성향에 잘 맞는다. 또 차분하고 조용하며 상냥해서 남자들에게 인기가 많다.

자신이 벌어들인 수입을 저축하고 생활비를 쪼개 쓰더라도 남에게 빚을 지거나 빌려주는 거래 자체를 싫어하므로 투기적인 재테크와는 거리가 멀다. 담백한 성격으로 부정한 돈에 관심이 없고 안정적으로 돈을 모아간다. 독립심이 부족하고 다소 의존적인 면도 있으며, 일단 좋아하면 믿고 따르므로 속아서 재물에 손실이 생길 수 있다.

활동이 많고 독특한 사상을 가지거나 특이한 행동을 하는 사람이 많다. 차분하고 끈기를 가지고 할 수 있는 공무원이나 교사, 헤어디자이너, 화가, 디자이너, 예술계통, 목공 같은 손재주를 쓰는 직업이 좋다.

나를 알고 상대를 읽어내면 행복한 사랑을 한다!

사랑 남자는 가정에 충실한 애정관을,
여자는 알뜰한 아내의 상을 지녔다

작은나무로 태어난 남자는 낭만적인 연애를 하는 타입이 아니며 자신이 좋아하는 여자가 있어도 드러내 놓고 프러포즈를 하거나 애정을 표현하는 일이 없다. 과감하지 못하고 이리저리 생각만 하다가 사랑을 표현하는 시기를 놓치는 경우가 많다. 여자들이 봤을 때 적극적이지 못하므로 자신에 대해 그다지 관심이 없다고 생각할 수도 있다. 하지만, 통 크게 술값을 내거나 자신의 사회활동을 위해 가족들을 희생시키는 일은 하지 않을 것이다.

작은나무로 태어난 여자는 현모양처의 모습으로 남편에게 사랑을 받는다. 남편의 월급에 맞는 생활을 하고 저축도 하면서 알뜰하게 살림을 하는 지혜가 뛰어나다. 남에게 싫은 소리를 못 하므로 별로 좋아하지 않는 남자라고 하더라도 규칙적이고 반복적으로 청해오는 애정표현을 딱 잘라 거절하기 어렵다. 따라서 오해를 산다거나 구설에 휘말리는 일이 없도록 맺고 끊음을 분명하게 하는 것이 좋다. 사귀다가 헤어지기를 원하는 경우도 딱 끊지 못해서 시간이 많이 걸리기 쉽다. 남녀를 막론하고 조금 고지식하지만, 지조가 있기 때문에 양다리는 생각하지 못하며 오직 한 사람을 만나는 연애를 한다.

남자   자신의 현실에 만족할 줄 알며 큰 위기를 만들지 않는다

사회나 정치 등 자신이 통제할 수 없는 것에 대한 관심이 적고, 자신의 일상적인 생활과 현실에 만족하면서 살아가려고 한다. 새로운 변화보다는 안정을 선호하고 그대로 순응하는 것에 익숙하지만, 변화가 오면 결국은 잘 적응하면서 살아간다. 모험이나 무모한 일에 손대지 않고 무리하게 뭔가를 추진하지도 않는다. 부모, 형제 등 가족이나 친척 간에 불화를 일으키지도 않는다. 성실하고 부지런하며, 아내와 자식을 아끼고 원칙을 지키면서 살아가기 때문에 큰 위기나 불행은 만들지 않는다.

여자   얌전하고 평범해 보이지만 합리적이며 자기중심이 서 있다

활발하고 명랑하지만 거칠거나 버릇없지 않다. 얌전하면서도 꽁하거나 고집스럽지도 않다. 평범하기 때문에 개성이 없는 듯 보이지만 여성스럽고 사랑스럽다. 여우 같은 매력은 없지만 귀엽고 싫증이 나지 않는다. 쓸 때와 아낄 때를 잘 아는 현명함이 있고, 돈이 많아도 낭비하지 않고 없다고 해도 비굴하거나 인색하지 않다. 물론 사람에 따라 차이는 있지만, 기본 성향이 경우가 바르고 자기중심이 있으며 합리적 사고로 치우친 견해를 갖지 않으며 잘잘못에 대해서도 공정하다.

    나를 알고 상대를 읽어내면 행복한 사랑을 한다!

작은나무로 태어난 사람을 위한 조언

작은나무로 태어난 사람은 내면이 강하고 현실에 충실하며 상황에 맞게 유연하게 대처하는 능력은 탁월하다. 또 주변 사람에게 쾌활하고 부드러운 태도를 지니고 있어 인정과 사랑을 받는다. 하지만, 다소 의존적이다. 어릴 때는 부모님에게 의존적이고, 자라면서는 친구나 애인에게 의존하게 되면서 그렇게 의존하는 상대가 내 곁에서 사라질까 봐 두려워 불안하기도 하다. 이런 두려움과 불안은 일상생활 속에서 큰 스트레스로 오기 쉽고 때로는 의존하는 대상에 대한 집착으로 나타나기도 한다. 이 집착이 극단적이어서 아예 모든 것을 갖거나 다 놔버리려는 성향으로 드러나기도 한다. 변덕이 심하거나 잘 토라지는 것도 어떻게 보면 누군가에 대한 의존성에서부터 시작된다. 아직은 아이의 단계를 벗어나지 못한 마음의 상태라고 볼 수도 있겠다.

작은나무인 풀은 바람이 불면 뉘었다가 바람이 지나가면 다시 일어나는 유연함을 보여준다. 큰나무처럼 자신의 뿌리가 회오리에 뽑히면 뽑히고 큰나무 기둥이 부러지면 부러졌지 절대 굽히지 않는 성향과는 대조적이다. 이렇듯 부드럽고 세심한 것은 좋으나 부드러움만 있다면 결국은 물러지고 단단한 어딘가에 붙어있어야만 생존할 수 있게 된다. 하지만 이 세상에는 갑자기 닥쳐오는 고난과 불행이 비일비재하며, 그때 부모, 형제, 지인 등 의지할 곳이 없다면 이를 극복하기가 상당히 힘들어진다.

인생이란 타인에게 의지하고 편안하게 있으려는 사람에게 친절할 만큼 녹록하지 않다는 것을 명심해야 한다. 그러니 때론 대담함과 독립적인 마음도 필요한 것이다. 부드럽고 세심하며 사랑스럽게 느껴지는 장점은 있으나 예민함과 소심함으로 큰일을 하기에는 역부족인 면도 있으니 조금씩 담대함도 지니도록 노력해야 한다.

사람의 타고난 기운 병화_불火+양陽

큰불로 태어난 사람

성향　　바로 실천에 옮기는 실행력이 뛰어나며
　　　　　출세, 성공을 중요하게 여긴다

큰불이라는 오행은 양기가 뻗치는 불이다. 한마디로 활활 타오르는 불길에 비유될 수 있다. 따라서 큰불로 태어난 사람은 매우 성격이 급하고 체력이 왕성하고 활동적이다. 또 두뇌회전이 빠르고 언변이 출중해서 곤경에 처해도 타고난 설득력과 추진력을 발휘하여 쉽게 극복한다. 확산의 기운이 있어 무슨 일이든 과장이 심하고 호불호가 분명하다. 성격이 급해 주위 사람을 곤란하게 만들며 참고 기다리거나 자신의 감정을 숨기지 못하며 시원스럽게 바로 표현하는 타입이다.

　큰불로 태어난 남자는 언변이 좋아 대인관계에 능하고 사업수완도 뛰어나며 임기응변의 처세에 밝아 기회가 오면 놓치지 않고 성공의 발판으로 삼는다. 또 박력이 넘치는 유형으로 사람들에게 호감을 사며 인덕이 많아 그로 인해 출세할 수 있는 기회를 맞을 수 있다.

큰불로 태어난 여자도 남자와 비슷하다. 겉으로 드러나는 모습은 활기가 넘치고 자기주장이 확실하며 조금은 쌀쌀맞고 까다로워 보인다. 그래서 주변의 남자들이 근접하기 어려워하기도 한다. 그러나 본심은 인정도 있고 겁도 많으며 이해심도 많은 편이다.

금전적인 면에선 현재를 즐긴다. 따라서 돈이 별로 없어도 기분대로 돈을 쓴다. 미래를 위해 검소하게 생활하고 저축하는 사람이 드물다. 사고 싶은 것이 있으면 사야 직성이 풀린다. 방탕하고 허영이 지나쳐 가족들을 곤경에 빠뜨릴 정도가 아니라면 원래의 기질대로 사교와 문화적인 향유를 즐기며 화려하게 사는 것이 이들에게는 더 어울린다.

명석하고 분별력이 있으면서 활동적이고 적극적이다. 배짱이 있고 대담하며 진취적으로 일을 추진하는 열정이 있다. 교육자가 특히 많고 말을 쓰고 사람을 만나는 직업인 외교관이나 사회운동가, 건설업자, 전자제품업계 종사자, 자신을 표현하는 방송인, 연예인 또는 예술과 관련된 직업이 많다.

나를 알고 상대를 읽어내면 행복한 사랑을 한다!

사랑　남자는 현재의 감정에 충실한 사랑을,
　　　　여자는 용감한 사랑을 한다

큰불로 태어난 남자는 화끈하고 뒤탈을 걱정하지 않고 그때그때의 감정에 충실한 사랑을 한다. 좋아하는 여자가 나타나면 과감하게 프러포즈하여 자신의 감정을 표현한다. 또 일단 마음에 들면 어떤 방법을 써서라도 자기 사람으로 만들어 버리는 수완도 뛰어나다. 이들의 정열은 나이가 들어도 식을 줄 모르며 열정적으로 사랑을 하는 타입이다. 결혼한 후에도 애정편력이 계속되어 부부간의 불화를 초래하기도 하고 복잡한 여자관계로 인해 사회생활이나 사업에 손실을 초래하기도 하므로 감정적으로 절제하는 것이 필요하다. 이들의 사랑은 불처럼 타올랐다가 금방 사그라져 버리는 경향이 있다.

큰불로 태어난 여자는 우물쭈물 시간을 끌거나 우유부단하고 지지부진하게 다가오는 남자는 질색을 한다. 그렇다고 원치 않는 상대의 설득이나 유혹 따위에는 넘어가지도 않는다. 마음에 드는 남자가 생기면 먼저 용감하게 사랑을 고백한다. 로맨틱한 감상은 좋아하지 않고 매우 현실적이므로 달콤하거나 간절한 애정표현에 동요되지도 않는다. 상대의 능력이나 사회적 위치를 중요시하며 성격보다는 잘생긴 용모의 세련된 남자를 선택할 것이다. 상대 남자는 성격이 원만해서 아내의 모든 것을 이해하면서 잘 이끌어 갈 수 있는 사람이라야 원만한 가정을 이룰 것이다.

남자　성격이 급하며 참을성이 없지만, 도전하고자 하는
　　　박력이 남다르다

누구보다 두뇌회전이 빠르고 리더십이 있다. 큰불로 태어난 사람 중에 어리석은 사람은 별로 없다. 간혹 자기 꾀에 자기가 넘어갈 때도 있지만 대개는 시대의 흐름에 민감해서 처세가 좋고 사업 경영을 적절하게 하여 남보다 앞서는 사람이 많다. 성격이 급해서 누가 우물쭈물하는 것을 보지 못하고 역정을 잘 내지만, 금세 풀려서 상대방의 감정을 잘 풀어준다. 대인관계가 좋고 인간적이며 자신의 감정을 숨기지 않고 명확하게 표현하며 추진력이 강하고 적극적이다. 싫고 좋음, 옳고 그름에 대해서도 명확한 자기판단의 기준이 있다. 아무리 힘든 것 같이 보여도 새로운 일이나 가능성에 대한 도전을 망설이지 않고 당당히 실행하는 용기와 박력이 있다.

여자　남자를 선택, 리드하며 그의 출세에 적극적으로
　　　협력한다

겉으로는 붙임성이 없고 차갑고 조금 억세고 까다롭고 건방져 보이고, 급하며 신경질적으로 보인다. 그러나 내면에는 상냥하고 겁이 많고, 잘못을 시인할 줄 아는 지혜가 있으며, 금세 성질을 냈다가도 언제 그랬느냐는 듯 쉽게 풀리기도 한다.

　특히 남자를 보는 안목이 높다. 남자를 깔보는 면이 있고 부끄

　나를 알고 상대를 읽어내면 행복한 사랑을 한다!

러움이 별로 없으며 자신이 남자를 직접 선택하고 리드한다. 또 남편의 사업이나 출세에 적극적으로 협력한다. 일단 연인으로 사귀거나 아내로 맞이하면 솔직하고 애교가 있어 상대방의 마음을 즐겁게 사로잡을 수 있다.

큰불로 태어난 사람을 위한 조언

⚙ 좋을 때, 이렇게 밝고 긍정적이고 좋은 기운을 내 뿜는 사람도 없다. 큰불이라는 것은 일단 불이어서 밝고 그 불이 크기 때문에 더 밝으니 분명하고 또렷하다. 흐리멍덩한 입장을 취하는 법이 없다. 좋거나 싫거나 내 편이거나 적이거나 등 이런 식으로 극단적인 성향이 되기 쉽다. 큰불은 화려하고 빛이 나니 솔직하고 감정이 다 드러나 보인다. 그러니 숨기지 못한다. 그러나 세상일과 인간관계에서 어디 좋은 감정만을 가질 수 있는가. 때로는 싫고 그 싫은 감정도 그대로 다 전달되니 눈 하나 깜빡이지 않고 크게 부릅뜨며 상대를 쳐다보거나 째려볼 수 있는 강함은 큰불만이 가질 수 있는 분명함이기도 하다.

하지만, 자신의 감정을 그렇게 다 드러내 보이고 여과 없이 다 보였을 때 그것을 보게 되는 상대방도 큰불로 태어난 사람이라면 훌훌 지나간 일처럼 털어버릴 수 있겠지만, 다른 성향의 사람이라면 그건 좀 다르다. 어쩌면 당신이 일순간 보여준 극명한 감정의 표현은 지금 당신의 속은 편할지 모르겠으나 상대방을 영영 볼 수 없게 만들거나 가까운 인연으로는 둘 수

극명한 감정표현보다는
신중한 언행이
자신을 빛나게 한다

없게 만들었는지도 모른다. 솔직하고 밝고 명랑한 큰불로 태어난 사람의 명확한 감정표현이나 말투는 이렇게 구설을 만들 수 있고, 고집이 너무 세고 감정변화가 극명해서 이를 지켜보는 상대방에 따라 평생 잊지 못할 지옥 같은 순간을 체험하게 할 수도 있다는 것을 생각해 볼 필요가 있다.

이런 자신의 감정표현에서 조금만 신중하게 말하고 행동을 조절하는 모습을 가진다면 주변 사람이 당신을 보다 편안하게 여기고 오래도록 곁에 머물고 싶은 마음을 갖게 할 수 있다. 큰불로 태어난 사람이 보인 직설적인 말과 행동은 타인의 마음에 상처를 줄 수 있으며 사람의 마음에 생긴 상처는 치료할 수 있는 약이 따로 없다는 것을 인지해야 한다. 또, 밝고 매사 분명한 것은 좋으나 때로는 남의 이야기와 조언에 귀를 기울이는 것이 좋다. 남들이 공통적으로 말하는 것에는 조금 더 관심을 가지고 이야기를 들어보자. 타인의 말을 잘 가려서 듣게 되면 나 자신을 한층 더 빛나게 해주는 삶의 참 지혜를 얻을 수 있을 것이다.

나를 알고 상대를 읽어내면 행복한 사랑을 한다!

사람의 타고난 기운 정화_불火+음陰

작은 불로 태어난 사람

성향   정이 많아 타인에게 모질지 못한 반면,
사람관계에 있어 흑백논리가 강하다

부드럽고 섬세하며 유달리 잔정이 많으며 차분한 성격이다. 작은 계기로 인한 변화의 폭이 넓어 때로는 행동을 예측하지 못할 정도다. 하지만, 예의가 바르고 침착하게 자신을 절제할 수 있는 능력도 갖추고 있다. 직장 상사나 소속 단체에 대한 충성심이 대단하며 타인을 배려하고 자신을 희생하는 데에 주저함이 없다.

작은불로 태어난 사람은 활달하고 사교적이긴 하나 임기응변에 능하지 못하고 처세에 밝지 못한 편이다. 그래서 조금 고지식하고 지나치게 착한 사람으로 보여 다른 사람들에게 이용만 당하는 경우가 많다. 남녀를 막론하고 작은불로 태어난 사람들은 정이 많고 마음이 모질지 못해서 상대가 도움을 요청해 오면 손해

를 보거나 복잡한 문제가 생길 줄 알면서도 돈이나 명의를 빌려주고 마음에 없더라도 사랑을 표현하는 사람을 쉽게 뿌리치지 못한다. 남에게 도움을 받으면 그 은혜를 잊지 않고 평생을 통해서 반드시 보답하는 의리가 있는 반면, 생각이 외골수이다 보니 한번 마음의 상처를 입거나 배신감을 느끼면 오랫동안 그것을 잊지 않고 복수의 집념을 불태우는 무서운 복수심도 가지고 있다. 작은불로 태어난 사람들은 단편적이고 극단적인 경향이 있다. 즉 좋고 싫음, 미움과 사랑, 신뢰와 배신감의 극단적이고 이분법적인 잣대로 사람을 구분하고 사귈 뿐 적당히 타협하는 법을 모른다. 내 사람이 아니라면 모두 남이고 관심이 없다.

현실적인 욕심이나 금전욕이 없는 사람들이 많다. 또 큰돈을 벌 수 있는 기회가 와도 잘 알아차리지 못한다. 한마디로 이재에 밝지 못하다. 경제적으로 곤란을 겪지 않으려면 주변 가족들이 나서서라도 통장을 관리해 주고 씀씀이를 제한할 필요가 있다.

합리적이고 이성적이며 준비를 철저하게 하여 실속있게 일을 진행해간다. 순발력이 뛰어나며 재치가 있어 임기응변에 능하기도 하다. 사람을 잘 믿어 손해와 사기를 당하기도 한다. 직업적으로는 사회적인 인망 혹은 사회에 봉사하는 직종이 적합하다.

나를 알고 상대를 읽어내면 행복한 사랑을 한다!

사랑 남자는 은은하게 불타는 애정, 여자는 헌신하는
일편단심 순정이 특징이다

작은불로 태어난 남자는 서서히 달아올라서 오랫동안 한 상대를
두고 애정을 쏟고 전력을 다하는 유형이다. 처음엔 그저 곁에서
두고 보다가 점차 신뢰가 깊어지면 정신적인 만족감을 주고받는
관계가 되고 그러다가 완전히 깊어져서 오직 그 사람만 생각하는
연애감정을 갖게 된다. 또 영혼이나 천생연분 등 정신적인 교감
을 중요하게 생각하므로 처음 만난 상대일지라도 마음이 통하고
인연으로 느껴지면 곧 사랑에 빠지기도 한다. 하지만, 고지식하
여 상대가 한번 실수하면 그 사건을 잊지 못하고 두고두고 원망
하는 단점도 있다.

작은불로 태어난 여자는 다소곳하고 인내심이 있고 장거리 연
애를 한다고 하더라도 오랫동안 좋아할 수 있는 순정을 지녔다.
매사에 남편이나 남자친구를 앞세우고 자신은 뒷전에서 보조해
주는 것만으로 만족감을 느낀다. 한번 마음을 준 상대에게 평생
헌신하는 일편단심은 작은불로 태어난 여자들의 특징이다. 하지
만 겉으로 드러난 조용한 모습의 이면에는 꺼지지 않는 촛불처럼
은은히 계속 타오르는 열정이나 증오가 숨겨져 있다. 한 사람을
죽도록 사랑하지만, 그 사랑을 배신하는 사람에게는 죽을 때까지
감정을 품고 사는 것이 작은불로 태어난 남녀의 사랑관이다. 집
착도 강하고 마음도 깊다고 표현해야 맞을 것이다.

남자   사람을 잘 믿고 불의를 보면 분노하고 돕고자 하는 의로운 마음이 강하다

고지식하고 솔직해서 남을 속일 줄 모른다. 혹 어쩔 수 없이 속이려고 해도 그 방법이 어설퍼 금세 알려지며 본인도 그것이 불안하여 고백하고 만다. 지금처럼 권모술수가 판치는 세상에선 손해를 많이 보면서 살아가는 유형이다.

불의를 보고 분노하는 마음과 남의 어려움을 돕거나 억울함을 풀어주기 위하여 자신을 희생하려는 의로운 마음이 있다. 사람을 잘 따르고 사귀기도 잘하는데, 한번 오해를 하거나 미워하면 좀처럼 꽁한 마음을 풀지 못하고 노골적으로 싫어하는 감정을 나타낸다. 칭찬 듣기를 좋아하고 누가 잘해주면 그 보답을 꼭 하려고 한다.

여자   측은지심이 강하며 상대방의 사랑표현을 고맙게 여길 줄 안다

활발하여 억센 듯하지만 가장 겁이 많고 마음이 여린 여자라 공허함이나 고독감 같은 것을 잘 느낀다. 신용을 중요하게 생각하고 인정이 있어서 어려운 사람을 도우려는 측은지심이 강하다. 결혼 전에 좋아하지 않는 남자에게 차마 냉정하게 거절하지 못하여 불필요한 곤욕을 당하거나, 심지어 마음에 없는 사람이라도 끈질긴 구애를 하면 거절하지 못하고 결혼까지 하는 수도 있으니

나를 알고 상대를 읽어내면 행복한 사랑을 한다!

주의해야 한다.

상대가 사랑을 표현해 주는 것을 감사하게 여기는 고운 마음씨를 지녔으나, 사소한 일에도 큰 충격을 받기 쉬우므로 작은불로 태어난 여자에게는 자존심 상하는 말이나 행동은 특히 주의해야 한다.

작은불로 태어난 사람을 위한 조언

따뜻하고 정이 많고 마음이 여려 상처받기 쉬운 작은불로 태어난 사람은 이제껏 세상을 살아오면서 받은 상처로 인해 조금씩 자기를 보호하려고 마음의 문을 닫고 있는지 모른다. 게다가 내면적인 근심과 외로움으로 부정적인 감정에 잠겨 있기 쉽다. 사람 간에 마음과 감정의 문제는 중요하다. 하지만, 모든 것을 감정적인 문제로만 보게 된다면 가까이에 있는 사람은 그 감정에 흔들리고 휘둘리면서 지칠 수 있다.

어떻게든 상대를 위해서 작은 것까지 신경을 쓰면서 세심하게 배려한다고 하지만, 바쁘고 정신이 없어 놓치거나 지나치기도 쉬운 일상이기에 누군가가 자기 생활권으로 들어왔을 때 우리는 조금 자신을 마음 편하게 해줄 수 있는 상대를 원하고 동경한다. 그리고 누구나 상대의 자기 자신의 감정에 휘둘리는 모습을 자주 보게 되면 그 주변에서 멀어지고 싶고 아예 떠나고 싶은 마음마저 갖게 되기 쉽다.

작은 말이나 행동에 상처받고 아파하고 아직 일어나지 않은 미래에 대한 걱정과 불안으로 인해 감정이 오락가락 흔들

자신의 감상에
휘둘리지 않는 평정심이
건강한 삶을 만든다

리는 모습을 보여주는 것은 자신도 지치지만 가장 가까이에 있는 인연들이 힘들게 되고 어쩌면 그들이 살맛 떨어지게 만드는 자극을 주고 있는지도 모른다. 그리고 그런 주기적인 자극은 사람과의 관계를 건강하지 못하게 만들기 쉽다.

  따뜻하고 배려심이 깊으며 섬세하고 자상하나 주변 사람이나 가까운 사람에 의해 자주 흔들리고 아파하니 항상 변하지 않고 안정될 수 있는 항상심과 평정심을 가질 수 있도록 노력해야 한다. 때로는 자신에게 일어난 감정이나 사건이 그리 대단하지도, 자기 인생에 엄청난 피해를 주는 것도 아니라 여기며 스스로 극복할 수 있다는 자신감을 가질 필요가 있다.

사람의 타고난 기운 무토_땅土+양陽
넓은땅으로 태어난 사람

성향　　계획, 가치관의 규모가 큰 대륙적 기질이며
　　　　　자기만의 색이 분명하다

넓은땅은 양기를 띤 흙의 성향을 갖는다. 우리의 삶은 땅을 바탕으로 시작되고 유지된다. 그렇듯이 넓은땅의 성격은 안전과 신뢰, 인내와 부지런함, 강한 개성을 상징한다. 이런 영향을 받아서 생활력이 강하고 주관이 확고하여 개성이 무척 뚜렷하다. 또 배짱이 두둑하고 대담하며 두뇌가 명석하고 의지가 확고부동하여 매사를 계획대로 처리해 나간다. 또 무게 있고 중후하며 포용력이 많고 털털하다. 특히 자신을 해롭게 하고 욕하는 사람에게도 관대하며 반대 의견을 수용하고 따르는 데도 인색함이 없다. 때에 따라서는 '좋은 게 좋은 것'이라는 식의 태도를 보여 우유부단하고 줏대 없다는 평도 듣는다. 분쟁에 잘 끼어들어 중재자 역할

을 하며 가정을 위하는 마음이 많다.

광활한 대지와 지구라는 땅덩어리 전체를 말할 정도로 사업 구상이나 미래 계획, 생활 가치관이 남성적인 박력을 느끼게 한다. 즉 대륙적 기질의 소유자로서 일생일대의 목숨을 걸고 모험을 할 정도로 스케일이 큰 타입이다. 또 복권 당첨, 투기성 도박, 주식에 큰 기대를 걸고 몰두하는 사람들이 넓은땅의 기운으로 태어난 사람에 많다. 밖으로는 배짱이 크고 대담하다고 보이지만 내적으로 치밀하고 극단적이고 편협한 면도 가지고 있다.

흙과 저장의 의미를 지닌 넓은땅으로 태어난 사람들은 금전 활용이나 관리능력, 돈을 모으는 면에서 탁월한 재주를 갖고 있으며 사회나 경제 상황을 바라보는 통찰력이 뛰어나고 상식이 많아 대체로 합리적인 경제활동을 해나간다.

관찰력이 뛰어나 오랫동안 고민하여 결정하므로 실수가 적으며 변화를 싫어한다. 다소 답답해 보이기도 하지만 우직하며 스스로 해결하고자 하는 성향이 강하다. 직업으로는 중재의 역할을 하는 부동산 등의 중개업자나 통역이나 관광 관련 업종, 요식업 등이 많다.

사랑　　남자는 자기 사람에게만 관심을 두며,
　　　　여자는 현실적인 결혼관을 가졌다

넓은땅으로 태어난 남자의 애정관은 다소 편협하고 극단적인 데

　　　　나를 알고 상대를 읽어내면 행복한 사랑을 한다!

가 있다. 자신이 좋아하는 사람들에게는 자신을 희생하면서까지 잘해주지만, 사생활이나 사회생활을 막론하고 자신과 관계없는 사람에게는 관심이 없고 몰인정할 정도로 사무적으로 대하는 특징을 보인다. 성격도 소심한 면이 있어 사람을 가려 사귀고 직접적인 관계가 없는 사람들과는 굉장히 사무적이고 형식적인 사이로 지낸다. 하지만 책임감이 강하고 인정이 있기 때문에 결혼하면 누구보다 믿음직한 가장이 되고 아내에게 쏟는 사랑이 각별할 것이다.

넓은땅으로 태어난 여자들은 넓은 아량으로 상대 남자와 교제를 하지만 여성적인 애교는 그다지 없다. 일반적인 여자들처럼 사랑으로 인해 자기 생활을 무너뜨리는 일도 없는 편이다. 자신의 명예와 사람들의 이목을 중요하게 생각하기 때문에 애정문제로 불필요하고 소모적인 신경전을 벌이지 않고 자신의 감정과 현실적인 요구를 단도직입적으로 분명히 밝히므로 연애보다는 중매로 결혼하는 사례가 많다. 또 결혼 상대자를 택할 때 그저 사랑만이 전부라고 생각하지 않는다. 직업과 경제력이 확실하고 가정을 꾸려도 큰 어려움이 없겠다고 판단되는 상대여야 결혼을 결심하게 되고 스스로 사업에 뛰어들어서 탄탄한 기업체를 만드는 능력도 있다. 간혹 자기 마음에 드는 남자에게 모성적인 보호 본능을 나타내는 면도 있다.

남자　대인관계에 있어 선이 분명하며 기회가 오면 배짱 있는 투자를 추진한다

성실하고 부지런하며 개성이 강하다. 또 사무적이고 명분을 존중하며, 사람을 가려 사귄다. 애증이 극단적이고 사람을 대할 때 편벽되어 마음에 들면 특별히 잘해주지만 별로 이해관계가 없는 사람에게는 아무리 가까운 사이라 할지라도 몰인정할 만큼 냉정하다. 그리고 남을 용서하고 이해하는 데 인색하고, 소견이 좁아 꽁한 마음을 잘 갖는다. 허황된 일에 손을 대지 않고 실익이 있는 일만을 하려고 하지만, 기회라고 생각되면 배짱 있게 투자를 아끼지 않는다. 이런 점에서 투기적이고 모험적이라고 볼 수도 있다.

여자　자신만의 흔들림 없는 판단력을 지녔으며 사람, 사물에 대한 안목이 높다

대개 똑똑하고 담대하며 노련하여 여장부 스타일이다. 사람을 보는 안목이 높아 웬만한 상대는 남자건 여자건 눈에 차지 않는다. 개성이 강해 분위기에 잘 말려들지 않고 남의 꼬임에도 넘어가지 않는다. 넓은땅으로 태어난 여자는 남성적인 풍모나 성격의 사람보다 좀 여성적인 남자, 얼굴선이 가늘고 다소 유약해 보이는 남자를 좋아하는 경향이 많다. 또 생활력이 강하고 활달하고 대담하며 사업수완이 있어서 사업을 하는 경우가 많다. 애정 면에서도 적극적이어서 누가 먼저 프러포즈를 하건 사귀는 데까지 빠르게 진행된다.

　나를 알고 상대를 읽어내면 행복한 사랑을 한다!

넓은땅으로 태어난 사람을 위한 조언

인품이 있고 신뢰가 가고 포용력이 있는 넓은땅으로 태어난 사람은 사람과 사람 사이의 중재자의 역할을 수행하기에 좋은 성향을 가졌으나, 복잡한 것을 싫어한 나머지 문제가 생기고 상황이 어려워지면 회피하고 도망가려고 하는 게으름도 가지고 있다. 그리고 그것이 해결되기를 기다리거나 다른 사람이 하게끔 만들면서 자신은 그 문제의 중심에서 빠져나와 자신만 편하면 된다는 생각을 하기 쉽다. 나와 관계가 없다면 이 문제가 어떤 식으로 확장되거나 설령 지옥과 같은 상황이 되어도 크게 상관없다는 회피를 하기 쉽다는 것이다.

복잡한 것으로부터 빠져나와 편하고 싶다는 마음은 가질 수 있지만, 자신이 그런 입장을 취함으로 인해서 더 많은 고통과 괴로움으로 하루하루를 버티면서 힘들어하는 사람들이 생길 수 있다는 것을 생각해 봐야 한다. 사람과 사람 사이의 중재라는 것은 마음의 전달인데, 공감 없이 그저 메신저처럼 중간에서 말만 전한다고 되는 것은 아니기 때문이다. 업무적으

사람 간의 문제를
외면하지 않는 것이
삶을 윤택하게 한다

로 본다면야 그런 중재도 문제가 없겠지만, 마음을 가지고 있는 사람들이 모여 있는 세상살이에서는 간과해서는 안 될 부분이기도 하다. 자신만 편하기 위해서 하는 생각이나 행동의 속도와 방관자적인 태도는 여러 사람을 곤란한 상황으로 만들기 쉽기 때문이다.

신용을 중시하고 믿음직스러우나 고집스럽고 융통성이 없어서 답답한 게 흠이니 다른 사람의 생각이나 행동의 속도를 고려하여 조화롭게 움직여 보는 것이 필요하다. 그리고 힘들 때는 같이 버텨주는 것이 세상을 살아가는 도리이기도 하다. 인생을 살면서 사람으로 인해 겪게 되는 고충은 그 누구도 피해갈 수 없는 것이기에, 나 자신 또한 언제든지 그런 고통에 직면할 수 있다는 것을 알아야 한다. 그럴 때 마음으로 중재 역할을 해주는 이가 가까이 있다면 삶이 윤택해질 수 있으니, 평소 사람 사이에서 벌어지는 문제와 아픔을 외면해서는 안 된다.

나를 알고 상대를 읽어내면 행복한 사랑을 한다!

사람의 타고난 기운 기토_땅土+음陰
촉촉한땅으로 태어난 사람

성향   **탁월한 지구력의 소유자로 사회적인 명예를**
                  중요하게 생각한다

촉촉한땅으로 태어난 사람들은 주어진 한 가지의 일에 대해 누구도 따라올 수 없을 만큼 끈질긴 지구력과 성실성을 보이며 끝까지 해내는 장점을 지니고 있다. 사교성이 좋아 친구가 많고 적을 만들지 않는다. 주위에 아는 사람이 많으니 자연히 소개가 많고 이것저것 끼어드는 것이 많아 주위의 빈축을 사기도 하나 금세 그들과 친하게 지낸다. 무엇이든 펜으로 쓰기를 좋아하며 기록을 잘한다. 가끔 엉뚱한 짓을 하고 변화의 폭이 크고 잦은 편이다.

매일매일 반복되는 일상에 충실한 타입이므로 사무직, 일반 행정직이나 기능직에서 자기 장점을 최대한 발휘할 수 있다. 또 전문적인 기술이나 지식을 가지고 있는 일을 한다고 하더라도 남다른 성실함으로 자기 입지를 확고히 구축한다. 학자적인 기품이 강하고 사회적인 명망을 중요시한다. 평생을 학문 연구에 몰두하는 사람 중에는 촉촉한땅으로 태어난 사람들이 많다. 두뇌회전이 빠르고 학문을 소중하게 여기며 사람을 사귀는 데에 지위와 체면, 경제력을 따져 만나는 경향이 있다. 이렇게 이해타산적인 면이 다분하지만, 한편으로는 신비주의 사상이나 종교에 매료되어 갑자기 생업을 포기하고 성직자가 되거나 승려로 입문하거나 하는 등 눈에 보이지 않는 세계에 탐닉하기도 한다.

모험이나 투기에는 철저히 담을 쌓고 오직 수익이 확실한 일에만 손을 대며 거금을 투자하는 일이나 큰 이익을 꾀하는 일도 잘하지 않는다. 물론 금전 대출이나 빚보증 요청도 단호히 거절한다. 평소의 생활도 근검, 절약하는 유형이나 명분이 분명한 일에는 돈을 쓰는 것을 아까워하지 않는다.

자기관리에 치밀하고 섬세하며 개성을 드러내기보다는 주변 분위기를 맞추려고 하나 대담한 지도력은 다소 부족하다. 오랜 시간에 걸쳐서 전문적인 자기 분야를 만들어내며 능력 발휘를 한다. 직업에는 포용력이 있고 대인관계가 필요한 회사원, 공무원, 서비스업 등이 어울린다.

나를 알고 상대를 읽어내면 행복한 사랑을 한다!

사랑　　남자는 사랑에 대한 태도가 신중하며,
　　　　　여자는 섬세한 보살핌이 매력적이다

촉촉한땅으로 태어난 사람들은 본래 자신의 감정을 드러내놓고
표현하지 못하는 성격이다. 그래서 좋아하는 사람이 나타나도 확
실하게 마음을 전하지 못하고 속으로만 신중하게 상황을 판단하
면서 적절한 때를 기다린다. 때로는 이렇게 머뭇거리는 모습이
상대로 하여금 먼저 적극적으로 호감을 표시하게 만드는 매력으
로 나타나기도 한다. 그래서 의외로 이성친구가 많거나 애인이
쉽게 생기며 이성교제는 한 사람으로 만족하지 못하기도 한다.
남자의 경우 심한 바람둥이 같으나 바람이라기보다는 다가오는
여자면 그것을 놓치지 않으려는 일종의 소유욕과 지배욕이다. 여
자를 대하는 면에서는 보수적이므로 애인이나 아내의 자유를 제
한한다.

　영리한 머리와 현실적인 감각이 있으며 섬세한 기질을 소유한
촉촉한땅으로 태어난 여자는 자신에게 유리한 사람에게는 자세
도 낮추고 겸손하여 그의 호감을 사려고 노력하지만 그렇지 않
으면 사귀지도 않는다. 또 배우자에게 정도 이상으로 간섭하려는
경향이 있다. 명분과 명예를 중요하게 생각하므로 남편의 위신을
세워주려 하고, 남이 그것을 느낄 수 있도록 정성을 기울인다.

남자　사회적인 명망에 중점을 두지만 신비로운 것에 대한 관심도 많다

천성이 착하고 자부심이 강하며 매사에 자신감이 넘친다. 촉촉한 땅으로 태어난 남자의 대표적인 특성은 똑똑하고 야무지며 타산적이고 이기적인 면도 있다. 때로는 이기심 때문에 가정생활에 소홀할 수도 있겠으나, 대체로 착한 천성으로 따뜻하게 대하려고 노력한다.

이왕이면 자신보다 경제, 지위, 명망이 있는 사람과 사귀려고 한다. 또 호기심이 있어서 신비로운 것에 대한 관심이 많고, 자신이 그런 일에 참여하길 좋아하며, 남이 전혀 이해하기 힘든 기괴한 취미도 갖고 있다. 짜고 인색하지만 필요하다고 생각하면 과감하게 선심을 베풀고, 건강, 명예나 취미에는 돈을 아끼지 않는다.

여자　지혜롭게 실속을 챙기며 사람관계에서 처세술이 뛰어나다

가정에 대한 신념이 분명하며 알뜰하고 절약을 잘한다. 다소 신경질적이지만 재치가 번득이며, 무척 총명하고 약고 깜찍하다. 한편 이중적인 성격을 지녀 사람을 대할 때, 그 누구든지 앞에서는 그를 치켜세워 주고 비위를 맞춘다. 그러나 본심은 그렇지 않은 경우도 있다.

　나를 알고 상대를 읽어내면 행복한 사랑을 한다!

없어 보이는 것을 싫어하여 설령 그런 상황이라고 해도 티를 내지 않고 과시하기를 좋아한다. 명예나 이익 관리에 지혜롭다.

명분을 존중하므로 남의 눈을 고려하여 비난받을 만한 짓은 하지 않는다.

촉촉한땅으로 태어난 사람을 위한 조언

콩 심으면 콩 나고, 팥 심으면 팥이 난다고 생각하는 촉촉한땅으로 태어난 사람은 그만큼 순수하고 부드러운 성품의 소유자이다. 포용력과 사교적인 성향으로 대인관계를 원만하게 하는 장점이 있으면서 실속도 차릴 수 있으니 인생살이에 대놓고 적극적이진 않지만, 순리대로 잘 살아갈 수 있는 장점이 있어 좋다. 하지만, 이러한 다정다감하고 친절한 면은 순리대로 어울리는 데에는 좋지만, 주변 사람에게 휘둘리지 않도록 마음을 담대하게 먹고 약해지지 말아야 한다.

흔히 사람들은 자신이 생각하는 대로 세상과 사람들을 바라본다. 자신의 기준으로 보니 사람들의 근본은 착하다고 생각하고 아무리 악독한 사람에게서도 연민을 느끼며 공감하고 아파하다가 또다시 악질로 변하는 상대를 보고 실망하고 회의감이 들면서 세상으로부터 멀리 떨어져서 은둔하고 싶은 마음을 갖게 되기도 한다.

기본적으로 사람과 어울리는 것을 좋아하기 때문에, 타인이 다가오는 것에 거부반응이 없는 편이다. 그래서 본인이 생

주변 사람에 대한
무조건적인 호의는
삼가야 한다

각하는 조건에 맞으면 어떤 사람인지는 따지지 않고 먼저 받아들이고 보는 자세는 때로 자신을 고통으로 얼룩진 시간에 빠뜨릴 수 있다. 사람관계는 한번 엮이는 것은 쉽지만, 끊어내기란 여간 힘든 것이 아니다.

　세상은 그리 녹록하지 않고 당신이 세상을 보는 것만큼 따뜻하고 아름답지도 않다. 그러니 정신 똑바로 차려야 본인과 당신을 믿고 있는 가족이 안전할 수 있다.

사람의 타고난 기운 경금_금金+양陽

단단한바위로 태어난 사람

성향　　매사에 자기주장이 분명하며 강인함으로 소망을
　　　　　이루는 외강내유형이다

겉보기에는 냉정하나 내면에는 따뜻한 정을 품고 있는 사람이다.
따라서 결단이 빠르고 과감하며 일단 시작한 일은 신속하게 추진
하는 타입이다. 주위 사람과의 관계 형성을 위해서 노력하지 않
으나 대인관계에서도 맺고 끊는 것이 확실해 사람들이 좋아한다.
남자의 경우 여자가 잘 따르나, 여자 쪽은 이성과의 충돌이 잦다.
의협심이 강하고 불의를 보면 참지 못하며 자신의 속마음을 내보
이지 않는 완벽주의자다.

　한편 독선적이기도 하다. 매사가 칼로 자르듯이 분명하고 강한
쇠의 성질로 인해 남들에게 굽히는 것을 죽기보다 싫어한다. 또
양기의 바위(쇠)의 강한 오행이다 보니 사회적인 혁신을 원하고

불합리한 제도를 개선하고자 하는 데 앞장서는 선구자적인 기질을 가지고 있다.

장소를 불문하고 자기 할 말을 다하는 소위 바른 소리를 잘하므로 사회생활에 어려움이 적지 않고 입신출세가 남보다 더딜 수 있지만, 꺾이지 않는 용기와 추진력, 획기적인 아이디어로 승부하여 끝내 소망을 달성한다. 정치적이지 않고 자신의 실력으로 당당하게 맞서 싸운다. 남성적인 박력과 강인함이 있지만, 외강내유(外剛內柔) 격의 본심을 가지고 있어서 어려운 자, 힘없는 자에겐 동정심을 베풀고 인정도 많은 편이다. 또 자신의 가족, 사랑하는 사람들과 자기 사람에겐 한없이 인자하고 약한 면도 있으며 속정이 깊고 눈물도 많은 편이다.

돈을 모으기에 급급하거나 구두쇠 타입이 되어 몰래 숨겨두는 사람이 아니다. 단단하고 강한 쇠처럼 직선적인 성격이므로 재산을 이리저리 돌려가면서 늘려가거나 돈을 위해 고개를 숙이는 일이라면 질색으로 싫어한다. 작은 돈에 집착하지 않고 큰돈을 원하나 그렇다고 부정한 방법으로 돈을 벌려고 하지 않는다.

결단력이 있고 완벽하게 정해진 규칙에 따라 일을 수행하는 직업인 군인, 경찰, 회사원, 승무원 또는 운동선수, 사회운동가 등이 적성에 맞다.

나를 알고 상대를 읽어내면 행복한 사랑을 한다!

사랑　　남자는 뛰어난 감정 절제, 여자는 의리있는 사랑관을
　　　　　지녔다

강인함과 남성적인 용기, 절도있는 자세와 단단해 보이는 체격을 가진 단단한바위로 태어난 남자들은 강한 남자의 표본이다. 따라서 여자들에게 인기가 많고 사랑을 받으며 이성운이 좋은 편이며 애정문제로 인한 곤란은 그다지 없는 편이다. 스스로 감정을 잘 절제하고 공과 사를 구분할 수 있기 때문이다. 사회적으로 과감하고 공명정대하며 맺고 끊음이 확실하지만, 자신의 가족들에겐 한없이 너그럽고 따뜻한 가장이 되므로 가정을 화목하게 이끄는 데 모자람이 없다.

　단단한바위로 태어난 여자들은 강한 개성과 분명한 성격에 자신의 주관이 확고하고 바른 소리를 잘하므로 애교가 넘치고 순진한 타입의 여자를 원하는 남자라면 실망할 수 있다. 그러나 생활에 신념이 강하고 계획이 확실하여 사치를 하거나 이성관계를 복잡하게 갖는 일이 없다. 사랑도 의리로 보며 지키려고 한다. 또 매사 도리에 맞게 행하므로 시댁 어른이나 친척들에게 소홀한 점이 없다. 또 남편이나 남자친구에게 다소 무심한 듯 보이나 속정이 깊고 따뜻한 마음과 배려심을 가지며, 평생 다른 상대에게 흔들리지 않는 일관성과 순정을 지니고 있어 남자에게 마음의 평안을 줄 수 있다. 상대의 성격이 우유부단하거나 무딘 편이라면 오히려 남편을 이끌고 밀어주는 훌륭한 조언자도 될 수 있다.

남자   강인하고 끈기와 집념 있는 남성상이나 여자에게는 약하다

박력이 넘치는 사나이이고, 지도자이다. 개성이 강하고 활동력이 왕성하며 결단력, 추진력이 남보다 뛰어나다. 외강내유라 겉보기는 억세고 성깔이 대단해 보이나 내면은 마음이 약해서 차마 모진 일을 하지 못한다. 남자의 대표적 성격을 지닌 단단한바위의 남자는 사회에서는 누구에게도 굽히지 않고, 특히 강인성이 얼굴이나 외모에서도 나타나 남이 함부로 깔보지 못한다. 하지만 강한 자에 강하고 약한 자에 약한 사람이다. 특히 여자에게 약하다. 일찍 성공하지는 못하나 목표를 세우면 온갖 어려움을 극복하고 기어코 달성하고야 만다. 그만큼 끈기와 추진력이 대단하다.

여자   자기 주체성이 분명하고 남의 눈치를 보지 않고 바른 말을 잘한다

성격이 강하고 솔직하며, 주체성이 분명하여 분위기에 흔들리지 않고 감언이설에 잘 넘어가지 않는다. 이상보다 현실에 충실하며 시대의 흐름에 민감하다. 바람기가 있는 것 같으면서도 방종하지 않고, 사치와 허영에 빠지지 않는다. 남이 어떻게 생각하든 고려하지 않고 입바른 말을 잘하고, 남편의 바람기를 용납하지 않는다. 또 억세고 사납고 너무 똑똑하여 웬만한 남자로서는 단단한 바위로 태어난 아내한테 쩔쩔매게 된다. 그래서 남편을 공처가로 만들기도 쉽다.

    나를 알고 상대를 읽어내면 행복한 사랑을 한다!

단단한바위로 태어난 사람을 위한 조언

완벽주의적인 성향이 강해 한번 일을 시작하면 규칙에 따라서 단계적으로 끝까지 마무리를 잘한다. 하지만 완벽주의의 단점이라고 한다면 모든 것들이 완벽하게 세팅이 되어있지 않는다거나 이것을 시작해서 완벽하게 할 수 있는 상황이 아니라면 아예 시작도 하지 않고 어중간한 상황도 만들지 못한다는 것이다. 완벽이라는 것도 어찌 보면 자기 기준으로 완벽하거나 완벽에 가까운 상태이므로 다분히 심리적인 요소가 강한 편이다. 예를 들면 청소를 한번 하면 완벽하게 눈에 먼지 하나 보이지 않게 청소를 하는 타입일 수 있지만, 완벽한 청소를 할 수 있는 시간이 없다거나 그만큼 할 체력이 확보되지 않은 상황에서는 아예 시작도 하지 않아 집이 완전히 지저분한 상태가 될 때까지 방치할 확률이 크다.

모든 일이 완벽하다면 좋겠지만 불완전하고 만족이 안 되게 일을 하더라도 일단 조금씩이라도 시작하고 마무리 지으면서 해나가는 것이 장기적으로 봤을 때는 좋을 수 있다. 세상에 완벽이라는 것은 없다. 완벽해야 한다는 강박을 버려야 한

자신의 완벽주의를
조절할 줄 아는
유연성이 중요하다

다. 그런 완벽에 대한 강박 때문에 자신이 세운 원칙에 자신을 몰아넣고 그렇게 못할 경우, 심한 자책감이나 우울감을 가지게 된다면 그것도 건강하지 못한 모습이 되는 것이다.

사람과의 관계에서도 끝장을 보려고 하는 마음가짐 때문에 좋고 싫음이 분명하므로 대인관계가 넓지는 못하나 의리가 강하고 맺고 끊음이 분명한 장점이 있다. 또 대인관계는 반드시 넓어야 좋은 것만도 아니라는 관점에서 봤을 때 자신의 천성대로 사람관계를 맺어가는 것은 뭐라 나무랄 일은 아니지만, 완전을 추구하면서 자신이 희생당하지 않도록 하는 것이 중요하다. 또, 의리와 책임감이 있고 자기 사람을 잘 지켜 나아가는 것은 장점이나 자신과 가족 또는 다른 사람들에게는 지나친 자기주장으로 미움을 사기 쉬운 면이 있다. 천성에 맞게 사는 것이 좋을 수 있으나, 자기 사람과 아닌 사람에 대한 자기주장의 강도를 조절해 보는 것은 어떨까.

나를 알고 상대를 읽어내면 행복한 사랑을 한다!

사람의 타고난 기운 신금_금金+음陰

날카로운 금속으로 태어난 사람

성향　　냉철한 판단력과 계획적인 행동력을 지녔으며
　　　　　자기애가 강하다

사람 자체가 냉정하고 깨끗하다. 총명하고 지혜롭고 현명하며 외
모가 준수하나 까다로운 성격이다. 치밀하고 계획적이며 냉철한
판단력을 가지고 체계적으로 일을 진행하므로 일이 완벽하다. 이
성이 많이 따르기 때문에 결혼 전에 편력이 많아지고 결혼 후에
도 자유로운 연애를 꿈꾸기도 한다. 자기 자신이 최고라고 생각
하며 다소 이기적인 면이 있고 자만심이 강해 사교에 문제가 있
을 수 있다.

　날카로운 금속으로 태어난 사람은 여성적인 미남형 또는 미인
형으로 굉장히 우수에 찬 용모와 성격을 지니고 있어서 남녀 모
두 이성을 끄는 매력이 넘친다. 호감이 가는 외모에 성격도 크게

제 5장 인생,　　　　　　　　　　　　　　　　　　　　　　282

모나지 않으며 매너와 격식을 갖췄으므로 대인관계가 원만하고 귀공자, 양갓집 외동딸과 같은 인상을 풍기며 옷맵시와 주변 환경을 항상 깔끔하게 정리하고 살아간다. 그러나 인내심이 부족한 편이고 의지가 약하여 큰일을 성취하려면 많은 노력이 필요하고 현실 감각과 추진력이 미약한 것이 단점이다.

생활력이 강하고 안정을 선호하여 무리하게 투자하지 않고, 실속있는 금전관리를 한다. 사소한 것이라도 꼼꼼하게 따지므로 피곤한 면이 있다. 현실적인 면이 강해 돈이 없을 경우 스트레스를 많이 받는 편이고 이런 면이 생활력을 강하게 만들어 발전적으로 일을 하는 원동력이 되기도 한다.

직업으로는 냉철하고 단호하고 엄격하게 일을 해야 하는 기술직 또는 엔지니어나 역술가, 전문직 등과 함께 가수나 배우 등 연예인도 많다.

사랑　　남자는 애정에 있어 과거 정리가 빠르며
　　　　　여자는 감성적 공감으로 사랑에 빠진다

날카로운금속으로 태어난 남자들은 우수 어린 매력적인 외모와 깔끔한 매너, 단정한 몸가짐으로 자연스럽게 많은 여자에게 사랑받으므로 이성관계를 그다지 심각하게 생각하지 않는다. 대신 자기 생활을 우선시하거나 사회적인 활동, 폭넓은 대인관계, 문화적인 취미를 갖는 일에 더 열성을 보인다. 그러나 일단 자기 마음

　　　나를 알고 상대를 읽어내면 행복한 사랑을 한다!

에 드는 여자가 나타나면 오랜 시일 공을 들여서 자기 사람으로 만들며 이렇게 사랑에 빠져서 손해를 보는 줄 알면서도 지속적으로 사랑을 표현한다. 이런 과도한 초기 애착의 시기가 지나고 헤어지게 되면 또 언제 그렇게 몰두했는가 싶을 정도로 인연을 정리하고 발길을 끊는 냉정함도 가지고 있다. 특히 새로 연인을 사귀게 되면, 과거의 정 따위는 생각조차 나지 않을 만큼 감정정리가 빠르다. 날카로운금속으로 태어난 남자들은 이렇게 애정이 편벽되므로 결혼하면 아내에게 최선을 다하고 아껴준다.

날카로운금속으로 태어난 여자들 또한 남자들과 비슷하다. 싹싹하고 이해심이 많은 성품에 고급 의상을 걸치지 않고도 귀티가 나는 용모이며 미인의 얼굴은 아니라도 어딘지 매력이 느껴지는 장점을 갖추고 있고, 많은 이성친구를 두게 되며 주변에서 좋아한다면서 쫓아다니는 남자들이 적지 않다. 문화적인 안목이 높고 깍듯한 매너와 깔끔한 옷차림의 남자를 선호한다. 간혹 현실적인 경제력을 생각하지 않고 상대 남자의 학문적인 지식이나 예술적인 안목에 결혼을 결심하였다가 뒤늦게 후회하는 경우도 있다. 문화를 좋아하고 예술적 또는 감성적으로 공감할 수 있는 상대와 사랑에 빠지기 쉽다.

남자 친근감과 부드러운 인상을 주며 삶의 멋을 알고
이를 즐긴다

멋을 아는 남자가 많다. 자신을 높이지도 않고 거만하지도 않으며, 상대방의 귀에 거슬리는 말도 하지 않는다. 속마음을 털어놓아도 좋을 만큼 폭넓은 이해력도 있다. 의지가 약하고 주관이 뚜렷하지 않은 경향이 있어, 귀가 얇고 한 가지 일을 끝까지 물고 늘어지는 인내가 부족해서 이것저것 계획을 세우고 많은 일에 손대지만 중도에서 그만두는 경우가 많은 게 약점이다. 보수적인 경향이 있어 보통 아내가 사회활동을 하는 것을 달갑게 여기지 않는다. 혹은 질투심이 강하고 의처증이 있는 사람도 많다.

여자 이해심과 아량을 지녔으며 이성의 마음을 끄는
매력이 충만하다

여자면서도 남자 못지않은 이해심과 아량으로 때로는 좋은 일을 위해서 다소의 손해도 개의치 않는다. 아무리 수수한 차림새라도 야해 보이고 바람기가 있어 보이기 때문에 남자들의 유혹을 가장 많이 받게 된다. 결혼 후에도 호화롭고 사치스러운 삶을 살고자 하며 의젓하고 주관이 뚜렷한 남자를 좋아한다. 자신이 남자를 지배하기를 원하지 않으며, 자신을 꼼짝 못 하도록 인격과 위엄으로 훨씬 우위에 있는 남자를 남편으로 섬기고 싶어 한다. 또 가정에서 남편한테 베푸는 애정과 서비스는 그 누구도 못 당한다.

나를 알고 상대를 읽어내면 행복한 사랑을 한다!

날카로운금속으로 태어난사람을 위한 조언

✳ 　　　　　날카로운금속으로 태어난 사람은 냉철하고 단
호하게 때로는 까다롭게 일을 추진하여 성과를 얻어내고 그
결과 화려하고 멋스럽게 살기를 원하는 마음이 내재되어 있
다. 그렇기 때문에 상처나 실패를 경험할 경우 그 사실을 인정
하지 못하고 잊지 못해, 상처를 회복하는 데 남들보다 시간이
많이 걸린다. 내면적인 자만심이나 자존감도 강한 데다가 섬
세하고 날카로운 면도 있으니 상처를 잘 받지는 않지만 한번
받게 되면 치명적으로 오래 남게 된다.

　냉정하고 날카로운 예민함은 직관적으로 사람이나 사물을
느끼고 이해하는 통찰력으로 발휘가 되나 자칫 자기 본위의
삶을 취하면서 인간관계에서 까다롭게 보여 팍팍하게 흘러갈
수 있는 가능성도 있으니 조금 무던하게 작정을 해보는 것도
좋을 것이다. 처음부터 엄격한 자기 기준에 맞추어 사람을 골
라내면 진정한 자기 사람을 놓치게 될 수도 있다. 또 타인과의
관계에서 때로는 날카로운 지적보다는 감성적인 위로가 필요
한 순간도 있다는 것을 잊지 말자.

상처와 실패를
극복할 줄 아는 지혜로움으로
세상을 바라본다

외모가 단정하고 아름다우며 멋을 아는 사람이다. 이제껏 살아오면서 받았던 상처로 인해서 괴로움도 괴로움이지만, 세상을 바라보는 눈이 냉소적으로 바뀌었을 가능성이 커 안타깝다. 누구나 인생에서의 상처는 있다. 그 상처를 보듬고 치유하는 시간을 충분히 가져야 본래의 천성에 맞는 행복에 더다가갈 수 있을 것이다.

나를 알고 상대를 읽어내면 행복한 사랑을 한다!

사람의 타고난 기운 임수_물水+양陽

큰물로 태어난 사람

성향　　사나움과 잔잔함이 공존하며 능수능란한 처세술을
　　　　　소유하고 있다

물과 같이 흘러 다니는 유랑벽이 있고 법이나 도덕 규범의 불합
리한 점이 있으면 적극적으로 바꾸려고 하는 성격이다. 즉 개혁
과 변화를 원하는 성향으로 차고 냉철하며 자신이 정한 목표를
향해 무작정 돌진하는 스타일이다. 아이디어가 탁월하고 두뇌회
전이 빠르며 포용력이 있고 대범하니 형이나 언니 노릇을 잘하는
리더 스타일이다. 대인관계는 사교적이어서 무난하지만, 한번 어
긋나면 돌이키기 힘들다.

　거대한 강줄기를 따라 흐르는 물의 도도함과 막힘없이 흐르는
물의 유구성은 인생의 본질을 성찰한 성자의 지혜, 진리, 철학, 이
념과도 비견된다. 따라서 큰물로 태어난 사람은 홍수처럼 급하고

거친 성격과 잔잔한 호수나 강물의 흐름처럼 유연하고 순응적인 기질을 모두 가지고 있다. 기발한 발상을 하여 현실적인 어려움, 당면한 과제를 해결하고 상황을 유리하게 이끌어가는 데 재주를 나타낸다. 사람들과 연결고리, 사업을 위한 자금의 흐름을 훤히 꿰뚫고 있으며 어떤 상황에서든 주어진 문제를 능수능란하게 처리하는 유연성을 갖추었으므로 어디에서건 사람들이 많이 따르고 모임이나 단체의 리더가 되어 화려한 경력을 쌓게 된다. 주의할 것은 홍수와 같은 사나움, 호수와 같은 잔잔함이 공존하는 성격이므로 한번 화를 내면 걷잡을 수 없이 난폭해져서 주변 사람에게 비난을 받는 일이 생길 수 있다. 또 환경 적응력이 뛰어나지만, 뒷심이 약하다.

대인관계가 원만하고 넓으며 이재에 밝아 돈의 흐름과 활용방법을 잘 알고 있다. 투기나 모험적인 것을 좋아하지 않고 의외로 안정적이고 보수적인 경제개념을 가지고 있다. 그러나 자신의 머리와 거듭되는 행운만 믿고 지나치게 사업을 확장하거나 대규모 투자나 주식 등을 통한 이익을 꾀하다간 의외의 장애를 만나 패가망신할 수도 있다.

지적이고 창조적이며 진보적이다. 부지런하며 활동성이 강하고 하나의 일에 빠지기보다 새로운 변화를 즐기며 추구한다. 특히 정보산업이나 첨단산업, 특허 상품의 개발과 판매, 유통, 독창적인 예술창작, 획기적인 광고로 이목을 집중시킨다.

나를 알고 상대를 읽어내면 행복한 사랑을 한다!

사랑　　남자는 이성의 구애를 많이 받으며, 여자는 다양한
　　　　　유형의 이성을 만난다

큰물로 태어난 사람은 사회적으로 유능하고 처세에 밝다. 이성
과의 교제에 능하고 많은 이들에게 구애를 받으며 남자는 여복
이, 여자는 남자복이 있는 편이다. 큰물로 태어난 남자는 매력적
인 외모와 우수 어린 표정으로 주변 여자들의 가슴을 설레게 한
다. 또 분위기를 중시하므로 플레이보이 기질이 다분하고 구애를
하는 여자들이 많아 지키지 못할 사랑의 언약을 남발하고 다니게
된다. 더구나 이들은 성적인 에너지와 욕구가 강한 편이기도 하
다. 스스로 애정관계를 깔끔하게 정리하고 후회할 만남은 가지지
않는 것이 상책이다. 자칫 잘못하다가는 여러 여자에게 원망을
사며 여자 문제로 유망한 앞길을 망칠 수도 있다.

　큰물로 태어난 여자들 또한 성적 매력이 있는 용모를 풍기며
지적이고 세련되어 보이는 표정과 매너로 많은 남자를 사랑에 빠
지게 만들며 인기를 한 몸에 차지한다. 재치 있는 일 처리, 시원한
성격으로 사교계의 중심인물이 되거나 유능한 사회활동가로 명
성을 쌓는다. 또 대인관계나 이성관계도 개방적이고 적극적이므
로 다양한 유형의 사람들과 사귀며 정열적인 사랑을 불태우기도
한다.

남자　때로는 유연하게 때로는 과격하게 흐르고
　　　머물지 않는 물과 같다

성질이 나기 전에는 사람이 좋고 자기 손해도 불사하면서 후한 인심을 베풀지만, 한번 성질이 나면 위아래나 예의 따위는 무시하고 자기 성격대로 행동하는 과격파이다. 매우 똑똑한 사람이 아니면 좀 어수룩한 사람을 큰물로 태어난 남자에게서 많이 볼 수 있다. 또 얄팍한 잔꾀는 부리지 못하고, 도리어 남의 그런 꾀에 속는 수가 있다. 실속보다 체면, 가정보다 사회에 비중을 두어 아내는 불만스럽고 좀 짜증이 나도 남편이 하는 짓이 밉거나 권태롭지는 않을 것이다. 인생이 역동적이며, 자기 잘못이 있으면 슬기롭게 시인하고 쩔쩔매기도 하는 약한 면이 인간적이기도 하다.

여자　억센 듯하지만 여성스러운 애교가 넘치며
　　　웃는 모습이 예쁘다

명랑하고 활발하고 부끄러움을 타지 않으며 시원스럽다. 성깔도 있고 억센 듯하지만, 여자가 갖추어야 할 애교와 매력도 있으며, 웃는 모습이 자연스럽고 웃을 때 입 모양이 예쁜 여자가 많다. 여성스러우면서도 과감하며 남에게 의지하지 않고, 웬만한 일은 스스로 해결하며 무슨 일에나 태도가 분명하다. 혹 낭만적인 여자도 있어 기분에 따라서는 씀씀이가 크기도 하지만 계획 없는 낭비는 하지 않는다. 자신을 위해서는 절약성이 대단해도 써야 할 일이면 손이 크다는 평을 들을 만큼 멋지게 쓰는 타입이다.

　나를 알고 상대를 읽어내면 행복한 사랑을 한다!

큰물로 태어난 사람을 위한 조언

~~~~~~ 큰물로 태어난 사람은 창조적이고 적극적이며 에너지가 넘치는 편이다. 그러니 그 에너지를 본인 스스로도 주체할 수 없어 한 가지 생각이나 일에 머물지 못하고 다양한 곳에 관심을 두고 움직이며 성과를 낸다. 호기심과 새로운 것에 대한 동경도 강하니 항상 새로운 사람을 만나고 새로운 곳으로 주기적으로 여행을 다니기 쉽다. 이러니 항상 변화에 적극적으로 해결책을 찾으면서 동분서주 다양한 분야에서 성과를 낼 수 있다.

사람을 끄는 매력이 있어 사람들의 무리 속에서 더 빛나고 리더로서 사람을 끌어주고 챙겨주는 능력도 남달라 많은 사람이 따르고 함께하지만, 다소 실속이 없을 수 있다. 또, 많은 사람을 만나면서 정작 가장 가까운 가족들에게 소홀할 수도 있으니 유념이 필요하다. 결국 자신의 마음에 평안을 주고 안정을 들게 해주는 근본은 가장 가까이에 있는 가족과 친구들이므로 이 사람들에게 할애할 시간과 에너지를 조금 더 높이는 것이 좋아 보인다.

자신의 넘치는
에너지를 잘 분배하는
슬기로움이 요구된다

더불어 그 넘치는 에너지를 타인에게 쏟다 보니, 자칫 과하여 상대방으로 하여금 지쳐버리게 할 수도 있다는 것을 명심하자. 같은 큰물로 태어난 사람은 이러한 격한 에너지를 유연하게 넘길 수 있지만, 다른 기질의 사람들을 숨 막히게 할 수도, 너무 버겁게 만들 수도 있다.

하지만, 달리 생각해 보면 큰물로 태어난 사람은 워낙 에너지가 넘치다 보니 다른 사람들에게 줘도 그 에너지는 쉽게 방전되지 않고 보통의 다른 사람의 에너지를 넘어서는 마력의 소유자이기도 하니 주체하지 못하는 기운을 사람들과 나누고 있는 모양새라는 생각이 들기도 한다.

사람의 타고난 기운 계수_물水+음陰

옹달샘으로 태어난 사람

성향　　사물과 현상에 대한 통찰력이 뛰어나며 다방면으로
　　　　관심을 지녀 팔방미인이 많다

냉정하고 계산이 빠르며 자존심이 강해 남에게 지는 것을 싫어한
다. 자신과 자신의 가족을 위해서는 수단과 방법을 가리지 않고
잘해주려는 목적을 달성하려 한다. 그러나 이 때문에 종종 다투
게 되고 욕을 먹는다. 아는 것 많고 자존심도 강해 모든 일을 자기
주관대로 진행하지만, 협상에는 능숙하지 못하다. 이기적인 면도
있으나 일단 마음을 준 사람에게는 확실하게 잘해준다.

　옹달샘의 작은물은 지하수처럼 겉으로 드러나지 않는 물의 성
격을 갖는다. 따라서 옹달샘의 작은물은 밖으로 드러나지 않는
곳이나 일에서 누구보다 성실하게 처리해 나간다. 여러 방면의
지식을 습득하거나 취미가 다양하여 사람들에게 팔방미인이라

제 5장 인생,　　　　　　　　　　　　　　　　　　　294

는 소리를 듣는다. 사물과 현상을 올바로 판단하는 데에 결정적으로 필요한 통찰력을 갖고 있어서 군대라면 작전참모 역할, 기업체 하면 회장 비서실이나 비서실 최고 책임자로 능력을 발휘한다.

성품은 자존심이 강하고 불같이 폭발하는 면이 있으나 평소 타인을 존중할 줄 알고 인내심도 있어서 무모한 행동은 하지 않으며 자신의 마음을 잘 드러내지 않으므로 좋은 사람들과 교류하며 무난한 사회생활을 영위한다. 따라서 옹달샘의 작은물은 지하경제나 소규모의 유통단위를 나타낸다. 또 옹달샘은 음기의 물 성질을 지니고 있으므로 돈의 흐름과 밀접한 관계를 맺고 있다.

큰 욕심을 부리지 않고 조금씩 돈을 모아가는 실속파이다. 정확하고 확실한 계산을 좋아하고 내 것과 아닌 것에 대한 분명한 태도를 취한다. 현실적이고 경제관념이 꼼꼼한 편이다. 투기적이기보다는 안정적인 생활을 원한다.

크고 화려한 것보다는 실속있고 빈틈없이 내실을 기한다. 적극적인 리더보다는 참모나 비서의 역할이 어울린다. 차분한 조언을 잘하고 비밀스러운 이야기를 즐긴다. 활발한 직업보다는 사무직, 교육자 등에 적합한 타입이다.

나를 알고 상대를 읽어내면 행복한 사랑을 한다!

사랑   남자는 이성의 모성본능을 자극하며,
         여자는 일편단심 순정파가 많다

옹달샘의 작은물로 태어난 남자들은 다소 나약하고 소심한 면모를 가지고 있다. 좋아하는 여자가 나타나도 머뭇거리다가 호감을 표현하는 시기를 놓치고 후회하기도 한다. 지하로 흐르는 물, 즉 음기가 강한 물이기 때문에 숨겨지는 것이 많고 겉으로 표현하지 못하는 면이 많기 때문이다. 때로는 이런 우유부단한 소심함이 여자의 모성애를 자극하여 오히려 여자운이 길할 수도 있다. 결혼하면 사업을 무리하게 벌인다든가 부인과 상의 없이 독단적으로 일을 처리하는 성격이 아니므로 비교적 평탄한 가정을 꾸려간다. 한편으론 아내와 자녀들에게 보수적이고 권위적인 가장의 존재를 부각시키는 단점도 있다.

여자들은 내성적이고 온순하며 차분한 성품으로 많은 남자에게 사랑을 받게 된다. 순정파이지만 극단적인 애정관을 가지고 있기도 하다. 즉 이들은 한 사람을 좋아하면 일편단심의 순정으로 그 사람의 허물까지도 사랑하며 설사 다른 사람을 좋아하는 낌새를 눈치채도 이해하려고 애쓰는 타입이다. 큰 배신을 당해 상처를 받은 경우에는 죽을 때까지 잊지 않고 한으로 남아서 떠나간 남자를 증오하면서 살게 된다. 극단적인 성향이 강하기 때문이다.

남자　자신을 낮출 줄 알며 사교활동보다는 내면 성찰에
더 관심이 많다

신경이 예민하고 재치가 있으며 언행이 단정하다. 남을 대하는 매너가 좋고, 남의 귀에 거슬리는 말을 잘하지 않으며 상대방의 인격을 존중한다. 자존심이 무척 강해도 자신을 낮추고 남을 높이며, 성격은 불같이 급하면서도 거칠거나 무모한 짓을 하지 않는다. 자기만의 시간을 즐길 줄 알며, 관심이 대인관계 같은 외부에 있기보다는 내면이나 안정적인 삶에 쏠려 있다. 원치 않는 인간관계에 끌려다니는 것은 천성에도 맞지 않고 시간 낭비라고 생각하지만, 속정이 있어서 오랜 시간 두고 볼수록 인간적인 매력이 있다. 겉보기와 달리 내면은 이기적이고 냉정하며 가정적으로 책임감이 부족한 사람이 있는가 하면, 다정다감하여 아내나 자식에게 깊은 애정을 쏟는 상반된 두 가지로 분류할 수 있다.

여자　이성에게 헌신하기도 하지만, 사랑의 배신으로 받는
충격이 크다

대체로 온순하고 차분하고 얌전한 편이며 희생정신과 봉사정신이 있어 현모양처의 조건을 갖춘 사람이라 할 수 있다. 겉은 다소 말괄량이처럼 보일 수도 있지만, 조금만 그 속을 들여다보면 수줍음이 많고 한결같은 감정을 줄 수 있는 순정과 일관성이 있다. 한번 누군가를 사랑하면 다른 이성은 눈에 잘 들어오지 않고 상

나를 알고 상대를 읽어내면 행복한 사랑을 한다!

대를 위해 헌신적인 사랑을 할 수 있는 타입이다. 교제 중에 남자가 마음이 식거나 혹은 다른 여자를 만나도 쉽게 단념하지 않는다. 다만, 다른 여자에 비해 사랑의 배신에서 오는 충격이 몇 배나 크기 때문에 극단적으로 절망과 자포자기에 빠지게 될 가능성도 높다.

옹달샘으로 태어난 사람을 위한 조언

사람들과 어울리고 함께 있기보다는 조용히 내면에 관심을 가지는 성향이 있다. 다정하고 지혜로우나 자신이나 가족이 힘든 상황이 되면 갑자기 변하여 한순간 크게 폭발하는 이중적인 면이 있기도 하다. 손해 보는 일을 잘하지 않고 무모한 일도 벌이지 않으니 인생에서 큰 사고를 치는 일은 없겠지만, 모든 일에서 조금이라도 손해를 보지 않는다거나 모든 것은 공평하게 나눠야 한다고 생각하는 치밀한 사고는 때로 주변 사람을 숨 막히게 할 수도 있다. 인생은 조금 손해를 보기도 하고 도움을 받기도 하는 것이기 때문이다.

하지만, 옹달샘의 작은물로 태어난 사람은 타인에게 아쉬운 소리를 하는 데 익숙하지 않기 때문에 자신이 그런 어려운 상황이 되지 않기 위해서 하나하나 매 순간 준비하고 대응하고 있는 것인지도 모른다. 섬세하고 차분하게 자신의 일을 묵묵히 해나가지만, 사람들과의 관계 속에서 속기 쉽고 이용당하기 쉬운 면이 있으니 보다 전문적인 자기 분야의 일을 가지는 것이 좋으며, 그렇게 해야만 혼자 남겨질 수 있을 것 같은

자신을 지탱해줄 수 있는
전문분야를 갖추어야 한다

미래에 대한 불안감도 떨쳐낼 수 있다.

또, 자칫 사랑의 실패에서 오는 충격을 조금이나마 긍정적인 길로 인도해 줄 수 있는 것이 자기만의 일이나 취미가 될 수 있다. 상대방의 배신으로 인해 겪게 되는 정신적인 고통은 걷잡을 수 없는 거친 파도와 같아서 여간해서는 헤어나오기가 쉽지 않다. 하지만 그럴 때 자기만의 전문적인 분야라는 구명조끼를 입고 있다면, 그런 회오리 속에서도 마음을 다잡고 무사히 헤쳐나오는 데에 도움을 받을 수 있다.

나를 알고 상대를 읽어내면 행복한 사랑을 한다!

사랑에 아파하는 당신에게

들리고 듣고 귀 기울인다. 보이고 보고 바라본다.
'자꾸 바라보게 된다.'

환하게 웃는 반전 미소가 아름답고 그 입매가 예쁘다.
'어떻게든 인연을 잇고 싶다.'

오물거리고 말하고 대화한다.
'나에 대해 어떻게 생각할까.'

말 한마디와 행동 하나, 문자 한 개, 통화 중 말에 온 신경이 곤두
선다. 그리고 희망을 본다.
'나와 같은 마음일까.'

닿고 만지작거리고 손 내민다.
'우리 이렇게 시작했으면 하는데, 어때?'

떠오르고 느끼고 감동한다. 보고 싶어 한걸음에 달려간다.
'보고 싶어.'

설렘과 두근거림, 이런 사랑을 이제 만났다는 행복감에 몰입된다.
'너무 행복해.'

생각나고 기다리고 그리워한다.
'너의 모든 게 알고 싶어.'

욕심이 깊어지고 마음을 갖고 싶다.
'우리 오래오래 함께하자. 절대 헤어지는 일 없이.'

그 사랑이 수평저울처럼 양쪽의 균형이 생기면 좋겠지만 늘 한쪽
으로 기울게 된다. 누군가는 그 사랑에 익숙해지고 다른 누군가
는 서운함이 생기고 연락이 안 되어 조바심이 난다. 더 잡고 완전
히 소유하고 싶은 쪽과 잡으면 잡을수록 밖으로 돌고 싶은 쪽 사
이에서 점점 금이 가기 시작한다. 애잔하다.

사랑에 아파하는 당신에게

그리고 몇 번의 이별과 재회, 그리고 영영 이별까지.
이별은 늘 가슴이 녹아내리는 것 같은 고통을 준다.
그 슬픔과 고통으로 일상이 매몰될 만큼 견디기 힘들다.
하지만, 또 버티고 살아야 하는 것이 인생이다.

이렇듯 사랑은 늘 아프지만,
당신이 이 사랑의 어디쯤에 있건 당신과 당신의 그 사랑을 마음
깊이 진정으로 응원한다.
그리고 그 사랑이 꽃피워질 날을 진심을 다해 기도한다.

박성준

살(煞)에 관하여

살이란 사람이나 생물, 물건을 해치는 모진 기운이란 뜻이다. '살'
이 꼈다고 하면 무섭고 두렵지만, 음양오행의 생극제화(생하고 극
하고 제압하고, 합하여 다른 것으로 변하는 것) 이론에 잘 맞지 않으므로
무조건적 맹신과 두려움보다는 조심하는 정도의 삶의 지표로 삼
는 것이 지혜롭겠다. 다만, 참고로 아래와 같은 살이 있다는 정도
만 보고 넘어가면 되겠다.

주요 살	의미
역마살	정처 없이 떠돌아다닌다.
도화살	색정이 강하며 인기가 많다.
홍염살	풍류를 즐기고, 감성적이다. 주색을 밝히고, 남자는 첩, 여자는 정부를 두거나 남자를 따라 도망간다. 남녀 모두 애교가 많고, 다정다감하다.
망신살	망신을 당하고 체면이 구겨진다.
백호대살	피를 본다. 교통사고를 말하기도 한다.
괴강살	사람을 제압하는 강력한 기가 있다. 청렴결백, 이론 능하고 미모 겸비해 과부가 많다. 모든 일에 주동자가 되고, 여걸로 사회에 부각되고, 가족 전체를 부양한다.
양인살	고집이 세고, 난폭하고 폭력적이다.
화개살	귀인의 도움을 받고 신앙심이 풍부하다.

주요 살	의 미
고신살, 과숙살	배우자 사별, 이별, 고독한 생활을 한다.
장성살 (장군살)	주체성이 강하여 남의 말을 무시한다.
재살	일생 동안 재앙이 속출한다.
반안살	꾸미기를 좋아하고 장식을 잘한다.
천살	하늘을 보고 눈물 흘린다. 항공기 사고를 당한다.
육해살	가족 간에 불화가 많다.

생일운만세력

※ 1930년 ~ 2030년

※ 생일 양력 기준

※ 먼저 태어난 연대 페이지를 찾는다. 그리고 표의 맨 왼쪽에서 자신의 태어난 연도를 찾고,
   그 가로 라인을 따라가면 자신의 태어난 달을 찾을 수 있다. 그 칸에서 아래로 내려가 태어
   난 날과 만나는 곳을 보면 자신에게 해당하는 음양오행의 타고난 기운을 알 수 있다.

1930년대생 생일운 찾기

1930년	9월 10월	11월 12월					3월	1월 4월 5월	2월 6월 7월	8월
1931년		3월	1월 4월 5월	2월 6월 7월	8월	9월 10월	11월 12월			
1932년	8월	9월 10월	11월 12월				1월 3월	2월 4월 5월	6월 7월	
1933년			3월	1월 4월 5월	2월 6월 7월	8월	9월 10월	11월 12월		
1934년	8월	9월 10월	11월 12월					3월	1월 4월 5월	2월 6월 7월
1935년			3월	1월 4월 5월	2월 6월 7월	8월	9월 10월	11월 12월		
1936년	6월 7월	8월	9월 10월	11월 12월				1월 3월	2월 4월 5월	
1937년			3월	1월 4월 5월	2월 6월 7월	8월	9월 10월	11월 12월		
1938년	2월 6월 7월	8월	9월 10월	11월 12월					3월	1월 4월 5월
1939년			3월	1월 4월 5월	2월 6월 7월	8월	9월 10월	11월 12월		
1일	큰나무	작은나무	큰불	작은불	넓은땅	촉촉한땅	단단한바위	날카로운금속	큰물	옹달샘
2일	작은나무	큰불	작은불	넓은땅	촉촉한땅	단단한바위	날카로운금속	큰물	옹달샘	큰나무
3일	큰불	작은불	넓은땅	촉촉한땅	단단한바위	날카로운금속	큰물	옹달샘	큰나무	작은나무
4일	작은불	넓은땅	촉촉한땅	단단한바위	날카로운금속	큰물	옹달샘	큰나무	작은나무	큰불
5일	넓은땅	촉촉한땅	단단한바위	날카로운금속	큰물	옹달샘	큰나무	작은나무	큰불	작은불
6일	촉촉한땅	단단한바위	날카로운금속	큰물	옹달샘	큰나무	작은나무	큰불	작은불	넓은땅
7일	단단한바위	날카로운금속	큰물	옹달샘	큰나무	작은나무	큰불	작은불	넓은땅	촉촉한땅
8일	날카로운금속	큰물	옹달샘	큰나무	작은나무	큰불	작은불	넓은땅	촉촉한땅	단단한바위
9일	큰물	옹달샘	큰나무	작은나무	큰불	작은불	넓은땅	촉촉한땅	단단한바위	날카로운금속
10일	옹달샘	큰나무	작은나무	큰불	작은불	넓은땅	촉촉한땅	단단한바위	날카로운금속	큰물
11일	큰나무	작은나무	큰불	작은불	넓은땅	촉촉한땅	단단한바위	날카로운금속	큰물	옹달샘
12일	작은나무	큰불	작은불	넓은땅	촉촉한땅	단단한바위	날카로운금속	큰물	옹달샘	큰나무
13일	큰불	작은불	넓은땅	촉촉한땅	단단한바위	날카로운금속	큰물	옹달샘	큰나무	작은나무
14일	작은불	넓은땅	촉촉한땅	단단한바위	날카로운금속	큰물	옹달샘	큰나무	작은나무	큰불
15일	넓은땅	촉촉한땅	단단한바위	날카로운금속	큰물	옹달샘	큰나무	작은나무	큰불	작은불
16일	촉촉한땅	단단한바위	날카로운금속	큰물	옹달샘	큰나무	작은나무	큰불	작은불	넓은땅
17일	단단한바위	날카로운금속	큰물	옹달샘	큰나무	작은나무	큰불	작은불	넓은땅	촉촉한땅
18일	날카로운금속	큰물	옹달샘	큰나무	작은나무	큰불	작은불	넓은땅	촉촉한땅	단단한바위
19일	큰물	옹달샘	큰나무	작은나무	큰불	작은불	넓은땅	촉촉한땅	단단한바위	날카로운금속
20일	옹달샘	큰나무	작은나무	큰불	작은불	넓은땅	촉촉한땅	단단한바위	날카로운금속	큰물
21일	큰나무	작은나무	큰불	작은불	넓은땅	촉촉한땅	단단한바위	날카로운금속	큰물	옹달샘
22일	작은나무	큰불	작은불	넓은땅	촉촉한땅	단단한바위	날카로운금속	큰물	옹달샘	큰나무
23일	큰불	작은불	넓은땅	촉촉한땅	단단한바위	날카로운금속	큰물	옹달샘	큰나무	작은나무
24일	작은불	넓은땅	촉촉한땅	단단한바위	날카로운금속	큰물	옹달샘	큰나무	작은나무	큰불
25일	넓은땅	촉촉한땅	단단한바위	날카로운금속	큰물	옹달샘	큰나무	작은나무	큰불	작은불
26일	촉촉한땅	단단한바위	날카로운금속	큰물	옹달샘	큰나무	작은나무	큰불	작은불	넓은땅
27일	단단한바위	날카로운금속	큰물	옹달샘	큰나무	작은나무	큰불	작은불	넓은땅	촉촉한땅
28일	날카로운금속	큰물	옹달샘	큰나무	작은나무	큰불	작은불	넓은땅	촉촉한땅	단단한바위
29일	큰물	옹달샘	큰나무	작은나무	큰불	작은불	넓은땅	촉촉한땅	단단한바위	날카로운금속
30일	옹달샘	큰나무	작은나무	큰불	작은불	넓은땅	촉촉한땅	단단한바위	날카로운금속	큰물
31일	큰나무	작은나무	큰불	작은불	넓은땅	촉촉한땅	단단한바위	날카로운금속	큰물	옹달샘

1940년대생 생일운 찾기

1940년	2월4월5월	6월7월	8월	9월10월	11월12월					1월3월
1941년					3월	1월4월5월	2월6월7월	8월	9월10월	11월12월
1942년	1월4월5월	2월6월7월	8월	9월10월	11월12월					3월
1943년					3월	1월4월5월	2월6월7월	8월	9월10월	11월12월
1944년	1월3월	2월4월5월	6월7월	8월	9월10월	11월12월				
1945년	11월12월				3월	1월4월5월	2월6월7월	8월	9월10월	
1946년	3월	1월4월5월	2월6월7월	8월	9월10월	11월12월				
1947년	11월12월				3월	1월4월5월	2월6월7월	8월	9월10월	
1948년		1월3월	2월4월5월	6월7월	8월	9월10월	11월12월			
1949년	9월10월	11월12월			3월	1월4월5월	2월6월7월	8월		
1일	큰나무	작은나무	큰불	작은불	넓은땅	촉촉한땅	단단한바위	날카로운금속	큰물	옹달샘
2일	작은나무	큰불	작은불	넓은땅	촉촉한땅	단단한바위	날카로운금속	큰물	옹달샘	큰나무
3일	큰불	작은불	넓은땅	촉촉한땅	단단한바위	날카로운금속	큰물	옹달샘	큰나무	작은나무
4일	작은불	넓은땅	촉촉한땅	단단한바위	날카로운금속	큰물	옹달샘	큰나무	작은나무	큰불
5일	넓은땅	촉촉한땅	단단한바위	날카로운금속	큰물	옹달샘	큰나무	작은나무	큰불	작은불
6일	촉촉한땅	단단한바위	날카로운금속	큰물	옹달샘	큰나무	작은나무	큰불	작은불	넓은땅
7일	단단한바위	날카로운금속	큰물	옹달샘	큰나무	작은나무	큰불	작은불	넓은땅	촉촉한땅
8일	날카로운금속	큰물	옹달샘	큰나무	작은나무	큰불	작은불	넓은땅	촉촉한땅	단단한바위
9일	큰물	옹달샘	큰나무	작은나무	큰불	작은불	넓은땅	촉촉한땅	단단한바위	날카로운금속
10일	옹달샘	큰나무	작은나무	큰불	작은불	넓은땅	촉촉한땅	단단한바위	날카로운금속	큰물
11일	큰나무	작은나무	큰불	작은불	넓은땅	촉촉한땅	단단한바위	날카로운금속	큰물	옹달샘
12일	작은나무	큰불	작은불	넓은땅	촉촉한땅	단단한바위	날카로운금속	큰물	옹달샘	큰나무
13일	큰불	작은불	넓은땅	촉촉한땅	단단한바위	날카로운금속	큰물	옹달샘	큰나무	작은나무
14일	작은불	넓은땅	촉촉한땅	단단한바위	날카로운금속	큰물	옹달샘	큰나무	작은나무	큰불
15일	넓은땅	촉촉한땅	단단한바위	날카로운금속	큰물	옹달샘	큰나무	작은나무	큰불	작은불
16일	촉촉한땅	단단한바위	날카로운금속	큰물	옹달샘	큰나무	작은나무	큰불	작은불	넓은땅
17일	단단한바위	날카로운금속	큰물	옹달샘	큰나무	작은나무	큰불	작은불	넓은땅	촉촉한땅
18일	날카로운금속	큰물	옹달샘	큰나무	작은나무	큰불	작은불	넓은땅	촉촉한땅	단단한바위
19일	큰물	옹달샘	큰나무	작은나무	큰불	작은불	넓은땅	촉촉한땅	단단한바위	날카로운금속
20일	옹달샘	큰나무	작은나무	큰불	작은불	넓은땅	촉촉한땅	단단한바위	날카로운금속	큰물
21일	큰나무	작은나무	큰불	작은불	넓은땅	촉촉한땅	단단한바위	날카로운금속	큰물	옹달샘
22일	작은나무	큰불	작은불	넓은땅	촉촉한땅	단단한바위	날카로운금속	큰물	옹달샘	큰나무
23일	큰불	작은불	넓은땅	촉촉한땅	단단한바위	날카로운금속	큰물	옹달샘	큰나무	작은나무
24일	작은불	넓은땅	촉촉한땅	단단한바위	날카로운금속	큰물	옹달샘	큰나무	작은나무	큰불
25일	넓은땅	촉촉한땅	단단한바위	날카로운금속	큰물	옹달샘	큰나무	작은나무	큰불	작은불
26일	촉촉한땅	단단한바위	날카로운금속	큰물	옹달샘	큰나무	작은나무	큰불	작은불	넓은땅
27일	단단한바위	날카로운금속	큰물	옹달샘	큰나무	작은나무	큰불	작은불	넓은땅	촉촉한땅
28일	날카로운금속	큰물	옹달샘	큰나무	작은나무	큰불	작은불	넓은땅	촉촉한땅	단단한바위
29일	큰물	옹달샘	큰나무	작은나무	큰불	작은불	넓은땅	촉촉한땅	단단한바위	날카로운금속
30일	옹달샘	큰나무	작은나무	큰불	작은불	넓은땅	촉촉한땅	단단한바위	날카로운금속	큰물
31일	큰나무	작은나무	큰불	작은불	넓은땅	촉촉한땅	단단한바위	날카로운금속	큰물	옹달샘

1950년대생 생일운 찾기

1950년			3월	1월4월5월	2월6월7월	8월	9월10월	11월12월		
1951년	9월10월	11월12월					3월	1월4월5월	2월6월7월	8월
1952년				1월3월	2월4월5월	6월7월	8월	9월10월	11월12월	
1953년	8월	9월10월	11월12월					3월	1월4월5월	2월6월7월
1954년			3월	1월4월5월	2월6월7월	8월	9월10월	11월12월		
1955년	8월	9월10월	11월12월					3월	1월4월5월	2월6월7월
1956년				1월3월	2월4월5월	6월7월	8월	9월10월	11월12월	
1957년	2월6월7월	8월	9월10월	11월12월					3월	1월4월5월
1958년					1월4월5월	2월6월7월	3월8월	9월10월	11월12월	
1959년	2월6월7월	8월	9월10월	11월12월					3월	1월4월5월
1일	큰나무	작은나무	큰불	작은불	넓은땅	촉촉한땅	단단한바위	날카로운금속	큰물	옹달샘
2일	작은나무	큰불	작은불	넓은땅	촉촉한땅	단단한바위	날카로운금속	큰물	옹달샘	큰나무
3일	큰불	작은불	넓은땅	촉촉한땅	단단한바위	날카로운금속	큰물	옹달샘	큰나무	작은나무
4일	작은불	넓은땅	촉촉한땅	단단한바위	날카로운금속	큰물	옹달샘	큰나무	작은나무	큰불
5일	넓은땅	촉촉한땅	단단한바위	날카로운금속	큰물	옹달샘	큰나무	작은나무	큰불	작은불
6일	촉촉한땅	단단한바위	날카로운금속	큰물	옹달샘	큰나무	작은나무	큰불	작은불	넓은땅
7일	단단한바위	날카로운금속	큰물	옹달샘	큰나무	작은나무	큰불	작은불	넓은땅	촉촉한땅
8일	날카로운금속	큰물	옹달샘	큰나무	작은나무	큰불	작은불	넓은땅	촉촉한땅	단단한바위
9일	큰물	옹달샘	큰나무	작은나무	큰불	작은불	넓은땅	촉촉한땅	단단한바위	날카로운금속
10일	옹달샘	큰나무	작은나무	큰불	작은불	넓은땅	촉촉한땅	단단한바위	날카로운금속	큰물
11일	큰나무	작은나무	큰불	작은불	넓은땅	촉촉한땅	단단한바위	날카로운금속	큰물	옹달샘
12일	작은나무	큰불	작은불	넓은땅	촉촉한땅	단단한바위	날카로운금속	큰물	옹달샘	큰나무
13일	큰불	작은불	넓은땅	촉촉한땅	단단한바위	날카로운금속	큰물	옹달샘	큰나무	작은나무
14일	작은불	넓은땅	촉촉한땅	단단한바위	날카로운금속	큰물	옹달샘	큰나무	작은나무	큰불
15일	넓은땅	촉촉한땅	단단한바위	날카로운금속	큰물	옹달샘	큰나무	작은나무	큰불	작은불
16일	촉촉한땅	단단한바위	날카로운금속	큰물	옹달샘	큰나무	작은나무	큰불	작은불	넓은땅
17일	단단한바위	날카로운금속	큰물	옹달샘	큰나무	작은나무	큰불	작은불	넓은땅	촉촉한땅
18일	날카로운금속	큰물	옹달샘	큰나무	작은나무	큰불	작은불	넓은땅	촉촉한땅	단단한바위
19일	큰물	옹달샘	큰나무	작은나무	큰불	작은불	넓은땅	촉촉한땅	단단한바위	날카로운금속
20일	옹달샘	큰나무	작은나무	큰불	작은불	넓은땅	촉촉한땅	단단한바위	날카로운금속	큰물
21일	큰나무	작은나무	큰불	작은불	넓은땅	촉촉한땅	단단한바위	날카로운금속	큰물	옹달샘
22일	작은나무	큰불	작은불	넓은땅	촉촉한땅	단단한바위	날카로운금속	큰물	옹달샘	큰나무
23일	큰불	작은불	넓은땅	촉촉한땅	단단한바위	날카로운금속	큰물	옹달샘	큰나무	작은나무
24일	작은불	넓은땅	촉촉한땅	단단한바위	날카로운금속	큰물	옹달샘	큰나무	작은나무	큰불
25일	넓은땅	촉촉한땅	단단한바위	날카로운금속	큰물	옹달샘	큰나무	작은나무	큰불	작은불
26일	촉촉한땅	단단한바위	날카로운금속	큰물	옹달샘	큰나무	작은나무	큰불	작은불	넓은땅
27일	단단한바위	날카로운금속	큰물	옹달샘	큰나무	작은나무	큰불	작은불	넓은땅	촉촉한땅
28일	날카로운금속	큰물	옹달샘	큰나무	작은나무	큰불	작은불	넓은땅	촉촉한땅	단단한바위
29일	큰물	옹달샘	큰나무	작은나무	큰불	작은불	넓은땅	촉촉한땅	단단한바위	날카로운금속
30일	옹달샘	큰나무	작은나무	큰불	작은불	넓은땅	촉촉한땅	단단한바위	날카로운금속	큰물
31일	큰나무	작은나무	큰불	작은불	넓은땅	촉촉한땅	단단한바위	날카로운금속	큰물	옹달샘

1960년대생 생일운 찾기

1960년					1월 3월	2월 4월 5월	6월 7월	8월	9월 10월	11월 12월
1961년	1월 4월 5월	2월 6월 7월	8월	9월 10월	11월 12월					3월
1962년					3월	1월 4월 5월	2월 6월 7월	8월	9월 10월	11월 12월
1963년	1월 4월 5월	2월 6월 7월	8월	9월 10월	11월 12월					3월
1964년	11월 12월					1월 3월	2월 4월 5월	6월 7월	8월	9월 10월
1965년	3월	1월 4월 5월	2월 6월 7월	8월	9월 10월	11월 12월				
1966년	11월 12월				3월	1월 4월 5월	2월 6월 7월	8월	9월 10월	
1967년	3월	1월 4월 5월	2월 6월 7월	8월	9월 10월	11월 12월				
1968년	9월 10월	11월 12월					1월 3월	2월 4월 5월	6월 7월	8월
1969년		3월	1월 4월 5월	2월 6월 7월	8월	9월 10월	11월 12월			
1일	큰나무	작은나무	큰불	작은불	넓은땅	촉촉한땅	단단한바위	날카로운금속	큰물	옹달샘
2일	작은나무	큰불	작은불	넓은땅	촉촉한땅	단단한바위	날카로운금속	큰물	옹달샘	큰나무
3일	큰불	작은불	넓은땅	촉촉한땅	단단한바위	날카로운금속	큰물	옹달샘	큰나무	작은나무
4일	작은불	넓은땅	촉촉한땅	단단한바위	날카로운금속	큰물	옹달샘	큰나무	작은나무	큰불
5일	넓은땅	촉촉한땅	단단한바위	날카로운금속	큰물	옹달샘	큰나무	작은나무	큰불	작은불
6일	촉촉한땅	단단한바위	날카로운금속	큰물	옹달샘	큰나무	작은나무	큰불	작은불	넓은땅
7일	단단한바위	날카로운금속	큰물	옹달샘	큰나무	작은나무	큰불	작은불	넓은땅	촉촉한땅
8일	날카로운금속	큰물	옹달샘	큰나무	작은나무	큰불	작은불	넓은땅	촉촉한땅	단단한바위
9일	큰물	옹달샘	큰나무	작은나무	큰불	작은불	넓은땅	촉촉한땅	단단한바위	날카로운금속
10일	옹달샘	큰나무	작은나무	큰불	작은불	넓은땅	촉촉한땅	단단한바위	날카로운금속	큰물
11일	큰나무	작은나무	큰불	작은불	넓은땅	촉촉한땅	단단한바위	날카로운금속	큰물	옹달샘
12일	작은나무	큰불	작은불	넓은땅	촉촉한땅	단단한바위	날카로운금속	큰물	옹달샘	큰나무
13일	큰불	작은불	넓은땅	촉촉한땅	단단한바위	날카로운금속	큰물	옹달샘	큰나무	작은나무
14일	작은불	넓은땅	촉촉한땅	단단한바위	날카로운금속	큰물	옹달샘	큰나무	작은나무	큰불
15일	넓은땅	촉촉한땅	단단한바위	날카로운금속	큰물	옹달샘	큰나무	작은나무	큰불	작은불
16일	촉촉한땅	단단한바위	날카로운금속	큰물	옹달샘	큰나무	작은나무	큰불	작은불	넓은땅
17일	단단한바위	날카로운금속	큰물	옹달샘	큰나무	작은나무	큰불	작은불	넓은땅	촉촉한땅
18일	날카로운금속	큰물	옹달샘	큰나무	작은나무	큰불	작은불	넓은땅	촉촉한땅	단단한바위
19일	큰물	옹달샘	큰나무	작은나무	큰불	작은불	넓은땅	촉촉한땅	단단한바위	날카로운금속
20일	옹달샘	큰나무	작은나무	큰불	작은불	넓은땅	촉촉한땅	단단한바위	날카로운금속	큰물
21일	큰나무	작은나무	큰불	작은불	넓은땅	촉촉한땅	단단한바위	날카로운금속	큰물	옹달샘
22일	작은나무	큰불	작은불	넓은땅	촉촉한땅	단단한바위	날카로운금속	큰물	옹달샘	큰나무
23일	큰불	작은불	넓은땅	촉촉한땅	단단한바위	날카로운금속	큰물	옹달샘	큰나무	작은나무
24일	작은불	넓은땅	촉촉한땅	단단한바위	날카로운금속	큰물	옹달샘	큰나무	작은나무	큰불
25일	넓은땅	촉촉한땅	단단한바위	날카로운금속	큰물	옹달샘	큰나무	작은나무	큰불	작은불
26일	촉촉한땅	단단한바위	날카로운금속	큰물	옹달샘	큰나무	작은나무	큰불	작은불	넓은땅
27일	단단한바위	날카로운금속	큰물	옹달샘	큰나무	작은나무	큰불	작은불	넓은땅	촉촉한땅
28일	날카로운금속	큰물	옹달샘	큰나무	작은나무	큰불	작은불	넓은땅	촉촉한땅	단단한바위
29일	큰물	옹달샘	큰나무	작은나무	큰불	작은불	넓은땅	촉촉한땅	단단한바위	날카로운금속
30일	옹달샘	큰나무	작은나무	큰불	작은불	넓은땅	촉촉한땅	단단한바위	날카로운금속	큰물
31일	큰나무	작은나무	큰불	작은불	넓은땅	촉촉한땅	단단한바위	날카로운금속	큰물	옹달샘

1970년대생 생일운 찾기

1970년	9월 10월	11월 12월					3월	1월 4월 5월	2월 6월 7월	8월
1971년			3월	1월 4월 5월	2월 6월 7월	8월	9월 10월	11월 12월		
1972년	8월	9월 10월	11월 12월					1월 3월	2월 4월 5월	6월 7월
1973년			3월	1월 4월 5월	2월 6월 7월	8월	9월 10월	11월 12월		
1974년	8월	9월 10월	11월 12월					3월	1월 4월 5월	2월 6월 7월
1975년			3월	1월 4월 5월	2월 6월 7월	8월	9월 10월	11월 12월		
1976년	6월 7월	8월	9월 10월	11월 12월					1월 3월	2월 4월 5월
1977년				3월	1월 4월 5월	2월 6월 7월	8월	9월 10월	11월 12월	
1978년	2월 6월 7월	8월	9월 10월	11월 12월					3월	1월 4월 5월
1979년				3월	1월 4월 5월	2월 6월 7월	8월	9월 10월	11월 12월	
1일	큰나무	작은나무	큰불	작은불	넓은땅	촉촉한땅	단단한바위	날카로운금속	큰물	옹달샘
2일	작은나무	큰불	작은불	넓은땅	촉촉한땅	단단한바위	날카로운금속	큰물	옹달샘	큰나무
3일	큰불	작은불	넓은땅	촉촉한땅	단단한바위	날카로운금속	큰물	옹달샘	큰나무	작은나무
4일	작은불	넓은땅	촉촉한땅	단단한바위	날카로운금속	큰물	옹달샘	큰나무	작은나무	큰불
5일	넓은땅	촉촉한땅	단단한바위	날카로운금속	큰물	옹달샘	큰나무	작은나무	큰불	작은불
6일	촉촉한땅	단단한바위	날카로운금속	큰물	옹달샘	큰나무	작은나무	큰불	작은불	넓은땅
7일	단단한바위	날카로운금속	큰물	옹달샘	큰나무	작은나무	큰불	작은불	넓은땅	촉촉한땅
8일	날카로운금속	큰물	옹달샘	큰나무	작은나무	큰불	작은불	넓은땅	촉촉한땅	단단한바위
9일	큰물	옹달샘	큰나무	작은나무	큰불	작은불	넓은땅	촉촉한땅	단단한바위	날카로운금속
10일	옹달샘	큰나무	작은나무	큰불	작은불	넓은땅	촉촉한땅	단단한바위	날카로운금속	큰물
11일	큰나무	작은나무	큰불	작은불	넓은땅	촉촉한땅	단단한바위	날카로운금속	큰물	옹달샘
12일	작은나무	큰불	작은불	넓은땅	촉촉한땅	단단한바위	날카로운금속	큰물	옹달샘	큰나무
13일	큰불	작은불	넓은땅	촉촉한땅	단단한바위	날카로운금속	큰물	옹달샘	큰나무	작은나무
14일	작은불	넓은땅	촉촉한땅	단단한바위	날카로운금속	큰물	옹달샘	큰나무	작은나무	큰불
15일	넓은땅	촉촉한땅	단단한바위	날카로운금속	큰물	옹달샘	큰나무	작은나무	큰불	작은불
16일	촉촉한땅	단단한바위	날카로운금속	큰물	옹달샘	큰나무	작은나무	큰불	작은불	넓은땅
17일	단단한바위	날카로운금속	큰물	옹달샘	큰나무	작은나무	큰불	작은불	넓은땅	촉촉한땅
18일	날카로운금속	큰물	옹달샘	큰나무	작은나무	큰불	작은불	넓은땅	촉촉한땅	단단한바위
19일	큰물	옹달샘	큰나무	작은나무	큰불	작은불	넓은땅	촉촉한땅	단단한바위	날카로운금속
20일	옹달샘	큰나무	작은나무	큰불	작은불	넓은땅	촉촉한땅	단단한바위	날카로운금속	큰물
21일	큰나무	작은나무	큰불	작은불	넓은땅	촉촉한땅	단단한바위	날카로운금속	큰물	옹달샘
22일	작은나무	큰불	작은불	넓은땅	촉촉한땅	단단한바위	날카로운금속	큰물	옹달샘	큰나무
23일	큰불	작은불	넓은땅	촉촉한땅	단단한바위	날카로운금속	큰물	옹달샘	큰나무	작은나무
24일	작은불	넓은땅	촉촉한땅	단단한바위	날카로운금속	큰물	옹달샘	큰나무	작은나무	큰불
25일	넓은땅	촉촉한땅	단단한바위	날카로운금속	큰물	옹달샘	큰나무	작은나무	큰불	작은불
26일	촉촉한땅	단단한바위	날카로운금속	큰물	옹달샘	큰나무	작은나무	큰불	작은불	넓은땅
27일	단단한바위	날카로운금속	큰물	옹달샘	큰나무	작은나무	큰불	작은불	넓은땅	촉촉한땅
28일	날카로운금속	큰물	옹달샘	큰나무	작은나무	큰불	작은불	넓은땅	촉촉한땅	단단한바위
29일	큰물	옹달샘	큰나무	작은나무	큰불	작은불	넓은땅	촉촉한땅	단단한바위	날카로운금속
30일	옹달샘	큰나무	작은나무	큰불	작은불	넓은땅	촉촉한땅	단단한바위	날카로운금속	큰물
31일	큰나무	작은나무	큰불	작은불	넓은땅	촉촉한땅	단단한바위	날카로운금속	큰물	옹달샘

1980년대생 생일운 찾기

1980년	2월4월5월	6월7월	8월	9월10월	11월12월					1월3월
1981년					3월	1월4월5월	2월6월7월	8월	9월10월	11월12월
1982년	1월4월5월	2월6월7월	8월	9월10월	11월12월					3월
1983년					3월	1월4월5월	2월6월7월	8월	9월10월	11월12월
1984년	1월3월	2월4월5월	6월7월	8월	9월10월	11월12월				
1985년	11월12월				3월	1월4월5월	2월6월7월	8월	9월10월	
1986년	3월	1월4월5월	2월6월7월	8월	9월10월	11월12월				
1987년	11월12월				3월	1월4월5월	2월6월7월	8월	9월10월	
1988년		1월3월	2월4월5월	6월7월	8월	9월10월	11월12월			
1989년	9월10월	11월12월				3월	1월4월5월	2월6월7월		8월
1일	큰나무	작은나무	큰불	작은불	넓은땅	촉촉한땅	단단한바위	날카로운금속	큰물	옹달샘
2일	작은나무	큰불	작은불	넓은땅	촉촉한땅	단단한바위	날카로운금속	큰물	옹달샘	큰나무
3일	큰불	작은불	넓은땅	촉촉한땅	단단한바위	날카로운금속	큰물	옹달샘	큰나무	작은나무
4일	작은불	넓은땅	촉촉한땅	단단한바위	날카로운금속	큰물	옹달샘	큰나무	작은나무	큰불
5일	넓은땅	촉촉한땅	단단한바위	날카로운금속	큰물	옹달샘	큰나무	작은나무	큰불	작은불
6일	촉촉한땅	단단한바위	날카로운금속	큰물	옹달샘	큰나무	작은나무	큰불	작은불	넓은땅
7일	단단한바위	날카로운금속	큰물	옹달샘	큰나무	작은나무	큰불	작은불	넓은땅	촉촉한땅
8일	날카로운금속	큰물	옹달샘	큰나무	작은나무	큰불	작은불	넓은땅	촉촉한땅	단단한바위
9일	큰물	옹달샘	큰나무	작은나무	큰불	작은불	넓은땅	촉촉한땅	단단한바위	날카로운금속
10일	옹달샘	큰나무	작은나무	큰불	작은불	넓은땅	촉촉한땅	단단한바위	날카로운금속	큰물
11일	큰나무	작은나무	큰불	작은불	넓은땅	촉촉한땅	단단한바위	날카로운금속	큰물	옹달샘
12일	작은나무	큰불	작은불	넓은땅	촉촉한땅	단단한바위	날카로운금속	큰물	옹달샘	큰나무
13일	큰불	작은불	넓은땅	촉촉한땅	단단한바위	날카로운금속	큰물	옹달샘	큰나무	작은나무
14일	작은불	넓은땅	촉촉한땅	단단한바위	날카로운금속	큰물	옹달샘	큰나무	작은나무	큰불
15일	넓은땅	촉촉한땅	단단한바위	날카로운금속	큰물	옹달샘	큰나무	작은나무	큰불	작은불
16일	촉촉한땅	단단한바위	날카로운금속	큰물	옹달샘	큰나무	작은나무	큰불	작은불	넓은땅
17일	단단한바위	날카로운금속	큰물	옹달샘	큰나무	작은나무	큰불	작은불	넓은땅	촉촉한땅
18일	날카로운금속	큰물	옹달샘	큰나무	작은나무	큰불	작은불	넓은땅	촉촉한땅	단단한바위
19일	큰물	옹달샘	큰나무	작은나무	큰불	작은불	넓은땅	촉촉한땅	단단한바위	날카로운금속
20일	옹달샘	큰나무	작은나무	큰불	작은불	넓은땅	촉촉한땅	단단한바위	날카로운금속	큰물
21일	큰나무	작은나무	큰불	작은불	넓은땅	촉촉한땅	단단한바위	날카로운금속	큰물	옹달샘
22일	작은나무	큰불	작은불	넓은땅	촉촉한땅	단단한바위	날카로운금속	큰물	옹달샘	큰나무
23일	큰불	작은불	넓은땅	촉촉한땅	단단한바위	날카로운금속	큰물	옹달샘	큰나무	작은나무
24일	작은불	넓은땅	촉촉한땅	단단한바위	날카로운금속	큰물	옹달샘	큰나무	작은나무	큰불
25일	넓은땅	촉촉한땅	단단한바위	날카로운금속	큰물	옹달샘	큰나무	작은나무	큰불	작은불
26일	촉촉한땅	단단한바위	날카로운금속	큰물	옹달샘	큰나무	작은나무	큰불	작은불	넓은땅
27일	단단한바위	날카로운금속	큰물	옹달샘	큰나무	작은나무	큰불	작은불	넓은땅	촉촉한땅
28일	날카로운금속	큰물	옹달샘	큰나무	작은나무	큰불	작은불	넓은땅	촉촉한땅	단단한바위
29일	큰물	옹달샘	큰나무	작은나무	큰불	작은불	넓은땅	촉촉한땅	단단한바위	날카로운금속
30일	옹달샘	큰나무	작은나무	큰불	작은불	넓은땅	촉촉한땅	단단한바위	날카로운금속	큰물
31일	큰나무	작은나무	큰불	작은불	넓은땅	촉촉한땅	단단한바위	날카로운금속	큰물	옹달샘

1990년대생 생일운 찾기

1990년		3월	1월4월5월	2월6월7월	8월	9월10월	11월12월			
1991년	9월10월	11월12월					3월	1월4월5월	2월6월7월	8월
1992년			1월3월	2월4월5월	6월7월	8월	9월10월	11월12월		
1993년	8월	9월10월	11월12월					3월	1월4월5월	2월6월7월
1994년		3월6월	1월4월5월	2월7월	8월	9월10월	11월12월			
1995년	8월	9월10월	11월12월					3월	1월4월5월	2월6월7월
1996년			1월3월	2월4월5월	6월7월	8월	9월10월	11월12월		
1997년	2월6월7월	8월	9월10월	11월12월					3월	1월4월5월
1998년			3월	1월4월5월	2월6월7월	8월	9월10월	11월12월		
1999년	2월6월7월	8월	9월10월	11월12월					3월	1월4월5월
1일	큰나무	작은나무	큰불	작은불	넓은땅	촉촉한땅	단단한바위	날카로운금속	큰물	옹달샘
2일	작은나무	큰불	작은불	넓은땅	촉촉한땅	단단한바위	날카로운금속	큰물	옹달샘	큰나무
3일	큰불	작은불	넓은땅	촉촉한땅	단단한바위	날카로운금속	큰물	옹달샘	큰나무	작은나무
4일	작은불	넓은땅	촉촉한땅	단단한바위	날카로운금속	큰물	옹달샘	큰나무	작은나무	큰불
5일	넓은땅	촉촉한땅	단단한바위	날카로운금속	큰물	옹달샘	큰나무	작은나무	큰불	작은불
6일	촉촉한땅	단단한바위	날카로운금속	큰물	옹달샘	큰나무	작은나무	큰불	작은불	넓은땅
7일	단단한바위	날카로운금속	큰물	옹달샘	큰나무	작은나무	큰불	작은불	넓은땅	촉촉한땅
8일	날카로운금속	큰물	옹달샘	큰나무	작은나무	큰불	작은불	넓은땅	촉촉한땅	단단한바위
9일	큰물	옹달샘	큰나무	작은나무	큰불	작은불	넓은땅	촉촉한땅	단단한바위	날카로운금속
10일	옹달샘	큰나무	작은나무	큰불	작은불	넓은땅	촉촉한땅	단단한바위	날카로운금속	큰물
11일	큰나무	작은나무	큰불	작은불	넓은땅	촉촉한땅	단단한바위	날카로운금속	큰물	옹달샘
12일	작은나무	큰불	작은불	넓은땅	촉촉한땅	단단한바위	날카로운금속	큰물	옹달샘	큰나무
13일	큰불	작은불	넓은땅	촉촉한땅	단단한바위	날카로운금속	큰물	옹달샘	큰나무	작은나무
14일	작은불	넓은땅	촉촉한땅	단단한바위	날카로운금속	큰물	옹달샘	큰나무	작은나무	큰불
15일	넓은땅	촉촉한땅	단단한바위	날카로운금속	큰물	옹달샘	큰나무	작은나무	큰불	작은불
16일	촉촉한땅	단단한바위	날카로운금속	큰물	옹달샘	큰나무	작은나무	큰불	작은불	넓은땅
17일	단단한바위	날카로운금속	큰물	옹달샘	큰나무	작은나무	큰불	작은불	넓은땅	촉촉한땅
18일	날카로운금속	큰물	옹달샘	큰나무	작은나무	큰불	작은불	넓은땅	촉촉한땅	단단한바위
19일	큰물	옹달샘	큰나무	작은나무	큰불	작은불	넓은땅	촉촉한땅	단단한바위	날카로운금속
20일	옹달샘	큰나무	작은나무	큰불	작은불	넓은땅	촉촉한땅	단단한바위	날카로운금속	큰물
21일	큰나무	작은나무	큰불	작은불	넓은땅	촉촉한땅	단단한바위	날카로운금속	큰물	옹달샘
22일	작은나무	큰불	작은불	넓은땅	촉촉한땅	단단한바위	날카로운금속	큰물	옹달샘	큰나무
23일	큰불	작은불	넓은땅	촉촉한땅	단단한바위	날카로운금속	큰물	옹달샘	큰나무	작은나무
24일	작은불	넓은땅	촉촉한땅	단단한바위	날카로운금속	큰물	옹달샘	큰나무	작은나무	큰불
25일	넓은땅	촉촉한땅	단단한바위	날카로운금속	큰물	옹달샘	큰나무	작은나무	큰불	작은불
26일	촉촉한땅	단단한바위	날카로운금속	큰물	옹달샘	큰나무	작은나무	큰불	작은불	넓은땅
27일	단단한바위	날카로운금속	큰물	옹달샘	큰나무	작은나무	큰불	작은불	넓은땅	촉촉한땅
28일	날카로운금속	큰물	옹달샘	큰나무	작은나무	큰불	작은불	넓은땅	촉촉한땅	단단한바위
29일	큰물	옹달샘	큰나무	작은나무	큰불	작은불	넓은땅	촉촉한땅	단단한바위	날카로운금속
30일	옹달샘	큰나무	작은나무	큰불	작은불	넓은땅	촉촉한땅	단단한바위	날카로운금속	큰물
31일	큰나무	작은나무	큰불	작은불	넓은땅	촉촉한땅	단단한바위	날카로운금속	큰물	옹달샘

2000년대생 생일운 찾기

2000년					1월 3월	2월 4월 5월	6월 7월	8월	9월 10월	11월 12월
2001년	1월 4월 5월	2월 6월 7월	8월	9월 10월	11월 12월					3월
2002년					3월	1월 4월 5월	2월 6월 7월	8월	9월 10월	11월 12월
2003년	1월 4월 5월	2월 6월 7월	8월	9월 10월	11월 12월					3월
2004년	11월 12월				1월 3월	2월 4월 5월	6월 7월	8월	9월 10월	
2005년	3월	1월 4월 5월	2월 6월 7월	8월	9월 10월	11월 12월				
2006년	11월 12월				3월	1월 4월 5월	2월 6월 7월	8월	9월 10월	
2007년	3월	1월 4월 5월	2월 6월 7월	8월	9월 10월	11월 12월				
2008년	9월 10월	11월 12월			1월 3월	2월 4월 5월	6월 7월	8월		
2009년		3월	1월 4월 5월	2월 6월 7월	8월	9월 10월	11월 12월			
1일	큰나무	작은나무	큰불	작은불	넓은땅	촉촉한땅	단단한바위	날카로운금속	큰물	옹달샘
2일	작은나무	큰불	작은불	넓은땅	촉촉한땅	단단한바위	날카로운금속	큰물	옹달샘	큰나무
3일	큰불	작은불	넓은땅	촉촉한땅	단단한바위	날카로운금속	큰물	옹달샘	큰나무	작은나무
4일	작은불	넓은땅	촉촉한땅	단단한바위	날카로운금속	큰물	옹달샘	큰나무	작은나무	큰불
5일	넓은땅	촉촉한땅	단단한바위	날카로운금속	큰물	옹달샘	큰나무	작은나무	큰불	작은불
6일	촉촉한땅	단단한바위	날카로운금속	큰물	옹달샘	큰나무	작은나무	큰불	작은불	넓은땅
7일	단단한바위	날카로운금속	큰물	옹달샘	큰나무	작은나무	큰불	작은불	넓은땅	촉촉한땅
8일	날카로운금속	큰물	옹달샘	큰나무	작은나무	큰불	작은불	넓은땅	촉촉한땅	단단한바위
9일	큰물	옹달샘	큰나무	작은나무	큰불	작은불	넓은땅	촉촉한땅	단단한바위	날카로운금속
10일	옹달샘	큰나무	작은나무	큰불	작은불	넓은땅	촉촉한땅	단단한바위	날카로운금속	큰물
11일	큰나무	작은나무	큰불	작은불	넓은땅	촉촉한땅	단단한바위	날카로운금속	큰물	옹달샘
12일	작은나무	큰불	작은불	넓은땅	촉촉한땅	단단한바위	날카로운금속	큰물	옹달샘	큰나무
13일	큰불	작은불	넓은땅	촉촉한땅	단단한바위	날카로운금속	큰물	옹달샘	큰나무	작은나무
14일	작은불	넓은땅	촉촉한땅	단단한바위	날카로운금속	큰물	옹달샘	큰나무	작은나무	큰불
15일	넓은땅	촉촉한땅	단단한바위	날카로운금속	큰물	옹달샘	큰나무	작은나무	큰불	작은불
16일	촉촉한땅	단단한바위	날카로운금속	큰물	옹달샘	큰나무	작은나무	큰불	작은불	넓은땅
17일	단단한바위	날카로운금속	큰물	옹달샘	큰나무	작은나무	큰불	작은불	넓은땅	촉촉한땅
18일	날카로운금속	큰물	옹달샘	큰나무	작은나무	큰불	작은불	넓은땅	촉촉한땅	단단한바위
19일	큰물	옹달샘	큰나무	작은나무	큰불	작은불	넓은땅	촉촉한땅	단단한바위	날카로운금속
20일	옹달샘	큰나무	작은나무	큰불	작은불	넓은땅	촉촉한땅	단단한바위	날카로운금속	큰물
21일	큰나무	작은나무	큰불	작은불	넓은땅	촉촉한땅	단단한바위	날카로운금속	큰물	옹달샘
22일	작은나무	큰불	작은불	넓은땅	촉촉한땅	단단한바위	날카로운금속	큰물	옹달샘	큰나무
23일	큰불	작은불	넓은땅	촉촉한땅	단단한바위	날카로운금속	큰물	옹달샘	큰나무	작은나무
24일	작은불	넓은땅	촉촉한땅	단단한바위	날카로운금속	큰물	옹달샘	큰나무	작은나무	큰불
25일	넓은땅	촉촉한땅	단단한바위	날카로운금속	큰물	옹달샘	큰나무	작은나무	큰불	작은불
26일	촉촉한땅	단단한바위	날카로운금속	큰물	옹달샘	큰나무	작은나무	큰불	작은불	넓은땅
27일	단단한바위	날카로운금속	큰물	옹달샘	큰나무	작은나무	큰불	작은불	넓은땅	촉촉한땅
28일	날카로운금속	큰물	옹달샘	큰나무	작은나무	큰불	작은불	넓은땅	촉촉한땅	단단한바위
29일	큰물	옹달샘	큰나무	작은나무	큰불	작은불	넓은땅	촉촉한땅	단단한바위	날카로운금속
30일	옹달샘	큰나무	작은나무	큰불	작은불	넓은땅	촉촉한땅	단단한바위	날카로운금속	큰물
31일	큰나무	작은나무	큰불	작은불	넓은땅	촉촉한땅	단단한바위	날카로운금속	큰물	옹달샘

2010년대생 생일운 찾기

연도										
2010년	9월10월	11월12월					3월	1월4월5월	2월6월7월	8월
2011년		3월	1월4월5월	2월6월7월	8월	9월10월	11월12월			
2012년	8월	9월10월	11월12월					1월3월	2월4월5월	6월7월
2013년			3월	1월4월5월	2월6월7월	8월	9월10월	11월12월		
2014년	8월	9월10월	11월12월					3월	1월4월5월	2월6월7월
2015년			3월	1월4월5월	2월6월7월	8월	9월10월	11월12월		
2016년	6월7월	8월	9월10월	11월12월					1월3월	2월4월5월
2017년				3월	1월4월5월	2월6월7월	8월	9월10월	11월12월	
2018년	2월6월7월	8월	9월10월	11월12월					3월	1월4월5월
2019년				3월	1월4월5월	2월6월7월	8월	9월10월	11월12월	

일										
1일	큰나무	작은나무	큰불	작은불	넓은땅	촉촉한땅	단단한바위	날카로운금속	큰물	옹달샘
2일	작은나무	큰불	작은불	넓은땅	촉촉한땅	단단한바위	날카로운금속	큰물	옹달샘	큰나무
3일	큰불	작은불	넓은땅	촉촉한땅	단단한바위	날카로운금속	큰물	옹달샘	큰나무	작은나무
4일	작은불	넓은땅	촉촉한땅	단단한바위	날카로운금속	큰물	옹달샘	큰나무	작은나무	큰불
5일	넓은땅	촉촉한땅	단단한바위	날카로운금속	큰물	옹달샘	큰나무	작은나무	큰불	작은불
6일	촉촉한땅	단단한바위	날카로운금속	큰물	옹달샘	큰나무	작은나무	큰불	작은불	넓은땅
7일	단단한바위	날카로운금속	큰물	옹달샘	큰나무	작은나무	큰불	작은불	넓은땅	촉촉한땅
8일	날카로운금속	큰물	옹달샘	큰나무	작은나무	큰불	작은불	넓은땅	촉촉한땅	단단한바위
9일	큰물	옹달샘	큰나무	작은나무	큰불	작은불	넓은땅	촉촉한땅	단단한바위	날카로운금속
10일	옹달샘	큰나무	작은나무	큰불	작은불	넓은땅	촉촉한땅	단단한바위	날카로운금속	큰물
11일	큰나무	작은나무	큰불	작은불	넓은땅	촉촉한땅	단단한바위	날카로운금속	큰물	옹달샘
12일	작은나무	큰불	작은불	넓은땅	촉촉한땅	단단한바위	날카로운금속	큰물	옹달샘	큰나무
13일	큰불	작은불	넓은땅	촉촉한땅	단단한바위	날카로운금속	큰물	옹달샘	큰나무	작은나무
14일	작은불	넓은땅	촉촉한땅	단단한바위	날카로운금속	큰물	옹달샘	큰나무	작은나무	큰불
15일	넓은땅	촉촉한땅	단단한바위	날카로운금속	큰물	옹달샘	큰나무	작은나무	큰불	작은불
16일	촉촉한땅	단단한바위	날카로운금속	큰물	옹달샘	큰나무	작은나무	큰불	작은불	넓은땅
17일	단단한바위	날카로운금속	큰물	옹달샘	큰나무	작은나무	큰불	작은불	넓은땅	촉촉한땅
18일	날카로운금속	큰물	옹달샘	큰나무	작은나무	큰불	작은불	넓은땅	촉촉한땅	단단한바위
19일	큰물	옹달샘	큰나무	작은나무	큰불	작은불	넓은땅	촉촉한땅	단단한바위	날카로운금속
20일	옹달샘	큰나무	작은나무	큰불	작은불	넓은땅	촉촉한땅	단단한바위	날카로운금속	큰물
21일	큰나무	작은나무	큰불	작은불	넓은땅	촉촉한땅	단단한바위	날카로운금속	큰물	옹달샘
22일	작은나무	큰불	작은불	넓은땅	촉촉한땅	단단한바위	날카로운금속	큰물	옹달샘	큰나무
23일	큰불	작은불	넓은땅	촉촉한땅	단단한바위	날카로운금속	큰물	옹달샘	큰나무	작은나무
24일	작은불	넓은땅	촉촉한땅	단단한바위	날카로운금속	큰물	옹달샘	큰나무	작은나무	큰불
25일	넓은땅	촉촉한땅	단단한바위	날카로운금속	큰물	옹달샘	큰나무	작은나무	큰불	작은불
26일	촉촉한땅	단단한바위	날카로운금속	큰물	옹달샘	큰나무	작은나무	큰불	작은불	넓은땅
27일	단단한바위	날카로운금속	큰물	옹달샘	큰나무	작은나무	큰불	작은불	넓은땅	촉촉한땅
28일	날카로운금속	큰물	옹달샘	큰나무	작은나무	큰불	작은불	넓은땅	촉촉한땅	단단한바위
29일	큰물	옹달샘	큰나무	작은나무	큰불	작은불	넓은땅	촉촉한땅	단단한바위	날카로운금속
30일	옹달샘	큰나무	작은나무	큰불	작은불	넓은땅	촉촉한땅	단단한바위	날카로운금속	큰물
31일	큰나무	작은나무	큰불	작은불	넓은땅	촉촉한땅	단단한바위	날카로운금속	큰물	옹달샘

2020년대생 생일운 찾기

2020년	2월4월5월	6월7월	8월	9월10월	11월12월					1월3월
2021년					3월	1월4월5월	2월6월7월	8월	9월10월	11월12월
2022년	1월4월5월	2월6월7월	8월	9월10월	11월12월					3월
2023년					3월	1월4월5월	2월6월7월	8월	9월10월	11월12월
2024년	1월3월	2월4월5월	6월7월	8월	9월10월	11월12월				
2025년	11월12월					3월	1월4월5월	2월6월7월	8월	9월10월
2026년	3월	1월4월5월	2월6월7월	8월	9월10월	11월12월				
2027년	11월12월					3월	1월4월5월	2월6월7월	8월	9월10월
2028년		1월3월	2월4월5월	6월7월	8월	9월10월	11월12월			
2029년	9월10월	11월12월					3월	1월4월5월	2월6월7월	8월

일										
1일	큰나무	작은나무	큰불	작은불	넓은땅	촉촉한땅	단단한바위	날카로운금속	큰물	옹달샘
2일	작은나무	큰불	작은불	넓은땅	촉촉한땅	단단한바위	날카로운금속	큰물	옹달샘	큰나무
3일	큰불	작은불	넓은땅	촉촉한땅	단단한바위	날카로운금속	큰물	옹달샘	큰나무	작은나무
4일	작은불	넓은땅	촉촉한땅	단단한바위	날카로운금속	큰물	옹달샘	큰나무	작은나무	큰불
5일	넓은땅	촉촉한땅	단단한바위	날카로운금속	큰물	옹달샘	큰나무	작은나무	큰불	작은불
6일	촉촉한땅	단단한바위	날카로운금속	큰물	옹달샘	큰나무	작은나무	큰불	작은불	넓은땅
7일	단단한바위	날카로운금속	큰물	옹달샘	큰나무	작은나무	큰불	작은불	넓은땅	촉촉한땅
8일	날카로운금속	큰물	옹달샘	큰나무	작은나무	큰불	작은불	넓은땅	촉촉한땅	단단한바위
9일	큰물	옹달샘	큰나무	작은나무	큰불	작은불	넓은땅	촉촉한땅	단단한바위	날카로운금속
10일	옹달샘	큰나무	작은나무	큰불	작은불	넓은땅	촉촉한땅	단단한바위	날카로운금속	큰물
11일	큰나무	작은나무	큰불	작은불	넓은땅	촉촉한땅	단단한바위	날카로운금속	큰물	옹달샘
12일	작은나무	큰불	작은불	넓은땅	촉촉한땅	단단한바위	날카로운금속	큰물	옹달샘	큰나무
13일	큰불	작은불	넓은땅	촉촉한땅	단단한바위	날카로운금속	큰물	옹달샘	큰나무	작은나무
14일	작은불	넓은땅	촉촉한땅	단단한바위	날카로운금속	큰물	옹달샘	큰나무	작은나무	큰불
15일	넓은땅	촉촉한땅	단단한바위	날카로운금속	큰물	옹달샘	큰나무	작은나무	큰불	작은불
16일	촉촉한땅	단단한바위	날카로운금속	큰물	옹달샘	큰나무	작은나무	큰불	작은불	넓은땅
17일	단단한바위	날카로운금속	큰물	옹달샘	큰나무	작은나무	큰불	작은불	넓은땅	촉촉한땅
18일	날카로운금속	큰물	옹달샘	큰나무	작은나무	큰불	작은불	넓은땅	촉촉한땅	단단한바위
19일	큰물	옹달샘	큰나무	작은나무	큰불	작은불	넓은땅	촉촉한땅	단단한바위	날카로운금속
20일	옹달샘	큰나무	작은나무	큰불	작은불	넓은땅	촉촉한땅	단단한바위	날카로운금속	큰물
21일	큰나무	작은나무	큰불	작은불	넓은땅	촉촉한땅	단단한바위	날카로운금속	큰물	옹달샘
22일	작은나무	큰불	작은불	넓은땅	촉촉한땅	단단한바위	날카로운금속	큰물	옹달샘	큰나무
23일	큰불	작은불	넓은땅	촉촉한땅	단단한바위	날카로운금속	큰물	옹달샘	큰나무	작은나무
24일	작은불	넓은땅	촉촉한땅	단단한바위	날카로운금속	큰물	옹달샘	큰나무	작은나무	큰불
25일	넓은땅	촉촉한땅	단단한바위	날카로운금속	큰물	옹달샘	큰나무	작은나무	큰불	작은불
26일	촉촉한땅	단단한바위	날카로운금속	큰물	옹달샘	큰나무	작은나무	큰불	작은불	넓은땅
27일	단단한바위	날카로운금속	큰물	옹달샘	큰나무	작은나무	큰불	작은불	넓은땅	촉촉한땅
28일	날카로운금속	큰물	옹달샘	큰나무	작은나무	큰불	작은불	넓은땅	촉촉한땅	단단한바위
29일	큰물	옹달샘	큰나무	작은나무	큰불	작은불	넓은땅	촉촉한땅	단단한바위	날카로운금속
30일	옹달샘	큰나무	작은나무	큰불	작은불	넓은땅	촉촉한땅	단단한바위	날카로운금속	큰물
31일	큰나무	작은나무	큰불	작은불	넓은땅	촉촉한땅	단단한바위	날카로운금속	큰물	옹달샘

2030년대생 생일운 찾기

2030년			3월	1월 4월 5월	2월 6월 7월	8월	9월 10월	11월 12월		
2031년	9월 10월	11월 12월					3월	1월 4월 5월	2월 6월 7월	8월
2032년			1월 3월	2월 4월 5월	6월 7월	8월	9월 10월	11월 12월		
2033년	8월	9월 10월	11월 12월					3월	1월 4월 5월	2월 6월 7월
2034년			3월	1월 4월 5월	2월 6월 7월	8월	9월 10월	11월 12월		
2035년	8월	9월 10월	11월 12월					3월	1월 4월 5월	2월 6월 7월
2036년			1월 3월	2월 4월 5월	6월 7월	8월	9월 10월	11월 12월		
2037년	2월 6월 7월	8월	9월 10월	11월 12월					3월	1월 4월 5월
2038년			3월	1월 4월 5월	2월 6월 7월	8월	9월 10월	11월 12월		
2039년	2월 6월 7월	8월	9월 10월	11월 12월					3월	1월 4월 5월
1일	큰나무	작은나무	큰불	작은불	넓은땅	촉촉한땅	단단한바위	날카로운금속	큰물	옹달샘
2일	작은나무	큰불	작은불	넓은땅	촉촉한땅	단단한바위	날카로운금속	큰물	옹달샘	큰나무
3일	큰불	작은불	넓은땅	촉촉한땅	단단한바위	날카로운금속	큰물	옹달샘	큰나무	작은나무
4일	작은불	넓은땅	촉촉한땅	단단한바위	날카로운금속	큰물	옹달샘	큰나무	작은나무	큰불
5일	넓은땅	촉촉한땅	단단한바위	날카로운금속	큰물	옹달샘	큰나무	작은나무	큰불	작은불
6일	촉촉한땅	단단한바위	날카로운금속	큰물	옹달샘	큰나무	작은나무	큰불	작은불	넓은땅
7일	단단한바위	날카로운금속	큰물	옹달샘	큰나무	작은나무	큰불	작은불	넓은땅	촉촉한땅
8일	날카로운금속	큰물	옹달샘	큰나무	작은나무	큰불	작은불	넓은땅	촉촉한땅	단단한바위
9일	큰물	옹달샘	큰나무	작은나무	큰불	작은불	넓은땅	촉촉한땅	단단한바위	날카로운금속
10일	옹달샘	큰나무	작은나무	큰불	작은불	넓은땅	촉촉한땅	단단한바위	날카로운금속	큰물
11일	큰나무	작은나무	큰불	작은불	넓은땅	촉촉한땅	단단한바위	날카로운금속	큰물	옹달샘
12일	작은나무	큰불	작은불	넓은땅	촉촉한땅	단단한바위	날카로운금속	큰물	옹달샘	큰나무
13일	큰불	작은불	넓은땅	촉촉한땅	단단한바위	날카로운금속	큰물	옹달샘	큰나무	작은나무
14일	작은불	넓은땅	촉촉한땅	단단한바위	날카로운금속	큰물	옹달샘	큰나무	작은나무	큰불
15일	넓은땅	촉촉한땅	단단한바위	날카로운금속	큰물	옹달샘	큰나무	작은나무	큰불	작은불
16일	촉촉한땅	단단한바위	날카로운금속	큰물	옹달샘	큰나무	작은나무	큰불	작은불	넓은땅
17일	단단한바위	날카로운금속	큰물	옹달샘	큰나무	작은나무	큰불	작은불	넓은땅	촉촉한땅
18일	날카로운금속	큰물	옹달샘	큰나무	작은나무	큰불	작은불	넓은땅	촉촉한땅	단단한바위
19일	큰물	옹달샘	큰나무	작은나무	큰불	작은불	넓은땅	촉촉한땅	단단한바위	날카로운금속
20일	옹달샘	큰나무	작은나무	큰불	작은불	넓은땅	촉촉한땅	단단한바위	날카로운금속	큰물
21일	큰나무	작은나무	큰불	작은불	넓은땅	촉촉한땅	단단한바위	날카로운금속	큰물	옹달샘
22일	작은나무	큰불	작은불	넓은땅	촉촉한땅	단단한바위	날카로운금속	큰물	옹달샘	큰나무
23일	큰불	작은불	넓은땅	촉촉한땅	단단한바위	날카로운금속	큰물	옹달샘	큰나무	작은나무
24일	작은불	넓은땅	촉촉한땅	단단한바위	날카로운금속	큰물	옹달샘	큰나무	작은나무	큰불
25일	넓은땅	촉촉한땅	단단한바위	날카로운금속	큰물	옹달샘	큰나무	작은나무	큰불	작은불
26일	촉촉한땅	단단한바위	날카로운금속	큰물	옹달샘	큰나무	작은나무	큰불	작은불	넓은땅
27일	단단한바위	날카로운금속	큰물	옹달샘	큰나무	작은나무	큰불	작은불	넓은땅	촉촉한땅
28일	날카로운금속	큰물	옹달샘	큰나무	작은나무	큰불	작은불	넓은땅	촉촉한땅	단단한바위
29일	큰물	옹달샘	큰나무	작은나무	큰불	작은불	넓은땅	촉촉한땅	단단한바위	날카로운금속
30일	옹달샘	큰나무	작은나무	큰불	작은불	넓은땅	촉촉한땅	단단한바위	날카로운금속	큰물
31일	큰나무	작은나무	큰불	작은불	넓은땅	촉촉한땅	단단한바위	날카로운금속	큰물	옹달샘

연애운도사

내 남자, 내 여자를
알아보는 연애운 컨설팅

연애운도사

2021년 11월 16일 1판 1쇄 발행

지 은 이 | 박성준

발 행 인 | 유재옥
본 부 장 | 조병권
편집1팀 | 이준환 김혜연 박소연
편집2팀 | 정영길 조찬희 박치우 조현진
편집3팀 | 오준영 곽혜민 이해빈
디 자 인 | 김보라
마 케 팅 | 한민지 최정연
디 지 털 | 박상섭 이성호 최서윤
라 이 츠 | 한주원
물   류 | 허석용 백철기
제   작 | 코리아피앤피
외부스태프 | 성명신
외주디자인 | 올디자인 그룹

퍼 낸 곳 | ㈜소미미디어
출판등록 | 제2015-000008호
주   소 | 서울시 마포구 토정로 222번지, 403호(신수동, 한국출판콘텐츠센터)
전   화 | 편집부 (070)4164-3960, (070)4253-250
          마케팅 (070)4165-6888, Fax. (02)322-7665

ⓒ 박성준, 2021

ISBN 979-11-384-0529-4 03180